彩图 1　旧机油喷泻而出（注入油盆）

彩图 2　安装新的滤芯和油封

彩图 3　可以单独更换滤芯的滤清器

彩图 4　机油尺

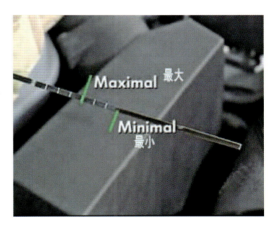

彩图 5　机油尺上的最大和最小刻度

彩图 6　汽车通用锂基润滑脂（空毂润滑）

彩图 7　空毂润滑（轮毂外侧）

彩图 8　废油的颜色（ATF 呈现深褐色，发黑）

彩图 9　混入水分的 ATF（浑浊不清、颜色发白）

彩图 10　汽车动力转向系统半透明储油罐

彩图 11　自身带有油尺的汽车动力转向系统储油罐

彩图 12　制动液液面应保持在最低刻度线和
最高刻度线之间

彩图 13　装有制动液液面高度报警装置的
制动液储液罐

彩图 14　被测制动液的实际沸点

彩图 15　被测制动液允许的实际沸点下限

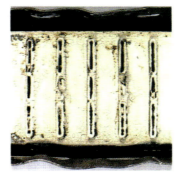
a) 传统冷却液

b) 有机酸型冷却液

彩图 16　使用 12 万千米后铝制散热器片的比较

彩图 17　检查冷却液液面高度（远观）

彩图 18　检查冷却液液面高度（近看）

彩图 19　打开散热器顶部的冷却液加注口盖

彩图 20　打开冷却液储液罐的盖子

彩图 21　加注新的冷却液

彩图 22　不断捏紧、放松冷却液软管
（以助冷却系统排出空气）

彩图 23　尿素储罐的加液口盖上标有 AdBlue® 字样

彩图 24　补充车用尿素水溶液（AUS 32）

彩图 25　磨损极限标志（Tread Wear Indicator，TWI）

彩图 26　TREAD WEAR——磨耗级数标志

彩图 27　TRACTION——牵引力级数标志

彩图 28　TEMPERATURE——温度级数标志

彩图 29　轮胎上的黄色空心圆和红色
实心圆标志

彩图 30　轮胎上的回转方向标志
（ROTATION 及箭头）

应用型本科汽车类专业系列教材

汽车运行材料

主编 凌永成
参编 李雪飞　王　强
　　　　崔永刚　王靖岳
主审 王岩松

机械工业出版社
CHINA MACHINE PRESS

本书共分为 12 章，全面系统地阐述了作为汽车运用和汽车服务工程师应具备的基础知识和基本技能。在简要介绍石油的组成和炼制过程之后，重点阐述和讲授了车用汽油、车用柴油、车用替代燃料、发动机润滑油、车辆齿轮油、车用润滑脂、车用传动油、汽车制动液、发动机冷却液、车用特种工作液、汽车轮胎等汽车运行材料的使用性能指标、规格型号和正确选择、使用等实用知识，对车用特种工作液等内容也作了充分的介绍。

　　本书全部采用现行标准，时效性强；内容贴近用车实际，实用性强；可作为高等院校汽车类专业教材，也可作为高等工程专科学校、高等职业技术学院以及职业培训学校的汽车运用工程、汽车服务工程、汽车维修类专业教材，还可作为广大汽车工程技术人员和汽车维修人员的参考用书。

图书在版编目（CIP）数据

汽车运行材料 / 凌永成主编 . —北京：机械工业出版社，2023.2（2025.8 重印）
应用型本科汽车类专业系列教材
ISBN 978-7-111-72208-3

Ⅰ . ①汽…　Ⅱ . ①凌…　Ⅲ . ①汽车—运行材料—高等学校—教材　Ⅳ . ① U473

中国版本图书馆 CIP 数据核字（2022）第 231884 号

机械工业出版社（北京市百万庄大街 22 号　邮政编码 100037）
策划编辑：舒　恬　　　　　　责任编辑：舒　恬
责任校对：薄萌钰　王明欣　　封面设计：陈　沛
责任印制：张　博
固安县铭成印刷有限公司印刷
2025 年 8 月第 1 版第 3 次印刷
184mm × 260mm · 16.75 印张 · 2 插页 · 402 千字
标准书号：ISBN 978-7-111-72208-3
定价：55.00 元

电话服务　　　　　　　　　　网络服务
客服电话：010-88361066　　　机 工 官 网：www.cmpbook.com
　　　　　　010-88379833　　　机 工 官 博：weibo.com/cmp1952
　　　　　　010-68326294　　　金 书 网：www.golden-book.com
封底无防伪标均为盗版　　　机工教育服务网：www.cmpedu.com

前　言

　　汽车在运行（使用）过程中不断被消耗（或品质逐渐劣化）的燃润料、特种液料和轮胎等非金属材料统称为汽车运行材料。合理选择和使用汽车运行材料，对于保持良好的汽车技术状态、降低汽车运行成本、提高汽车运输效率、确保行车安全具有重要意义。同时，也是汽车运用工程师、汽车服务工程师必须具备的基本技能和岗位职责所在。

　　本书紧跟近年来汽车运行材料领域的发展动态，结合应用型本科院校汽车类专业人才培养模式和社会需求，以"理论知识够用为度，重在实践技能培养"为编写原则。

　　本书共分为12章，全面系统地阐述了作为汽车运用和汽车服务工程师应具备的基础知识和基本技能。在简要介绍石油的组成和炼制过程之后，重点阐述和讲授车用汽油、车用柴油、车用替代燃料、发动机润滑油、车辆齿轮油、车用润滑脂、车用传动油、汽车制动液、发动机冷却液、车用特种工作液、汽车轮胎等汽车运行材料的使用性能指标、规格型号和正确选择、使用等实用知识，对车用特种工作液等内容也作了充分的介绍。

　　本书是按照教学时数约为48学时编写的，理论教学的学时安排建议按照下表进行。各学校在选用本书作为教材时，可根据自己的教学大纲适当增、减学时。

汽车运行材料课程学时分配表（建议）

序　号	课程内容	理论学时	实验学时	总　学　时
1	绪论	2	—	2
2	车用汽油	4	—	4
3	车用柴油	2	—	2
4	车用替代燃料	2	—	2
5	发动机润滑油	6	2	8
6	车辆齿轮油	4	—	4
7	车用润滑脂	2	—	2
8	车用传动油	4	2	6
9	汽车制动液	2	—	2
10	发动机冷却液	2	2	4
11	车用特种工作液	2	—	2
12	汽车轮胎	6	2	8
13	结课考核	2	—	2
	学时合计	40	8	48

为进一步强化实践教学，切实培养和提高学生选用、检测、更换汽车运行材料的技能，本书还配有汽车运行材料（汽车维护保养）实训指导书和作业单。建议将汽车运行材料（汽车维护保养）实训安排在课程结束之后集中进行，实训时间为 1 周。

作为全国应用型本科汽车类专业教材，本书全部采用现行标准，时效性强；内容贴近用车实际，实用性强。鉴于其突出的时效性和实用性，本书也可作为高等工程专科学校、高等职业技术学院以及职业培训学校的汽车运用、汽车服务、汽车维修类专业教材，还可作为广大汽车工程技术人员的参考读物。

本书条理清晰，层次分明，内容精炼，图文并茂，教材内容的取舍以充分满足汽车运用和汽车服务工程师知识结构的要求为出发点，特别注重理论与实践的紧密结合，教材内容具有极强的针对性和实用性，旨在切实培养和提高学生的技术应用能力，是一本具有鲜明特色的实用教材。

本书由多校教师联合编写，由沈阳大学凌永成主编。具体写作分工如下：沈阳大学李雪飞编写第 1、2 章，沈阳科技学院王强编写第 3、4 章，沈阳大学凌永成编写第 5、10、12 章，沈阳工学院崔永刚编写第 6、8 章，沈阳理工大学王靖岳编写第 7、9、11 章。

沈阳汇中宝汽车销售服务有限公司凌永胜、辽宁快飞特（沈阳）汽车维修有限公司李宝峰、沈阳冠鑫汽车维修有限公司陈泉等同志，从汽车技术服务企业对应用型人才专业技能需求的角度出发，全程参与了大纲的拟定工作，使本书在教材内容、编写体例、实践能力的培养等方面与汽车技术服务企业的实际需求紧密结合，进一步提升和突出了本书的实用性和实战性。

上海工程技术大学王岩松教授作为主审，对全书进行了认真的审阅，并提出了许多宝贵意见，对书稿质量提升贡献颇多，在此深表谢忱！

在本书编写过程中，曾得到许多专家和同行的热情支持，并参考和借鉴了许多国内外公开出版和发表的文献，在此一并致谢！

由于作者水平有限，书中难免存在疏漏或不妥之处，恳请广大读者批评指正，以便再版时修订。

为方便选用本书作为教材的任课教师授课，我们还制作了与本书配套的电子课件。有需要的教师可登录机械工业出版社教育服务网（http://www.cmpedu.com）注册后免费下载或致信凌永成邮箱 523494082@qq.com 索取，编者会无偿提供。

凌永成

目　录

第 1 章

绪 论

【学习目标】
- 了解合理选择和使用汽车运行材料的重要意义。
- 熟悉常压蒸馏、减压蒸馏等石油炼制方法。
- 掌握石油的馏分组成。

1.1 概 述

1.1.1 汽车运行材料的定义

在汽车工程领域，涉及两类材料，即汽车工程材料和汽车运行材料。所谓汽车工程材料，系指在汽车制造过程中使用的材料，如车用金属材料、车用非金属材料和车用新型材料等（详见参考文献 [1]）；所谓汽车运行材料，系指汽车已经投入使用，开始执行运输任务，在运行（使用）过程中需要不断补充、添加或更换的材料。

作为高速行走机械和交通运输工具，汽车在执行运输作业过程中，需要将乘员和货物从甲地运输到乙地，本质上是一个做功的过程，自然需要消耗能量。因此，汽车对燃料的消耗是不可避免的。为保障汽车的持续运行，自然需要不断补充燃料。

随着汽车的持续运行和长期使用，汽车内部的润滑油料、特种液料和汽车轮胎等也会因为摩擦、磨损等原因导致品质逐渐劣化，无法胜任其既定的工作任务，也需要及时补充或更换。

汽车在运行（使用）过程中不断被消耗（或品质逐渐劣化）而需进行补充或更换的燃料、润滑油料、特种液料和轮胎等非金属材料统称为汽车运行材料。

1.1.2 汽车运行材料的分类

按照作用与消耗方式不同，可将汽车运行材料分为四大类。

1. 车用燃料

车用燃料主要包括车用汽油、车用柴油以及车用替代燃料。车用燃料的使用性能对汽车的动力性、排放性有直接和显著的影响。据统计，在汽车整个运行成本中，车用燃料的消耗费用约占 1/3，直接影响汽车的运行经济性。

2. 润滑油料

车用润滑油料主要包括发动机润滑油（也称为机油）、车辆齿轮油以及车用润滑脂等。润滑油料的润滑性能、黏温性能直接影响运动机件的润滑效果、传动效率和使用寿命，并对汽车的燃料经济性产生影响。

3. 特种液料

特种液料（也称为车用特种工作液）主要包括液力传动油、发动机冷却液、制动液、液压系统用油、风窗玻璃清洗液、空调制冷剂等。特种液料的使用性能对保持汽车技术状态良好，确保安全行车以及营造舒适的驾乘环境均有显著影响。

4. 汽车轮胎

轮胎是汽车行驶系统的重要组成部件之一，对汽车行驶性能有直接影响；同时，其修补、更换费用也占据着很高的汽车运行成本份额。合理选择、使用汽车轮胎，对降低汽车运行成本、确保安全行车具有重要意义。

1.1.3 研究汽车运行材料的意义

在汽车工程领域，人们通常将燃料喻为汽车的食粮，将润滑油料喻为汽车的血液，将车用特种工作液喻为汽车的体液，将轮胎喻为汽车的鞋子，可见汽车运行材料的作用之大。

汽车运行材料已经成为汽车技术体系的重要组成部分，也是汽车技术管理的主要内容。工程实践表明，汽车技术与汽车运行材料技术是相辅相成、互相促进的。先进的汽车技术需要以优质的运行材料为支撑，而优质的运行材料（及其合理使用）又促进了汽车使用性能的提升。

汽车的使用性能与汽车运行材料密切相关。若汽车运行材料选用不当，不但无法充分发挥汽车的既有性能，还会导致汽车出现早期故障或损坏，造成资源浪费、环境污染，甚至酿成事故。

深入研究汽车运行材料的使用性能、规格、牌号，掌握汽车运行材料的使用和管理知识，合理选择和使用汽车运行材料，对于保持汽车良好的技术状态、降低汽车运行成本、提高汽车运输效率、确保行车安全等具有重要意义。同时，也是汽车运用工程师、汽车服务工程师必须具备的基本技能和岗位职责所在。

上述汽车运行材料或以石油为原料经炼制而成，或以石油为原料经化学合成得到，均与石油有着密不可分的关系。所以，了解石油及其炼制过程，对于进一步熟悉汽车运行材料，具有重要意义。

1.2　石　　油

1.2.1 石油的成分与分类

1. 石油的成分

石油在未炼制之前称为原油，是从地下深处开采的、具有特殊气味的可燃的黏稠液体，主要是各种烷烃、环烷烃、芳香烃的混合物。

石油的成分主要有：油质（这是其主要成分）、胶质（一种黏性的半固体物质）、沥青质（暗褐色或黑色脆性固体物质）、碳质（一种非碳氢化合物）。

由碳和氢化合形成的烃类构成石油的主要组成部分，占95%～99%，含硫、氧、氮的化合物对石油产品有害，在石油加工中应尽量除去。不同产地的石油中，各种烃类的结构和所占比例相差很大，但主要属于烷烃、环烷烃、芳香烃三类。

通常以烷烃为主的石油称为石蜡基石油；以环烷烃、芳香烃为主的称为环烷基石油；介于二者之间的称为中间基石油。我国主要原油的特点是含蜡较多，凝固点高，硫含量低，镍、氮含量中等，钒含量极少。

石油的性质因产地不同而异，密度为 $0.8 \sim 1.0 \mathrm{g/cm^3}$，黏度范围很宽，凝固点差别很大（$-60 \sim 30℃$），沸点范围为常温到 $500℃$ 以上，可溶于多种有机溶剂，不溶于水，但可与水形成乳状液。组成石油的化学元素主要是碳（质量分数为 $83\% \sim 87\%$）、氢（质量分数为 $11\% \sim 14\%$），其余为硫（质量分数为 $0.06\% \sim 0.8\%$）、氮（质量分数为 $0.02\% \sim 1.7\%$）、氧（质量分数为 $0.08\% \sim 1.82\%$）及微量金属元素（镍、钒、铁等）。

除个别油田外，原油中汽油馏分较少，渣油占 1/3。组成不同的石油，炼制方法有差别，产品的性能也不同，应当物尽其用。大庆原油的主要特点是蜡含量高，凝点高，硫含量低，属低硫石蜡基原油。

2. 石油的馏分组成

馏分是石油在分馏过程中所得到的蒸馏物。石油是多组分的复杂的混合物。在研究石油的组成时，通常按沸点高低将石油划分为若干个馏分。

按分馏过程，石油的馏分组成通常分为汽油馏分、煤油馏分、柴油馏分和润滑油馏分等。但这里的汽油馏分、煤油馏分、柴油馏分和润滑油馏分不等同于汽油、煤油、柴油和润滑油等石油产品，要想得到各馏分所对应的石油产品，必须对相应的馏分进行再加工。

（1）汽油馏分　汽油馏分是在分馏塔上部得到的轻质馏分，蒸发温度一般在 $35 \sim 200℃$ 范围内。汽油馏分中的正构烷烃碳原子数多为 $5 \sim 11$，异构烷烃碳原子数稍多，环烷烃和芳香烃多为单环。其中烷烃的质量分数最大，约占 50%。

（2）煤油馏分与柴油馏分　煤油馏分与柴油馏分是在分馏塔中部得到的中质馏分，蒸发温度一般在 $175 \sim 350℃$ 范围内。馏分中的正构烷烃碳原子数多为 $11 \sim 20$，异构烷烃碳原子数稍多，环烷烃和芳香烃环数更多。除单环外，还有双环和三环的。其中烷烃的质量分数也比较大，约占 40%。

（3）润滑油馏分　润滑油馏分是在分馏塔下部得到的重质馏分，蒸发温度一般在 $350 \sim 500℃$ 范围内。馏分中的正构烷烃碳原子数多为 $20 \sim 36$，异构烷烃碳原子数稍多，环烷烃和芳香烃环数多为三环以上。其中环烷烃的质量分数较大，约占 40%。

3. 石油的分类

石油的组成极为复杂，对石油进行确切分类也十分困难。一般按下列依据对石油进行分类。

（1）按原油的密度分类

轻质原油　密度小于 $0.878 \mathrm{g/cm^3}$；

中质原油　密度介于 $0.878 \mathrm{g/cm^3}$ 和 $0.884 \mathrm{g/cm^3}$ 之间；

重质原油　密度大于 $0.884 \mathrm{g/cm^3}$。

（2）按硫含量分类

低硫原油　硫的质量分数低于 0.5%；

含硫原油　硫的质量分数介于 0.5% 和 2.0% 之间；

高硫原油　硫的质量分数大于 2.0%。

我国原油多为低硫原油。

（3）按蜡含量分类

低蜡原油　凝点低于 −16℃；

含蜡原油　凝点介于 −16℃ 和 21℃ 之间；

多蜡原油　凝点大于 21℃。

（4）按胶含量分类

低胶原油　胶的质量分数小于 17%；

含胶原油　胶的质量分数介于 17% 和 35% 之间；

多胶原油　胶的质量分数大于 35%。

（5）按特性因数分类　原油的特性因数定义为

$$K = \frac{1.216 \sqrt[3]{T}}{\rho_{15.6}^{15.6}} \qquad (1\text{-}1)$$

式中，K 为原油的特性因数；T 为原油馏分的平均沸点，单位为热力学温度开尔文（K）；$\rho_{15.6}^{15.6}$ 为在温度为 15.6℃ 的条件下，原油对同温度的水的相对密度值。

原油按特性因数大小分：

石蜡基原油　特性因数 $K = 12.1 \sim 12.9$，其特点是蜡含量较高，凝点较高，密度较小，直馏汽油的辛烷值较低，直馏柴油的十六烷值较高，制得的润滑油黏温性能较好。

中间基原油　特性因数 $K = 11.5 \sim 12.1$，其特点是含有一定数量的烷烃、环烷烃和芳香烃，性质介于石蜡基原油和环烷基原油之间。

环烷基原油　特性因数 $K = 10.5 \sim 11.5$，其特点是含有较多的环烷烃，凝点较低，密度较大，直馏汽油的辛烷值较高，直馏柴油的十六烷值较低，制得的润滑油黏温性能较差。

（6）按关键馏分特性分类　按关键馏分特性可把原油分为七类，即石蜡基原油、石蜡 − 中间基原油、中间 − 石蜡基原油、中间基原油、中间 − 环烷基原油、环烷 − 中间基原油和环烷基原油。

1.2.2　石油的炼制方法

石油是十分复杂的混合物，不能直接使用，需送到炼油厂进行炼制，生产出符合质量要求的石油产品，才能满足各方面的使用需要。

常用的石油炼制方法有：常压蒸馏、减压蒸馏、热裂化、催化裂化、加氢裂化、催化重整、烷基化、延迟焦化等。

一般来说，无论哪种加工工艺，都是将原油中的较轻质的组分首先分离出来，如首先是石油气、汽油，然后是中间基组分，如煤油、柴油，最后是重质组分，如燃料油、沥青质等，大体的生产过程如图 1-1 所示。

1. 常压蒸馏和减压蒸馏

（1）常压蒸馏　常压蒸馏是根据组成石油的各类烃分子的沸点不同，利用加热、蒸发、冷凝等步骤对石油进行的直接分馏。

常压蒸馏一般将石油分割成沸点范围为 35 ~ 200℃ 的汽油馏分，175 ~ 300℃ 的煤油馏分，200 ~ 350℃ 的柴油馏分，350℃ 以上的润滑油或裂化原料馏分等组分。

常压蒸馏流程如图 1-2 所示，首先将石油用油泵打入加热炉，加热到 350 ~ 360℃，然后送入常压蒸馏塔中。石油中各馏分根据自己的沸点和蒸发能力分别到达蒸馏塔相应部

位。如轻馏分，沸点低，蒸发性好，能上升到塔顶部位；重馏分，沸点高，蒸发性差，只能留于塔的下部。于是，在蒸馏塔中，由上至下，馏分逐渐变重，依次是：塔顶部位的石油气体；塔上部的汽油馏分；塔中部的煤油馏分；塔下部的轻柴油馏分；再下部的重柴油馏分以及塔底部的重油馏分。重油馏分由塔底部流出后再进入减压蒸馏系统。

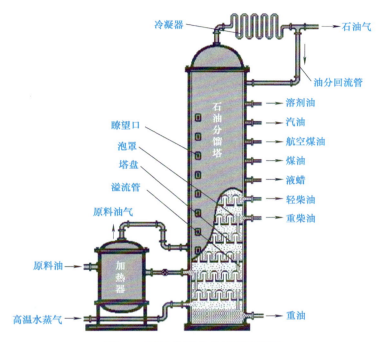

图 1-1 石油分馏生产过程示意图

以上通过直接蒸馏得到的石油馏分，通常称为直馏产品。直馏产品主要由烷烃和环烷烃组成，一般不含或含很少量的不饱和烃，所以它的性质比较安定，不易氧化变质，适于长期储存。

（2）减压蒸馏 减压蒸馏是利用物质的沸点随外界压力减小而降低的原理，通过降低蒸馏压力，来降低石油中烃分子的沸点，从而将常压蒸馏得到的重油进行再分馏的加工过程。

减压蒸馏流程如图 1-3 所示。首先将常压蒸馏塔底流出的重油通过油泵送入加热炉中加

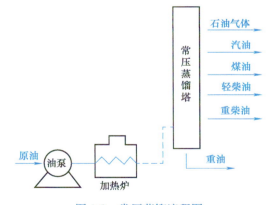

图 1-2 常压蒸馏流程图

热至 400℃以上，然后送入减压蒸馏塔中，塔内保持 133Pa 的压力，使重油蒸发成气体，并在减压蒸馏塔中蒸发到相应部位后进行冷却。于是在减压塔的不同高度即可获得不同的馏分，从上至下依次是轻质润滑油馏分、中质润滑油馏分和重质润滑油馏分。最后，从减压蒸馏塔底部流出的是减压渣油。

通过减压蒸馏得到的各种润滑油馏分中含有一些非理想组分，还需要进行精制。

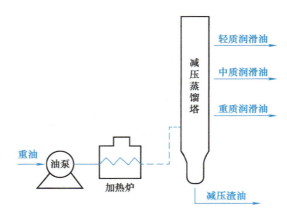

图 1-3　减压蒸馏流程图

在炼油厂的实际生产工艺流程中，往往把常压蒸馏和减压蒸馏组合进行，称为常减压蒸馏。常减压蒸馏（图 1-4）是炼油厂的第一道工序，通过该工序可以直接从原油中提取汽油、煤油及轻柴油等燃料油。

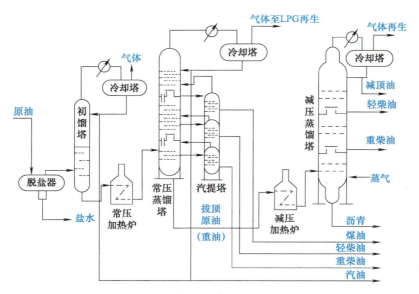

图 1-4　常减压蒸馏的流程图

2. 热裂化

热裂化是利用 500℃ 左右的高温使重油一类的大分子烃受热分解裂化成小分子烃的加工过程。

热裂化产品有裂化气、汽油、柴油和渣油等。裂化气的产率约为 10%，汽油的产率为 30%～50%，柴油的产率约为 30%，渣油的产率约为 30%。由于这些热裂化产品含有较多的不饱和烃，产品性质不稳定，易发生变质，所以热裂化方法已逐渐被淘汰。

3. 催化裂化

催化裂化是目前普遍采用的炼制方法，其工艺流程如图 1-5 所示。催化裂化是在催化剂硅酸铝或分子筛的作用下以及 450 ~ 510℃的高温条件下，通过对原料油进行裂化、异构化、芳构化、氢转移等反应，使沸点较高的大分子烃裂化为小分子烃的加工工艺。

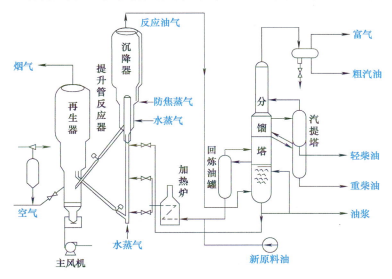

图 1-5 催化裂化流程图

在催化裂化过程中，由于催化剂的存在，除了大分子烃转变成小分子烃以外，还发生分子结构的改变，从而使裂化产品中的不饱和烃大为减少，而异构烷烃和芳香烃的含量大大增加。

催化裂化由于不饱和烃含量大大减少，所以催化裂化产品比热裂化产品安定性好，不易发生变质。

催化裂化产品主要有石油气、汽油和轻柴油等。

4. 加氢裂化

加氢裂化是使重质油轻质化的又一种工艺方法。它是在 370 ~ 430℃的高温和 10 ~ 15MPa 的高压，并有钨、钼、镍等催化剂的作用下，加入氢气，对原料油进行加氢、裂化和异构化等反应，从而使重质油转变成饱和的轻质油的一种炼制方法。

加氢裂化同催化裂化相似，除了大分子烃转变成小分子烃以外，也发生分子结构的改变，从而使裂化产品中的不饱和烃大为减少，而异构烷烃和环烷烃的含量大大增加。

另外，加氢裂化还可以将原料油中的硫、氧、氮等非烃类化合物转化为易于脱除的水、氨、硫化氢等，所以加氢裂化产品含异构烷烃和环烷烃较多，含硫、氧、氮等非烃类化合物和烯烃很少，因而产品性质比较安定。

加氢裂化的产品有汽油、柴油、润滑油等。加氢裂化得到的汽油抗爆性好，腐蚀性低；加氢裂化得到的柴油发火性能好，凝点也低；加氢裂化得到的润滑油黏温性能好。

加氢裂化装置的实物照片如图 1-6 所示。加氢裂化炼制方法存在炼制设备昂贵、耗氢量大、高压操作条件苛刻、需要合金钢材较多等缺点。所以，它不如催化裂化方法的应用普遍。一般是当裂化原料不适合采用催化裂化方法时，才选用加氢裂化方法。

5. 催化重整

催化重整是生产高辛烷值汽油的一种加工方法。其工艺流程为：在催化剂的作用下，

通过进行异构化、芳构化、脱氢等反应，使直馏汽油馏分中的正构烷烃和环烷烃分子结构进行重新排列而转化为异构烷烃和芳香烃，从而获得高辛烷值汽油。

催化重整装置如图 1-7 所示。

催化重整按所用催化剂种类的不同，可分为铂重整、铂铼重整、铂锡重整以及多金属重整等。

图 1-6　大庆炼油厂年处理能力 30 万 t 加氢裂化装置　　　　图 1-7　催化重整装置

6. 烷基化

烷基化是指在催化剂作用下，烷烃与烯烃之间发生的化学加成反应。异辛烷是车用汽油的理想调和组分，可使调和汽油的辛烷值（研究法）高达 92 ~ 98，并且具有良好的挥发性和燃烧性，还不含烯烃。所以，烷基化对生产高辛烷值汽油具有重要意义。

7. 延迟焦化

延迟焦化是为了充分利用能源，以获得更多的轻质油，对减压渣油进行深度加工的一种炼制方法。

所谓延迟焦化，就是通过缩短减压渣油在高温（500℃左右）炉管内的停留时间，使减压渣油在炉管内来不及结焦的条件下进入焦炭塔。在焦炭塔中，减压渣油在高温下进行充分反应，一方面由大分子烃裂化分解成小分子烃，直至成为气体；另一方面缩合成为石油焦，这样就避免了减压渣油在加热炉管内大量结焦的出现，从而使装置的运转周期得以延长。

延迟焦化的产物主要是汽油、柴油、裂化原料油和石油焦等。产率分别为：汽油 10% ~ 20%，柴油 25% ~ 35%，裂化原料油 25% ~ 35%，石油焦 15% ~ 20%。

1.2.3　石油产品的精制

通过石油炼制方法得到的石油产品大多数为半成品，其中还含有硫化物、氧化物、氮化物、胶质以及不饱和烃等杂质，因此，还需对这些半成品进行精制加工，以除去其中的非理想组分。

常用的精制方法有：电化学精制、加氢精制、溶剂精制、白土补充精制、加氢补充精制、脱硫醇精制、溶剂脱蜡、尿素脱蜡、分子筛脱蜡、微生物脱蜡等。

1.2.4　石油产品的调和

1. 燃油的调和

各种炼制方法得到的燃油馏分，成本不同，质量档次也不同，为保证出厂燃油既符合质量标准，又能降低生产成本，一般要将各种方法得到的燃油馏分进行调和。

同时，为满足现代内燃机的工作需要和排放标准的要求，还得向燃油中加入多种添加剂或其他提高燃油性能的组分。这一工艺过程称为燃油的调和过程。

2. 润滑油的调和

经多种精制方法得到的润滑油馏分往往满足不了现代发动机等机械的要求，还不能直接使用，通常需要根据润滑油产品规定的性能要求，将不同加工方法得到的润滑油或不同黏度的润滑油相互混合，并加入一定量的提高润滑油使用性能的添加剂后才能使用。这一工艺过程称为润滑油的调和过程。

1.2.5　辅助添加剂

为进一步提高石油产品的品质，满足现代机械对燃料油和润滑油的使用性能要求，还需要向石油产品中加入各种辅助添加剂。

1. 石油产品辅助添加剂的分类

SH/T 0389—1992《石油添加剂的分类》将石油产品辅助添加剂按应用场合分为润滑添加剂、燃料添加剂、复合添加剂和其他添加剂四大类。对润滑添加剂又按照作用分为 9 组；对燃料添加剂按作用分为 15 组；对复合添加剂按油品分为 12 组。同一组内根据其组成或特性不同又分为若干品种。

2. 润滑添加剂

为改善润滑油的性能而加入的添加剂称为润滑添加剂。按其作用不同，可分为清净剂和分散剂、抗氧抗腐剂、极压抗磨剂、油性剂和摩擦改进剂、黏度指数改进剂、防锈剂、降凝剂、抗泡沫剂等。

3. 燃料添加剂

为改善燃料油的性能而加入的添加剂称为燃料添加剂。按其作用不同，可分为抗爆剂、十六烷值改进剂、低温流动性改进剂、清净分散剂、抗氧防胶剂、金属钝化剂等。

思考与实训

1. 选择题

1）按特性因数大小对原油进行分类时，特性因数 $K = 12.1 \sim 12.9$ 的原油，属于_____；$K = 11.5 \sim 12.1$ 的原油，属于_____；$K = 10.5 \sim 11.5$ 的原油，属于_____。

A. 中间基原油　　　　　　　　B. 环烷基原油

C. 重质原油　　　　　　　　　D. 石蜡基原油

2）常压蒸馏一般将石油分割成沸点范围为 35 ~ 200℃的_____馏分，175 ~ 300℃的_____馏分，200 ~ 350℃的_____馏分，350℃以上的_____或裂化原料馏分等组分。

A. 柴油　　　　　　　　　　　B. 汽油

C. 润滑油　　　　　　　　　　D. 煤油

2．问答题

1）石油的主要成分有哪些？

2）按分馏过程，石油的馏分组成通常分为哪几种？

3）常用的石油炼制方法有哪些？

3．实操题

1）在有条件的情况下，组织学生去炼油厂参观，了解石油的炼制方法和工艺流程。

2）在日常学习、生活中留心观察与石油相关的企业及其生产设施，培养职业敏感度（生活中，处处留心皆学问）。

第2章

车 用 汽 油

【学习目标】

- 了解车用汽油的质量指标；
- 熟悉车用汽油的分类和牌号；
- 掌握车用汽油的选择原则，能够正确、合理地选择和使用车用汽油。

2.1 车用汽油概述

2.1.1 车用汽油的组成与性质

车用汽油作为汽车的主要能源，在国民经济发展中占有重要地位。车用汽油是从石油中提炼出来的，由碳、氢元素组成的烃类化合物。

车用汽油是一种密度小、易于挥发的浅黄色液体燃料（图2-1），自燃点为415～530℃。车用汽油的炼制方法有直馏法、热裂化法、催化裂化法等。利用催化裂化法可以从石油中获得更多的优质车用汽油。

图 2-1 车用汽油

2.1.2 对车用汽油的要求

车用汽油作为汽油机的主要燃料，应满足汽油机的工作需求，即在短时间内由液体状态蒸发成气体状态，并与空气均匀混合，形成良好的可燃混合气，平稳、快速地燃烧，完成对外做功。同时，不允许出现供油系统"气阻"、爆燃、腐蚀发动机机件等影响发动机性能的现象。

车用汽油这种满足汽油机工作需要并保证汽油机正常发挥其性能的能力，称为车用汽油的使用性能。

汽油发动机对车用汽油的使用性能要求非常严格，尤其是采用电控燃油喷射系统、三元催化转化器并采用闭环控制的现代汽车，对车用汽油使用性能的要求更为严格和苛刻。

为满足汽油机的工作要求，保证汽油机的顺利起动、平稳运转，充分发挥汽油机的动力性能，对车用汽油使用性能的主要要求有：适宜的蒸发性；良好的抗爆性；良好的氧化安定性；对车辆机件无腐蚀性；对环境的友好性（无害性）和汽油本身的清洁性等等。

了解车用汽油使用性能及使用性能评价指标，是正确合理选用车用汽油的基础和前提。如果选用不当，不仅会造成浪费，而且还会劣化汽油发动机的性能，缩短汽油发动机的使用寿命。

2.2 车用汽油的蒸发性

2.2.1 汽油的蒸发性及其影响

1. 汽油的蒸发性

汽油由液态转化为气态的性能，称为汽油的蒸发性。汽油在存储状态下呈液态，而在汽油机燃烧室内燃烧时，是在气态下进行的。也就是说，汽油在燃烧前必须有个蒸发过程。而且，蒸发汽化得越彻底，燃烧也会越充分。

汽油的蒸发过程发生在汽油发动机的进气行程和压缩行程中。在进气行程，随着活塞下行，汽油被空气流带入气缸，再经过压缩行程压缩，形成可燃混合气。所以汽油的蒸发过程约占 360° 的曲轴转角。而现代汽油发动机的最高转速一般可达 6000 ~ 6500r/min，甚至更高，曲轴转一周的时间约为 20 ~ 40ms，因而汽油完成蒸发的时间是十分短暂和有限的。要在如此短暂的时间内形成成分均匀的可燃混合气，就要求汽油本身必须具有良好的蒸发性能。

2. 汽油的蒸发性对汽油发动机的影响

汽油的蒸发性优良，易于汽化，就能在短暂的时间内与空气实现充分的混合，可燃混合气的燃烧速度就快，燃烧也充分和完全，不会形成太多的积炭，汽油的化学能和燃烧产生的热能可以更多地转化为机械能，使能量转换率大大提高。

同时，汽油发动机也易于起动，加速畅快有力，在起动、急加速、急减速等过渡工况间转换时更为敏捷，在怠速热车以及平稳工况下运转时更为柔和，机械磨损更小，燃油消耗量得以减小，燃油经济性大大提高。

反之，汽油的蒸发性不好，则难以在短时间内形成良好的可燃混合气，特别是在严寒的冬季，在低温条件下很难形成足够浓度的混合气，使汽油发动机起动困难、怠速运转不稳。同时，由于汽油汽化不完全，混合气形成不良，进气管道积炭增多，导致燃烧不完全，燃油消耗量增加，燃油经济性劣化。

此外，未燃烧的汽油油滴还会破坏气缸和缸壁间的润滑油膜，使气缸的密封性下降，气缸漏气量加大，气缸内最大压力下降，汽油发动机输出功率降低，性能劣化。如这些未燃烧的油滴流入油底壳（机油盘），还会稀释发动机润滑油，恶化润滑条件，增大发动机各摩擦副的磨损并增大润滑油的消耗。

但也并非蒸发性越强越好。如果汽油的蒸发性过强，则会导致贮存过程中的蒸发损失增加、燃油供给系统易产生气阻（供油不畅）、汽油蒸气回收系统（炭罐）易过载、泄漏等等。所以车用汽油的蒸发性应强弱适宜，蒸发性过强或过弱都不能满足要求。

2.2.2 汽油蒸发性的评价指标

汽油蒸发性的评价指标主要有馏程和饱和蒸气压两项。

1. 馏程

馏程是指油品在规定条件下蒸馏时，从初馏点到终馏点的温度范围。

在化工生产和质量检验中，一般采用初馏点、10% 蒸发温度、50% 蒸发温度、90% 蒸发温度、终馏点和残留量等指标来评价汽油的蒸发性。

（1）初馏点　在规定条件下，对 100mL 汽油进行蒸馏时，流出第一滴汽油时的气相温度，称为初馏点。初馏点是汽油的最低馏出温度，实际上就是汽油中最轻组分的沸点。

（2）10% 蒸发温度　在规定条件下，对 100mL 汽油进行蒸馏时，流出 10mL 汽油时的气相温度，称为 10% 蒸发温度。10% 蒸发温度可表征汽油中轻质馏分含量的多少，对汽油机起动的难易有决定性影响，同时也与汽油发动机燃油供给系统产生气阻的倾向密切相关。

10% 蒸发温度越低，说明汽油中的轻质馏分越多，蒸发性也越强。10% 蒸发温度低的汽油，即使在严寒、低温条件下，也能达到汽油发动机起动工况对可燃混合气浓度的要求，使汽油发动机顺利起动。10% 蒸发温度与汽油机最低起动温度的对应关系见表 2-1。

表 2-1　汽油 10% 蒸发温度与汽油机最低起动温度的对应关系

汽油 10% 蒸发温度 /℃	36	53	71	88	98	107	115	122
汽油机最低起动温度 /℃	−29	−18	−7	−5	0	5	10	15

但是，车用汽油的 10% 蒸发温度也不可过低。如果汽油的 10% 蒸发温度过低，则汽油中的轻质馏分过多，蒸发性过强，会导致蒸发损失增加。且随着油温的升高（泵送加压及发动机的传导、辐射热所致），汽油易在汽油泵或输油管等曲折处或较热部位先行汽化形成蒸气泡。由于蒸气泡具有可压缩性，会阻碍燃油供给系统的正常供油，导致发动机供油不畅、加速无力，严重时甚至会出现所谓的"气阻"现象。

"气阻"现象在炎热的夏季或大气压力较低的高原或高山地区较易出现。燃油供给系统出现"气阻"时，会使发动机运转失稳，输出功率降低，甚至频繁熄火，无法正常工作。

需要指出的是，"气阻"现象主要发生在采用化油器供油系统且汽油泵的安装位置靠近发动机机体的汽车上。采用电控燃油喷射供油系统的汽车由于技术先进、结构合理（汽油泵一般布置在油箱内部，冷却可靠），已经很少发生"气阻"现象了。

（3）50% 蒸发温度　在规定条件下，对 100mL 汽油进行蒸馏时，流出 50mL 汽油时的气相温度，称为 50% 蒸发温度。50% 蒸发温度可表征汽油中中质馏分含量的多少，也表征汽油的平均蒸发能力的高低。50% 蒸发温度对汽油机起动后到正常工作温度的暖机（预热）时间、加速性能和工作稳定性影响很大。

50% 蒸发温度越低，说明汽油的平均蒸发能力越强，在较低温度下就有较大的蒸发量，易于形成较浓的混合气，燃烧产生的热量也多，与适度推迟点火提前角相配合，可以显著缩短发动机暖机时间，且使发动机加速顺畅、无迟滞感，运转柔和平稳，燃油经济性大大提高。车用汽油 50% 蒸发温度与汽油机暖机时间的对应关系见表 2-2。

表 2-2　汽油 50% 蒸发温度与汽油机暖机时间的对应关系

汽油 50% 蒸发温度 /℃	104	127	148
汽油机暖机时间 /min	10	15	>28

汽油的 50% 蒸发温度越高，说明其平均蒸发能力越弱，形成的混合气浓度越稀，完成暖机的时间也就越长。长时间的暖机预热，不但影响发动机性能的正常发挥，而且会增大燃油消耗。同时，还会导致汽油蒸发不完全，混合气过稀，甚至不能正常燃烧。此外，发动机加速性能也会劣化，运转工况不平稳，严重时会引发发动机"喘振（转速波动）"等现象。

（4）90% 蒸发温度 在规定条件下，对 100mL 汽油进行蒸馏时，流出 90mL 汽油时的气相温度，称为 90% 蒸发温度。90% 蒸发温度表征汽油中重质馏分含量的多少。

90% 蒸发温度越高，说明汽油中重质馏分含量越多，混合气中的汽油不能完全蒸发，也不能完全燃烧，燃油消耗量会显著增大。同时，还会使发动机排气管大量排放黑烟，污染环境。

此外，未完全燃烧的汽油还会冲刷气缸壁上的润滑油膜，恶化润滑条件，增大磨损。如果未燃汽油流入油底壳，还会稀释发动机润滑油，影响正常润滑，引发曲轴"抱瓦"、发动机"拉缸"等恶性事故。

（5）终馏点 在规定条件下，对 100mL 汽油进行蒸馏时，蒸馏出最后一滴汽油时的气相温度，称为终馏点。终馏点表征汽油中重质馏分含量的多少。

终馏点高的汽油，重质馏分也较多，蒸发性也差，会造成燃烧不完全，导致发动机燃油消耗量增多。

同时，对润滑条件的破坏作用也更大，相应地，重要摩擦副（活塞环-气缸套、曲轴-轴瓦）的机械磨损也会增加。

汽油终馏点与燃油消耗率、活塞环磨损率的关系见表 2-3。

表 2-3　汽油终馏点与燃油消耗率、活塞环磨损率的关系

汽油终馏点 /℃	175	200	225	250
燃油消耗率（%）	98	100	107	140
活塞环磨损率（%）	97	100	200	500

90% 蒸发温度和终馏点都是用于评价汽油中重质馏分的重要指标，但其侧重点有所不同。90% 蒸发温度用于控制重质馏分含量的多少，而终馏点则用于控制重质馏分含量的上限。

（6）残留量 在规定条件下，对 100mL 汽油进行蒸馏时，汽油中不能被蒸发的残留物质与 100mL 汽油的体积百分比，称为残留量。残留量表征汽油中不易蒸发的重质馏分和在存储过程中氧化生成的胶质物质含量的多少。

如果汽油的残留量过大，会使燃烧室积炭（图 2-2）增加，进气门、喷油器（嘴）、火花塞安装孔等部位严重结胶（图 2-3），从而影响发动机的正常工作。因此，在汽油的生产和使用过程中应对其进行严格限制。

图 2-2　积炭严重的燃烧室

图 2-3　严重结胶的气门与新气门的比较

2. 饱和蒸气压

在规定条件下，汽油在适当的试验仪器中蒸发达到平衡状态时，汽油蒸气所显示的最大压力，称为饱和蒸气压。饱和蒸气压表征汽油的平均蒸发性能，对燃油供给系统产生气阻的倾向性影响极大。同时，饱和蒸气压还与汽油在存储、运输和使用过程中的蒸发损耗的倾向密切相关。

饱和蒸气压越高，汽油蒸发量就越大，蒸发性也就越好。需要指出的是，汽油饱和蒸气压也不是越高越好。汽油饱和蒸气压过高，蒸发性过强，则容易使燃油供给系统产生"气阻"，影响正常行车。

同时，饱和蒸气压越高，汽油在存储、运输和使用过程中的蒸发损失也就越大。研究表明，汽油的蒸发损失与饱和蒸气压成线性关系，饱和蒸气压越大，汽油的蒸发损失也就越多。

此外，汽油的蒸发损失与油箱存油量的多少也有密切关系。在同等的饱和蒸气压下，油箱存油量越少，汽油的蒸发损失就越多。

基于以上分析，在实际工作中，需要兼顾汽油饱和蒸气压和汽油的蒸发性能。因此，在汽油质量标准中既规定了汽油馏程的各馏出温度不能大于规定限值，同时又规定了汽油的饱和蒸气压不得高于规定限值，以确保汽油有适宜的蒸发能力。

2.2.3 使用条件对汽油蒸发性的影响

车用汽油的蒸发性主要由汽油自身的馏分组成和化学组成决定，但使用条件的变化也会对蒸发速度和蒸发量产生一定影响。下面依次作简要说明。

1. 进气温度

由于汽油在发动机气缸中的燃烧是在气态下进行的，汽油必须先由液态转变为气态。在汽油发生由液态向气态的转变（汽化）过程中，需要吸收空气中的热量。由空气中吸收的热量越多，汽油蒸发量就越大，汽油燃烧也就越充分。而空气温度的高低，决定了可以提供给汽油汽化所需热量的多少。

因此，采取进气预热措施（常见的进气预热措施有装备进气预热电热塞、电热陶瓷进气加热器、电火焰预热器以及在进气总管节气门附近铸造冷却液通道，利用发动机冷却液余热进行进气预热等），提高进气温度，既能增加汽油的蒸发量，又能改善燃烧性能，并显著提高发动机的低温起动性能。

2. 进气流速

进气流速（亦即进气流动速度）对喷入进气道或气缸内的汽油油滴的大小有直接影响。进气流速越高，则空气流的冲击力也越大，可将液态汽油冲击为更加细小的油滴，增大了汽油的蒸发和扩散面积，从而得到较高的蒸发速度和蒸发量。汽油汽化率与进气流速的关系如图 2-4 所示。由图 2-4 可见，进气流速越大，汽油汽化率越高。

3. 混合气浓度

进气管内可燃混合气的浓度对汽油的蒸发性也有影响。当混合气较稀（空燃比 $\lambda > 14.7$）时，汽油的蒸发性

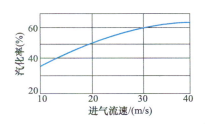

图 2-4　汽油汽化率与进气流速的关系

较好。而当混合气较浓（空燃比 λ < 14.7）时，汽油的蒸发性较差。

4. 缸壁温度

缸壁温度（亦即气缸壁温度）影响汽油中未蒸发油滴在气缸内的进一步蒸发。未蒸发的油滴需要吸收气缸壁的热量才能持续蒸发。气缸壁的温度越高，则汽油在气缸内的持续蒸发量就越大，汽油与空气的混合也就越好。缸壁温度对汽油蒸发性的影响见表2-4。

表 2-4　缸壁温度对汽油蒸发性的影响

汽油机缸壁温度 /℃	进气温度为 20℃时汽油在气缸内的蒸发量（%）	
	λ=10.5	λ=14.7
20	43	46
50	60	66

对于采用化油器式供油系统的汽油发动机，由于汽油雾化、蒸发条件不良，则汽车的使用条件对汽油的蒸发性影响甚大。如果汽车驾驶人技术熟练，可以根据季节、气温变化和汽油机的工作情况，采用起动前用热水温缸，保持循环冷却液的正常温度，及时提高汽油发动机的转速等措施，就可以使汽油在发动机内的蒸发速度加快，蒸发量增多，相应提高了车用汽油的蒸发性。

目前，所有新生产的汽油机都已经使用电子控制燃油喷射（EFI）供油系统，喷油量能得到精确控制，压缩比也得到相应的提高，缸内汽油雾化、蒸发条件已经大大改善，加之采用封闭式冷却系统和长效防冻冷却液，汽油发动机技术的提高，使得上述的热水温缸等技术既没必要也不可能了。

2.3　车用汽油的抗爆性

汽油在发动机气缸内正常燃烧而不产生爆燃的性能，称为汽油的抗爆性。发动机压缩比越高，对汽油的抗爆性要求也越高。

2.3.1　爆燃及其危害

1. 正常燃烧

汽油在发动机气缸内的燃烧分正常燃烧和不正常燃烧两种情况。

在正常燃烧时，可燃混合气被电火花点燃后，首先在火花塞附近形成火焰中心，然后火焰逐渐向未燃混合气扩散（传播速度为 20 ~ 50m/s），气缸内压力和温度上升是平稳和均匀的。

表面点火、早燃、爆燃等都属于不正常燃烧。出现不正常燃烧时，气缸内可能出现多个火焰中心，火焰传播速度过快，气缸内压力和温度急剧上升，会对发动机造成不利影响，尤以爆燃的影响为大。

点火提前角过大、发动机过热、压缩比过高、燃烧室积炭过多以及燃烧室的布置形式等因素，都可能导致发动机出现爆燃，但汽油自身的抗爆性能是最根本的，也是决定性的因素。

2. 爆燃产生的原因

当可燃混合气在气缸内被电火花点燃后，一部分未燃混合气因受到正常火焰焰面的挤

压和热辐射作用，温度和压力急剧升高，化学反应加剧，生成许多不稳定的过氧化物。过氧化物的特点是当其浓度较大时容易发生自燃。

抗爆性好的汽油，在燃烧过程中其氧化分解产生的过氧化物不会达到自燃的浓度。若汽油的抗爆性较差，就容易出现过氧化物聚集，特别是在已燃混合气的热辐射和压力作用下，过氧化物会迅速达到自燃浓度而自燃，进而在未燃的混合气中形成多个火焰中心，并向四周传播。

由于这种燃烧速度极为迅速，气缸容积来不及膨胀，使燃烧室内的压力和温度急剧上升，在局部区域的瞬时压力可达 9800kPa 左右，瞬时温度可达 2500℃左右。

这种因压力和温度的不平衡而产生的强烈的冲击波，会以亚音速在燃烧室内向四面八方传播，并猛烈冲击气缸盖、活塞顶和气缸壁，使汽油发动机产生不正常的振动，同时发出清脆的敲缸声。这种不正常燃烧称为爆炸式燃烧，简称爆燃。相应地，由于爆燃引发的发动机不正常振动称为爆振。

3. 爆燃的危害

爆燃对发动机的危害极大，主要表现在以下几个方面：

1）由于强烈冲击波的作用，会使气缸盖、活塞顶、气缸壁、连杆、曲轴等机件承受的冲击负荷增加，产生变形甚至出现早期损坏。

2）爆燃的高压和高温会破坏气缸壁的润滑油膜的润滑性能，使发动机磨损加快，气缸的密封性能下降，发动机输出功率降低。

3）爆燃产生的高温会增加冷却系统的热负荷，易使发动机出现过热，甚至"开锅"。

4）爆燃的局部高温引起的热分解现象十分严重，使燃烧产物分解为 HC、CO 和游离碳的概率增加，排气管冒黑烟；产生的游离碳易形成积炭，破坏活塞环、火花塞、气门等零件的正常工作，使汽油发动机的可靠性下降。

当燃烧室积炭严重时，还容易引发炽热点火（表面点火）等不正常燃烧，形成恶性循环，使发动机的可靠性进一步下降。

对于结构已经确定的发动机，当压缩比一定、点火提前角恒定不变时，能否发生爆燃的决定性因素就是汽油自身的抗爆性。因此，为抑制爆燃现象的发生，应使用抗爆性好的汽油。

2.3.2　汽油抗爆性的评价指标

汽油抗爆性的评价指标主要有辛烷值和抗爆指数两项。

1. 辛烷值

辛烷值（Octane Number，略作 ON）是表征汽油机燃料抗爆性的一个约定数值。在规定条件下，通过和标准燃料进行比较来测定，采用与被测定燃料具有相同抗爆性的标准燃料的辛烷值表示。

标准燃料由异辛烷和正庚烷的混合物组成。异辛烷用作抗爆性优良的标准，辛烷值定为 100；正庚烷用作抗爆性低劣的标准，辛烷值为 0。将这两种燃料按不同体积比例混合，可配制成辛烷值为 0 ~ 100 的标准燃料。混合物中异辛烷的体积百分数越高，则其抗爆性能也就越好。

在辛烷值试验机中测定试样的辛烷值时，提高压缩比到出现标准爆燃强度为止，然后，保持压缩比不变，选择某一成分的标准燃料在同一试验条件下进行测定，使发动机产生同样强度的爆燃。如果所取标准燃料恰好是由 93% 异辛烷和 7% 正庚烷组成的，则可评定出该试样的辛烷值为 93。

2. 辛烷值的作用和意义

1）划分燃料牌号。车用汽油的牌号是按照辛烷值来划分的，有 89、92、95 和 98 等多种牌号。例如，95 号车用汽油即表示该汽油辛烷值不低于 95。根据辛烷值的实测结果可判定该种汽油属于哪一牌号的车用汽油。

2）提高综合经济效益。辛烷值是表征燃料抗爆性能好坏的一项重要指标，是选择车用汽油牌号的主要依据。汽油的辛烷值越高，抗爆性就越好，发动机就可以采用更高的压缩比。

也就是说，如果燃料供应商（炼油厂）生产的汽油的辛烷值不断提高，则汽车制造商可以随之提高发动机的压缩比。这样既可提高发动机的功率输出，增加行车里程，又可节约燃料，对提高车辆运行的综合经济效益是有重要意义的。

3. 辛烷值的测定

对于同一种燃料，可以采用不同的测定条件和测定方法，对其辛烷值进行测定。相应地，依测定条件不同，同一种燃料的抗爆性，可以采用马达法辛烷值、研究法辛烷值、道路法辛烷值和介电常数法辛烷值等几种辛烷值加以表示。

1）马达法辛烷值。马达法辛烷值（Motor Octane Number，MON）的测定条件较为苛刻，要求发动机转速为 900r/min，进气温度 149℃（需对发动机进气进行加热）。马达法辛烷值表征汽车在高速、重负荷条件下行驶时汽油的抗爆性能。

2）研究法辛烷值。研究法辛烷值（Research Octane Number，RON）的测定条件较为柔和，要求发动机转速为 600r/min，进气为室温（不需要对发动机进气进行加热）。研究法辛烷值表征汽车在市区慢速行驶时汽油的抗爆性能。

对同一种汽油，其研究法辛烷值比马达法辛烷值约高 0 ~ 15 个单位，两者之间的差值称敏感性或敏感度。

可按照 GB/T 503—2016/XG1—2017《汽油辛烷值的测定 马达法》和 GB/T 5487—2015《汽油辛烷值的测定 研究法》的规定，采用辛烷值测定机（图2-5）进行燃料的辛烷值测定试验。

3）介电常数法辛烷值。介电常数法辛烷值是根据燃料的介电常数随抗爆性不同而变化的原理进行测定的。该测定方法利用介电常数法辛烷值测定仪，用标准油样进行标定，采用分段回归对应校准，利用微差法直接读取辛烷值，测定过程简单、快捷，测定结果准确性高。

4）道路法辛烷值。道路法辛烷值亦称行车辛烷值，是用汽车进行实测或在底盘测功机（全功率试验台）上模拟汽车在公路上行驶的条件进行测定的。

道路法辛烷值能全面、真实地反映燃料的抗爆性能，在所有辛烷值中是最准确的，也是最具权威性的。但其测试过程较长，且费用高，经济性较差。

图 2-5　辛烷值测定机

道路辛烷值也可用马达法和研究法辛烷值按经验公式计算求得，并引入抗爆指数这一指标。抗爆指数（Anti-knock Index，AKI）定义为汽油研究法辛烷值与马达法辛烷值的平均值。即

$$AKI = \frac{RON+MON}{2} \qquad (2-1)$$

抗爆指数可以近似地表示汽油的道路辛烷值。

2.3.3　汽油抗爆性的改善

1. 汽油各烃类组分的抗爆性

汽油的抗爆性，主要由其烃类组成和各类烃分子的化学结构决定。组成汽油的烃类物质主要是烷烃、环烷烃、芳香烃和烯烃。

由于各类烃的热氧化安定性不同，开始氧化的温度和自燃点有差别，所以辛烷值也不相同。总的来说，芳香烃和异构烷烃的抗爆性最好，环烷烃和烯烃居中，正构烷烃最差。

2. 汽油机的压缩比与汽油辛烷值的关系

研究表明，汽油发动机的压缩比与其热效率有如下关系

$$\eta_t = 1 - \frac{1}{\varepsilon^{k-1}} \qquad (2-2)$$

式中，η_t 为汽油发动机的热效率；ε 为汽油发动机的压缩比；k 为绝热指数。

由式 2-2 可以看出，汽油发动机的压缩比越大，其热效率越高，进而可提高汽油发动机的功率。也就是说，提高压缩比，可以显著提高汽油发动机的输出功率。提高压缩比也是现代汽油机的发展趋势之一。

但是，随着压缩比的提高，汽油发动机发生爆燃的倾向变大，燃烧过程会变得不稳定。为防止爆燃的出现，就要使用抗爆性好的汽油，即辛烷值高的汽油。现代汽车的高压缩比发动机都要求使用辛烷值高的汽油，即肇因于此。

3. 提高汽油辛烷值的措施

目前，提高汽油辛烷值的方法主要有以下三种：

1）改进加工工艺。选择良好的原料和改进加工工艺，例如采用催化裂化、加氢裂化和催化重整等工艺，炼制出高辛烷值的汽油。

2）加入高辛烷值成分。向产品中加入抗爆性优良的高辛烷值成分，例如异辛烷、异丙苯、烷基苯、醇类等等。

3）加入抗爆剂。加入抗爆剂，如甲基叔丁基醚（Methyl Tert-butyl Ether，MTBE）、甲基环戊二烯三羰基锰（MMT）、CN-KBJ218 铁锰基抗爆剂等等。

但在更为严格的汽油质量标准中，已经要求逐渐减少并最终停止在车用汽油中加入 MMT、CN-KBJ218 等含铁、锰类抗爆剂。

作为四乙基铅（Tetraethyl Lead，TEL）的替代产品，MTBE 除可增加汽油含氧量、显著提高抗爆性外，还可促进清洁燃烧，减少汽车有害物排放污染，是目前效果最好的汽油抗爆剂。

但 MTBE 也有毒性，美国环保局已将其列为人类可能的致癌物质。寻找性能优异又健康环保的抗爆剂一直是炼油化工企业孜孜以求的目标。

2.4 车用汽油的氧化安定性

2.4.1 汽油的氧化安定性对发动机的影响

汽油的氧化安定性表征汽油在贮存和使用过程中，抵抗氧化生胶而保持自身性质不发生永久性变化的能力。

氧化安定性良好的汽油，既便于长期贮存，其质量也能保持稳定。氧化安定性不良的汽油，在贮存和使用过程中，容易发生质量劣化，生成酸性物质和胶状物质，颜色也转为深褐色。

长期使用氧化安定性不良的汽油，会对汽油发动机产生严重后果。

1）汽油氧化生成的胶状物质容易沉积在汽油滤清器、油管、喷油器滤网、喷油器阀口等部位，影响燃油的供给和混合气的形成，增大燃油泵的泵送阻力。

2）胶状物质还容易沉积在进气门上，使气门与气门座圈产生粘着现象，导致气门关闭不严，造成发动机动力性下降，燃油消耗增加，经济性劣化。

3）进入气缸的胶状物质在高温下分解，生成大量积炭，积聚在燃烧室、气门、活塞顶以及活塞环槽等部位，造成气缸、气缸盖散热不良，使零件局部过热，甚至引发缸体、缸盖变形。

4）燃烧室内积炭过多还会增大气缸压缩比，增大早燃和爆燃的倾向。如果积炭沉积在火花塞上，还会使点火线圈次级电压降低，电火花能量下降，导致点火不良，等等。

因此，从汽油发动机的使用角度考虑，要求车用汽油应具有良好的氧化安定性。

2.4.2 汽油氧化安定性的评价指标

汽油氧化安定性的评价指标为实际胶质和诱导期。

1. 实际胶质

实际胶质是指在规定的条件下，测得的汽油蒸发残留物中正庚烷的不溶部分，以 mg/100mL 为单位。汽油的实际胶质越少，则氧化安定性越好。

2. 诱导期

诱导期是指在规定的加速氧化条件下，汽油保持稳定状态所经历的时间历程，以分钟（min）计。诱导期越长，则汽油越不容易发生氧化变质。现行国家标准要求车用汽油的诱导期不小于480min。汽油的诱导期与汽油中的烃类组成有关，在高品质汽油中都要加入抗氧剂，以延长诱导期。

2.5 车用汽油的腐蚀性

2.5.1 汽油中的主要腐蚀成分

1. 硫及硫化物

硫对金属腐蚀作用很强，它能与多种金属发生化学反应，易造成发动机金属零件（汽油泵、油管、燃油压力调节器）和金属储油容器（油箱）的过早报废。硫还能与汽油中的

烷烃和环烷烃在高温（高于 150℃）下发生反应，生成具有强烈腐蚀性的硫化氢。

硫的化合物分为活性硫化物和非活性硫化物两大类。活性硫化物是指能直接对金属起腐蚀作用的硫化物；非活性硫化物是指不能直接对金属起腐蚀作用的硫化物。

汽油中硫含量对汽油机腐蚀和机械磨损的影响如图 2-6 所示。

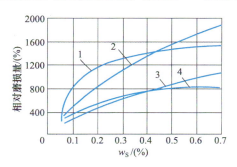

图 2-6 汽油中硫含量对汽油机腐蚀和机械磨损的影响

1—气门挺杆 2—活塞环 3—气门座 4—气缸

汽油中的硫及硫化物除了对金属具有腐蚀作用外，还对气缸燃烧室内积炭的增多、变硬有直接影响。汽油中硫含量对气缸燃烧室内积炭的影响见表 2-5。

表 2-5 汽油中硫含量对气缸燃烧室内积炭的影响

汽油中硫含量 / w_S（%）	积炭层的厚度 /mm				
	活塞顶	活塞环槽	气缸盖	气缸	气门
0.033	0.08	很少	很少	很少	很少
0.15	0.25 ~ 0.3	0.1 ~ 0.15	0.3 ~ 0.5	0.3 ~ 0.5	0.1 ~ 0.15
0.47	0.5 ~ 0.9	0.1 ~ 0.2	0.6 ~ 0.8	0.5 ~ 0.7	0.3 ~ 0.5
0.72	0.75 ~ 1.2	0.25 ~ 0.50	0.75 ~ 1.20	0.75 ~ 1.20	0.3 ~ 0.5

2. 有机酸

汽油中的有机酸主要是指汽油在贮存和使用过程中，由于汽油中的不安定组分氧化变质而生成的一些酸性物质。汽油中有机酸的数量随汽油贮存时间的延长而增加。有机酸中有一部分能溶于水，可对金属产生强烈的腐蚀。

3. 水溶性酸或碱

水溶性酸是指存在于汽油中能够溶于水的无机酸和低分子有机酸，如硫酸、盐酸、磺酸、酸性硫酸酯以及甲酸、乙酸和丙酸等。水溶性碱是指存在于汽油中能够溶于水的矿物碱，如氢氧化钠、氢氧化钾等。

水溶性酸或水溶性碱除了对金属有腐蚀作用外，还能促使汽油中的各种烃氧化、分解和胶化。因此，汽油中绝对不允许存在水溶性酸或碱。

上述汽油中的主要腐蚀成分除了对燃油泵、燃油压力调节器、油箱等金属零件产生腐蚀之外，对汽车排气管、消声器的腐蚀作用也是不容忽视的。

汽车排气管、排气消声器等出现严重腐蚀时，会有自燃的安全隐患。因为一旦排气管被腐蚀穿孔之后，未冷却的尾气就会通过穿孔的位置排出，这时只要附近有易燃物，就会

很容易发生自燃现象。另外，排气消声器腐蚀穿孔（图2-7和图2-8），还会降低其降噪功能，增大汽车的排气噪声。

图2-7 排气消声器出现严重腐蚀

图2-8 排气消声器严重腐蚀穿孔（已经漏气）

2.5.2 汽油腐蚀性的评价指标

汽油腐蚀性的评价指标为硫含量、铜片腐蚀试验、硫醇硫含量、博士试验和水溶性酸或碱试验。

1. 硫含量

硫含量是指存在于汽油中的硫和一切硫化物中的硫的总含量，以质量百分比表示。

现行国家标准 GB 17930—2016《车用汽油》要求车用汽油（ⅥA）和车用汽油（ⅥB）的硫含量均不得高于 10mg/kg。可以预见，该要求将会日趋严格。

2. 铜片腐蚀试验

汽油中的腐蚀性物质会与铜片发生化学反应，使铜片的颜色发生变化。腐蚀性物质的含量越多，铜片的颜色变化就越大。

铜片腐蚀试验就是利用这一原理来检测汽油中是否有腐蚀性物质以及腐蚀性物质含量多少的。铜片腐蚀试验主要用于检测汽油中是否含有单质硫和活性硫化物。

3. 硫醇硫含量

硫醇性硫属于活性硫化物，它不仅对金属产生腐蚀，还会使燃料产生异味（恶臭），故燃料中要限制其含量。国家标准中以硫醇硫在汽油中所占的质量百分数来表示，规定其不得大于限值。

4. 博士试验

博士试验（Doctor Test）是指在升华硫存在的条件下，用亚铅酸钠溶液和轻质石油产品（汽油）作用，看有无黑色沉淀生成，以判别油品（汽油）中是否含有硫醇或硫化氢的试验。

5. 水溶性酸或碱试验

水溶性酸或碱试验主要用来判定汽油中是否存在可溶于水的酸性或碱性物质。水溶性酸或碱对金属有强烈的腐蚀作用，车用汽油中不允许其存在。

2.6 车用汽油的其他性能

2.6.1 汽油的无害性

1. 汽油中的有害物质及其影响

汽油的无害性是指汽油在发动机内燃烧后的燃烧产物不对机动车排放、人体健康和生

态环境产生有害影响的性能。汽油的无害性与汽油的组分密切相关。

能够引发燃烧产物对机动车排放产生不利影响的汽油组分有铅、锰、铁、铜、磷、硫等元素。这些有害物质除了能增大排放废气中的有害物质外，还会引起三元催化转化器中的催化剂中毒，使三元催化转化器这一排放控制装置丧失长期有效地控制排放污染物的能力，进而使排入环境的排放污染物增多。

其中，尤以重金属铅对催化剂的破坏作用为大，极易引发三元催化转化器中的催化剂中毒、失效。同时，环境空气中如果大量存在铅，也会引发人体的铅中毒。

从 2000 年 7 月 1 日开始，我国已经停止销售和使用含铅汽油。不含四乙基铅的汽油称为无铅汽油（Un-Leaded Petrol）。

引起燃烧产物对人体健康和生态环境产生有害影响的汽油组分有苯、烯烃、芳香烃等有机物。因此，需要对汽油中的苯、烯烃、芳香烃的含量进行控制。但是，芳香烃和烯烃作为汽油中的高辛烷值组分，它们在汽油中的含量也不能限制得太低，以防削弱汽油的抗爆能力。

2. 汽油中的有害物质含量限制

车用汽油（包括车用乙醇汽油 E10）中对机动车排放控制性能、人体健康和生态环境有不利影响的有害物质（如铅、铁、锰、铜、磷、硫、苯、烯烃、芳烃、甲醇等）的含量，必须予以严格限制，不得超标。

而且，随着排放法规的日益严格，对上述有害物质含量的限制，也会日益严苛。

2.6.2　汽油的清净性

汽油的清净性是指车用汽油具有的抑制或消除发动机进气系统和燃烧室沉积物的性能。

可在车用汽油中加入汽油清净剂，以改善汽油的清净性。

2.6.3　汽油的清洁性

汽油的清洁性是指汽油中不应含有机械杂质和水分。

炼油厂炼制的合格成品汽油是不含机械杂质和水分的，但在汽油的运输、储存和使用环节中可能混入机械杂质和水分。

汽油中混入机械杂质后，会增大发动机机件（气缸壁、活塞环等）的摩擦和磨损，加剧发动机运动件的失效；水分的存在会加剧汽油的氧化生胶，加快燃烧室积炭的生成。因此，国家标准规定汽油中不得存在机械杂质和水分。

2.7　车用汽油的分类与牌号

2.7.1　车用汽油的产品分类

为确保汽油的品质、质量与我国在不同阶段实施的机动车排放法规相适应，GB 17930—2016《车用汽油》以车用汽油（Ⅳ）、车用汽油（Ⅴ）、车用汽油（ⅥA）和车用汽油（ⅥB）四种质量体系对车用汽油进行分类。

按照国发〔2018〕22 号文件要求，为贯彻落实《打赢蓝天保卫战三年行动计划》，从

2019 年 1 月 1 日起，我国已经全面停止销售低于国Ⅵ标准的车用汽油，改为全面供应符合国Ⅵ标准的车用汽油。

满足国Ⅵ排放法规要求的车用汽油，称为车用汽油（Ⅵ）。考虑到炼油厂的技术进步需要时间，又按照烯烃含量不同，将车用汽油（Ⅵ）细分为车用汽油（ⅥA）和车用汽油（ⅥB）两种。车用汽油（ⅥA）的烯烃含量（体积分数）不大于 18/%，车用汽油（ⅥB）的烯烃含量（体积分数）不大于 15/%。

考虑到国内某些地区环保的特殊需求，各地方政府可依据其环保治理要求，与相关油品供应部门协商一致后，提前实施相应阶段的车用汽油技术要求。

2.7.2　车用汽油的产品牌号

为规范车用汽油的产品标准，确保车用汽油的质量，充分发挥车辆性能，并进一步治理大气污染和减少污染物排放，随着炼油企业的技术进步以及环境保护意识的日益加强，我国相继出台了一系列关于汽油生产、使用的政策、措施和标准。

现行国家标准 GB 17930—2016《车用汽油》按研究法辛烷值将我国车用汽油（ⅥA）和车用汽油（ⅥB）各分为 89 号、92 号、95 号和 98 号四个牌号。

2.8　车用汽油的合理选用

2.8.1　车用汽油的选用

为了充分利用车用汽油的能量，延长汽油发动机的使用寿命，降低生产成本，节约能源，并尽可能减少汽车的有害排放物，应本着"人尽其才、物尽其用"的原则，正确、合理地选择车用汽油。

车用汽油的选择一般应遵循以下原则：

1）汽油的牌号、品质（质量）必须与发动机的结构和技术条件相适应。前已述及，发动机压缩比越大，要求使用的汽油牌号也越高。在某型号汽车投入市场进行销售之前，汽车制造商已经进行了大量的匹配试验，最终确定了与该型号汽车适应的汽油牌号。因此，应首先按照汽车使用说明书中的规定选用车用汽油。

汽油的选择，正如著名的广告语所言，"只选对的，不选贵的""适合的，就是最好的"，千万不要陷入汽油"牌号越高，汽车越有劲；牌号越高，汽车越省油；牌号越高，排放性能越好"的选择误区。

如图 2-9、图 2-10 和图 2-11 所示，为了确保汽车用户能正确、合理地选择车用汽油，汽车出厂时，一般在油箱盖内侧都贴有醒目的指示。

2）装有三元催化转化器的汽车不得使用含铅汽油，必须使用无铅汽油。

3）当在市场上买不到符合本车要求的汽油时，应本着"就高不就低"的原则，尽量选用高牌号的汽油。

图 2-9　马自达 6 汽车的油箱盖内侧

图 2-10　名爵汽车油箱盖内侧

图 2-11　途安汽车油箱盖内侧

当在市场上只能买到牌号低于本车要求的汽油时，应对发动机的点火提前角作必要的调整或适当改变驾驶风格，以期减小发生爆燃的概率。

对于初始点火提前角可以人为调整的发动机，应当适当推迟点火提前角；对于初始点火提前角不能人为调整的发动机，在行车中应尽量缓踩加速踏板，平稳加速，避免"地板油"（将加速踏板急速踩到底，俗称"地板油"）。

尽管目前生产的汽车都已广泛采用点火提前角闭环控制技术，能够动态改变和调整点火提前角，可以有效地避免爆燃的发生，但在汽油选择和合理驾驶方面，遵循上述原则依然是有益的。

此外，为了减少燃烧室积炭的发生，还建议尽量使用加有汽油清净剂的汽油。同时，也可以结合季节更替、车辆使用地区变化等外界条件选择、使用汽油，以期进一步降低汽油的蒸发损失，改善燃烧性能，具体方法见表 2-6。但该方法的节油效果并不显著，对燃烧性能的改善也不十分明显。

表 2-6　结合季节更替和车辆使用地区变化选择汽油

季节更替 / 车辆使用地区	选择汽油
冬季行车	宜选择蒸气压较高的汽油
夏季行车	宜选择蒸气压较低的汽油
长期在高原地区行车	宜选择蒸气压较低的汽油
长期在平原地区行车	宜选择蒸气压较高的汽油

2.8.2　加油时机的选择

加油时机的选择，亦即什么时候去加油站给汽车加油，是每个车主都会面临的实际问题。加油时机的选择，应从确保车辆续驶里程、提高车辆的运行经济性、尽量减少汽油的蒸发损失以及确保汽油泵冷却可靠等多方面加以考虑。

当汽车技术性能、载运条件、路况和驾驶人的驾驶风格一定时，汽车的续驶里程与汽车油箱容积的大小密切相关。燃油箱容积越大，则汽车的续驶里程也就越长。

在设计汽车时，一般将燃油箱容积（燃油箱存油量）设计成能够确保汽车具有 500km 以上的续驶里程。

对于长期正常运行的商用汽车（长途客车、货运汽车等），为保证车辆有足够的续驶里程，应在出车前给燃油箱加满油；对于偶尔跑长途的私家车，在出车前亦应给燃油箱加满油。这样，可以减少行车中途停车加油造成的时间上的损失，提高运行效率。

加油时机的选择，还要考虑提高车辆的运行经济性。如果车辆长期在市区行车，且经常处于轻载状态（如普通家庭仅仅使用汽车上下班、接送孩子上学、买菜等），就没有必要使燃油箱始终处于加满油的状态，保持"半箱油"即可。

加油时机的选择，还要考虑尽量减少汽油的蒸发损失。前已述及，汽油的蒸发损失与燃油箱存油量的多少也有密切关系。在同等的饱和蒸气压下，燃油箱存油量越少，汽油的蒸发损失就越多。

因此，对于长期在市区行驶的短途、轻载车辆，保持"半箱油"状态，既有利于提高车辆的运行经济性，又有利于减少蒸发损失。

但也不是燃油箱存油越少越好，还要确保燃油箱存油能使汽油泵得到可靠冷却才行。现代汽车的汽油泵都是由电动机驱动的电动汽油泵。电动汽油泵可分为内装式（图2-12）和外装式两种。内装式安装在燃油箱内，外装式安装在燃油箱外的输油管路中。

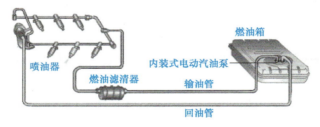

图2-12　内装式电动汽油泵的安装位置

目前，大多数汽车都采用内装式汽油泵。内装式汽油泵不易产生气阻和泄漏，且噪声较小。更为重要的是，内装式汽油泵的驱动电动机和泵体都浸泡在汽油中，依靠汽油对电动机进行冷却。

如果燃油箱长期存油过少，直到燃油表指针归零（图2-13）或指向E（Empty，燃油箱排空之意。图2-14）或燃油表指针进入红区（图2-15），燃油即将耗尽才去加油站加油，那么，汽油泵的电动机就有被烧坏的可能。同时，汽油的蒸发损失也会增多。

图2-13　燃油表指针归零

图2-14　燃油表指针指向E

为了避免油箱存油过少而烧坏电动汽油泵的驱动电机，在设计汽车时，一般遵循这样的设计原则——当燃油表指针指向红色区域（图2-15）或燃油存量不足警告灯（图2-16）点亮时，燃油箱内的存油还可以使汽车继续行驶50km，以便于就近寻找加油站加油。

图 2-15　燃油表指针进入红色区域

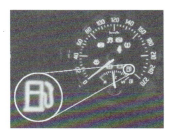

图 2-16　燃油存量不足警告灯

总之，在能源短缺、油价飞涨的今天，养成良好的加油习惯，尽可能地提高车辆的运行经济性、减少燃油蒸发损失，是非常必要的。

2.9　加油站与加油设备

车辆在使用过程中，需要经常补充加注燃油。了解加油站及加油设备的工作原理、结构组成和使用、操作注意事项，对于确保加油安全具有重要意义。

2.9.1　加油站

如图 2-17 所示，汽车加油站（Gasoline Station）是为汽车补充加注燃料的场所，主要由地下储油罐、加油机和管理室三部分组成。

图 2-17　汽车加油站

加油站的主要任务是储存、保管、供应汽车用燃油（汽油和柴油）和润滑油等。加油站大多设置在交通干道附近，即公共加油站。此外，还有自用加油站，仅供本单位自用。

加油站还应有足够的场地供车辆加油时通行、临时停放、安装消防设施和绿化之用。

2.9.2　加油机

加油机，英文名称通常为 Fuel Dispenser 或 Suction Electronic Fuel Dispense。顾名思义，就是用来给某个设备注入或分配某种油品的设备。

1.　加油机的分类

加油机是加油站的主要设备，它起着输油、计量和保障安全供油的综合作用。加油机的种类很多，按计数指示装置的不同可分为机械加油机、电子加油机和电脑加油机三大类。

机械加油机采用的是机械式计数器；电子加油机用电子计数器代替了机械计数器，同时增加了光电传感器；电脑加油机采用电脑控制计数器。电脑控制计数器在 CPU 控制下除了完成简单的计数功能外，还增加了运算和控制功能、计价功能、预置体积（升）或预置金额加油等功能。

另外，电脑加油机还具有加油体积（升）和金额总累计显示及保存功能，掉电复显示功能，提前关机量和提前关阀量置入功能，以及与计算机通信、接受计算机的指令等功能。

按每台加油机所含加油单元的多少分为单枪加油机与多枪加油机（双枪、四枪、六枪等）。在多枪加油机中，按每台加油机所能加注的油品种类分为单油品加油机、双油品加油机和三油品、四油品、六油品加油机等。

按加油机是否含有液压源分为含泵型加油机与不含泵的高液位型自流式加油机。后者油罐的液位高于加油机，利用油液的势能加油，加油机本身没有油泵和油气分离器。

另外，还有一些特殊的加油机，如车载加油机、潜泵加油机和 IC 卡加油机等。

一般加油站所使用的加油机都属于民用电脑加油机（图 2-18），具备税控功能的加油机也叫税控燃油加油机。当然，现在也还有少数欠发达地区仍在使用机械式加油机。

图 2-18　民用电脑加油机

2. 加油机的工作原理

加油机的工作原理如图 2-19 所示（以含泵型加油机为例）。

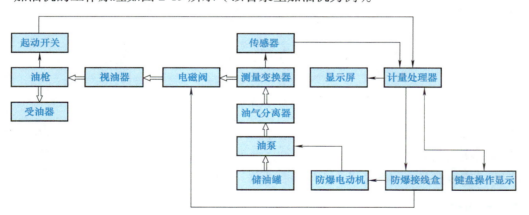

图 2-19　含泵型加油机工作原理框图

工作原理：提起油枪，起动开关将信号送至计量处理器，计量处理器控制电磁阀及电动机起动工作。电动机带动油泵转动产生负压将油罐中的燃油经输油管吸入滤清器，通过油泵产生压力将燃油泵入油气分离器，进行油、气分离后的燃油在压力作用下流经测量变换器、视油器及油枪，从油枪输出到用户的燃油箱内。油枪出油时，测量变换器转动带动传感器工作，传感器将机械信号转换成电信号送至计量处理器，经数据处理后，送至显示器将加油数量、金额显示出来。同时将加油数据储存至数据存储芯片。

3．加油机功能简介

（1）显示功能　加油机的主显示屏显示加油的容积、金额和单价及加油的累计数据，以及当前时间、出厂标定用油、现场检测用油量。键盘显示屏显示加油的参数代号 L（升）、P（金额）以及电源、油枪、油泵、计数等工作状态指标等。

（2）定量和非定量加油功能　加油机一般都具有定量及非定量两种加油方式。

1）定量加油。通过键盘预先设置定量或定金额数值，然后提枪加油，当加油到定量值时，电动机自动停止，加油终止。

2）非定量加油。非定量加油方式可任意加油，直到关闭油枪为止，当油箱满溢时，自封油枪会自动关闭，暂停出油，主显示屏则显示加油的各项数据。

（3）数据锁定功能　加油机具有数据锁定功能，管理员开锁后才能改动油品的单价等一些重要的参数及操作。

（4）自动累计加油量　加油机能自动累计加油总量和金额总数，通过键盘操作，可逐项显示在显示屏上。

（5）自动清零、停电保护　进行加油作业时，提起油枪，计数器即自动回到零点，可省去加油员清零的手动操作。

机内设有后备电源停电自动保护装置，在停电状态下所有数据依然能够保存 10 年。

（6）安全性能　加油机的电气系统全部采用防爆结构，安全可靠。机器出厂前经逐台测试，每项检验指标均满足国家标准要求方可出厂。

2.9.3　加油枪

加油枪（简称油枪）是加油机液压系统的终端设备，是向车辆油箱中注油的工具。对油枪的要求是操作方便，供油量可调节，使用安全、可靠。

税控燃油加油机所使用的油枪都是自封油枪。自封油枪的结构如图 2-20 所示。自封油枪主要由油枪体、油枪嘴、主阀、副阀、开关把和自封机构等组成。其中，自封机构包括开关膜、自封杆、自控杆、钢球和弹簧等。

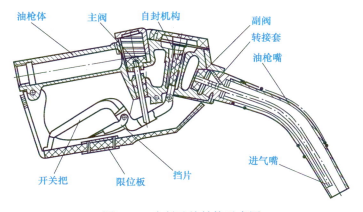

图 2-20　自封油枪结构示意图

当油液注满容器时，油枪主阀可自动关闭，保证油液不会外溢，保持加油场地的清洁，并确保安全。

2.9.4　加油注意事项

1）关闭发动机，熄火加油。

2）严禁烟火，绝对不许吸烟。

3）在距加油站 150m 范围内（尤其是处于加油站的上风口时），禁止使用明火、燃放鞭炮，以确保安全。

4）不要使用移动电话（手机），加油时最好将移动电话关机。

5）在给车辆加油时，驾乘人员不要回到车内，车内亦不宜留有人员，以免因人员运动，产生静电，引发火灾。

思考与实训

1. 选择题

1）汽油蒸发性的评价指标主要有 ＿＿ 和饱和蒸气压两项。

A. 抗爆性　　　　　　　　　　B. 诱导期

C. 辛烷值　　　　　　　　　　D. 馏程

2）汽油在发动机气缸内正常燃烧而不产生爆燃的性能，称为汽油的 ＿＿＿。

A. 蒸发性　　　　　　　　　　B. 抗爆性

C. 无害性　　　　　　　　　　D. 氧化安定性

3）现行国家标准 GB 17930—2016《车用汽油》要求车用汽油（Ⅵ A、Ⅵ B）的硫含量均不得高于 ＿＿＿mg/kg。

A. 100　　　　　　　　　　　B. 50

C. 20　　　　　　　　　　　　D. 10

2. 问答题

1）现行国家标准按照辛烷值将车用汽油分为哪几种牌号？

2）对车用汽油使用性能的主要要求有哪些？

3）车用汽油抗爆性的评价指标有哪些？

3. 实操题

1）在实验教学车辆上，查找该车的加油指示（该车适宜加注何种牌号的汽油）。

2）驾驶实验教学车辆去加油站进行自助加油，并借此机会观察和熟悉加油机、加油枪的使用方法。

第3章

车 用 柴 油

【学习目标】
- 了解车用柴油的燃烧过程。
- 熟悉车用柴油的质量指标和牌号分类。
- 掌握车用柴油的选择、使用方法。

3.1　车用柴油概述

3.1.1　车用柴油与车用柴油机

1. 车用柴油

柴油（Diesel Fuel，又称油渣）是由原油、页岩油等经直馏或裂化等工艺过程炼制得到的。

柴油是由碳、氢元素组成的烃类化合物。根据原油性质的不同，有石蜡基柴油、环烷基柴油、环烷 – 芳烃基柴油等。

柴油的英文名称 Diesel Fuel 是由柴油机发明人——德国工程师鲁道夫·狄塞尔（1858—1913，图 3-1）的名字 Rudolf·Diesel 派生而来的，同时还将柴油发动机称为"狄塞尔发动机（Diesel Engine）"，以此纪念他的杰出贡献。

图 3-1　狄塞尔及其发明的柴油发动机

柴油广泛用作汽车、拖拉机、坦克、铁路机车、船舶、舰艇等运载工具以及工程机械、抽水机等其他机械的燃料，也可用来发电、取暖等。

在石油蒸馏过程中，温度在 180～410℃之间的馏分即为柴油。按照沸点不同，可分为轻柴油（沸点范围是 180～370℃）和重柴油（沸点范围是 350～410℃）两大类。

轻柴油用于高速柴油机，重柴油用于中、低速柴油机。车用柴油机属于高速柴油机，车用柴油（Automobile Diesel Fuels）为轻柴油。

车用柴油与汽油相比，具有馏分重、自燃点低（200 ~ 300℃）、黏度大、相对密度大、蒸发性差、贮存和运输过程中损耗少、使用安全（柴油燃烧时不会产生有毒气体）等特点。但柴油含有较多的杂质，燃烧时也更容易产生烟尘，造成空气污染。

2．车用柴油机

结构复杂、外形笨重、工作噪声大、排气管冒黑烟——这是许多人对传统柴油机的印象。但"士隔三日，当刮目相看"，特别是近年来随着新技术的广泛应用，现代柴油机发生了脱胎换骨的变化，与传统柴油机已经不可同日而语。

现代车用柴油机广泛采用电控燃油喷射、高压共轨供油、涡轮增压中冷、涡轮增压直接喷射（Turbo Charged Direct Injection，TDI）等高新技术，在重量、噪声、烟度等方面已取得重大突破，达到了汽油机的水平。

柴油机的效率较高，如果大量取代汽油机，可以显著降低石油消耗及二氧化碳的排放量。

总体来说，与汽油发动机相比较，柴油发动机具有耗油量低、能量利用率高、废气排放量小、工作可靠性高、功率使用范围宽广等突出优点。

随着柴油发动机技术水平的不断提高，车用柴油机的应用日益广泛。在中、重型汽车发动机领域，柴油机保持了领先地位；在轻型汽车发动机领域，柴油机的应用范围也在不断扩大。

目前，国外轻型汽车用柴油机日益普及，奔驰、大众、宝马、雷诺、沃尔沃等欧洲著名汽车制造商都已经开始大量生产以柴油机为动力的商用汽车和乘用车（图3-2）。

图3-2　大众装备的V10 TDI柴油发动机

3.1.2　对车用柴油使用性能的要求

由于柴油机的压缩比、可燃混合气形成方式、着火方式、燃烧过程等与汽油机不同，所以对车用柴油使用性能的要求与汽油亦有所不同。

为了保证柴油发动机正常、高效地工作，满足排放要求，对车用柴油使用性能的要求主要有：良好的低温流动性；良好的雾化和蒸发性；良好的燃烧性；良好的安定性；对机件等无腐蚀性和柴油本身的清洁性等。

3.2　车用柴油的低温流动性

3.2.1　车用柴油的低温流动性及其影响

1．车用柴油的低温流动性

车用柴油的低温流动性（Flow-ability）是指在低温条件下车用柴油具有的流动性能。

与汽油相比，车用柴油的密度和黏度都比较大。且随着温度的降低，柴油的黏度会变得更大。柴油的黏度越大，则其低温流动性越差。

2. 低温流动性对柴油机的影响

简而言之，柴油的低温流动性直接影响柴油的泵送性能。

由于柴油机采用缸内直喷、压燃着火的工作方式，对喷入气缸内的柴油的清洁性要求很高，因此，柴油机燃油供给系统滤清器滤网的目数要比汽油机燃油供给系统滤清器滤网的目数多得多。相应地，柴油机燃油供给系统的工作阻力也要比汽油机燃油供给系统的工作阻力大得多。

如果柴油的低温流动性不好，在低温下失去流动性，就会使柴油的泵送性能劣化，使柴油机燃油供给系统的工作阻力进一步增大，进而使供油量减少甚至中断，导致发动机不能正常工作甚至熄火。

此外，车用柴油的低温流动性还直接影响柴油在低温条件下的贮存、运输、倒装作业的正常进行。

综上所述，要求车用柴油应具有良好的低温流动性。

3. 柴油低温流动性的影响因素及改进措施

柴油在较低温度下之所以凝固，是由于柴油中含有一定量的石蜡（即正构烷烃）。在常温下，石蜡在柴油中呈溶解状态存在。当温度降低时，这些石蜡会逐渐析出并形成蜡晶。随着温度的进一步降低，蜡晶会迅速长大，首先形成平面状结晶，这些结晶相互联结，最后形成三维网状结构，把柴油包在其中，使柴油失去流动性而呈现凝固状态。

为了改善车用柴油的低温流动性，通常在柴油中加入流动性能改进剂（Cold Flow Improvers，又称柴油降凝剂）。流动性能改进剂可与柴油中析出的石蜡发生共晶、吸附，有抑制石蜡结晶生长的作用，故可改善车用柴油的低温流动性能。

国产柴油流动性能改进剂的代号为 T1804，化学名称是聚乙烯 – 醋酸乙烯酯。目前，柴油降凝剂已经发展到第二代，并正式更名为柴油防凝剂。

3.2.2　车用柴油低温流动性的评价指标

柴油低温流动性的评价指标有三个，分别为凝点、浊点和冷滤点。日本采用凝点，美国采用浊点，欧洲国家多采用冷滤点，而我国采用凝点和冷滤点。在数值上，一般凝点 < 冷滤点 < 浊点。

1. 凝点

柴油在一定的试验条件下，冷却到液面不能移动时的最高温度，称为柴油的凝点（Solidifying Point 或 Freezing Point）。也就是说，凝点是柴油在低温环境中失去流动性的最高温度。我国车用柴油的牌号就是按照凝点来划分的。

柴油凝点的高低与其烃类组成密切相关。其中，饱和烃的凝点比不饱和烃的凝点高；在饱和烃中，正构烷烃的凝点比异构烷烃的凝点高；对正构烷烃，其凝点又随碳链长度的增加而升高。

2. 浊点

柴油液体样品在标准状态下冷却至开始出现混浊的最高温度称为柴油的浊点（Cloud Point）。

柴油出现浑浊是由于随着温度的降低，油品中开始析出石蜡晶体所致。含石蜡越多的柴油，其浊点也越高。

温度达到浊点后，虽然柴油中有石蜡晶体析出，使柴油在燃油供给系统中的流动阻力增大，但是还能保证正常供油，并不影响柴油机的正常工作。因此，浊点并不是车用柴油使用的最低温度。

同时，对加有流动性能改进剂的柴油的低温性能，浊点也不能准确表征。因此，用浊点作为柴油低温性能评价指标过于苛刻。除美国、俄罗斯、法国等少数国家还在采用浊点之外，其他国家都已经不再采用浊点作为评价柴油低温流动性的指标。

3．冷滤点

在规定的条件下对柴油进行冷却，并以2kPa的真空对其进行抽吸，柴油不能以20mL/min的流量通过标准规格滤清器（363目/in^2）的最高温度，称为柴油的冷滤点（Cold Filter Plugging Point）。

冷滤点能够真实反映柴油在低温条件下的实际使用性能，也最接近柴油的实际最低使用温度。一般来说，柴油的冷滤点相当于最低使用温度。例如-50号柴油的冷滤点为-44℃，则可在最低气温为-44℃以上的地区使用。

与浊点、凝点相比，柴油的冷滤点更具有实际意义，是衡量车用柴油低温流动性能的重要指标。因此，目前国内外评价车用柴油低温流动性时，广泛采用冷滤点。

3.3 车用柴油的雾化和蒸发性

3.3.1 车用柴油的雾化和蒸发性对发动机的影响

柴油的雾化和蒸发性是指柴油在气缸内经喷油器喷出时分散成液体雾滴及液体雾滴汽化蒸发的能力。在燃烧室结构、喷油器结构、喷油压力等参数一定的条件下，柴油自身的雾化和蒸发性决定了可燃混合气形成的品质和速度。

与采用燃油进气管喷射的汽油机相比较而言，柴油机采用燃油缸内直接喷射技术，柴油机可燃混合气的形成，是活塞运行到接近压缩行程上止点附近时，在气缸内快速完成的。柴油的蒸发、汽化过程只占曲轴转角的15°～30°，时间极其短暂。加之柴油的馏分比汽油重，蒸发性也比汽油差，这就进一步增加了形成良好的可燃混合气的难度。

因此，为了能在极其短暂的时间内快速形成高品质的可燃混合气，柴油机在接近压缩行程终了时，借助喷油泵、喷油器的高压，将柴油先分散成数以百万计的细小雾滴喷散在气缸内（图3-3），再使这些细小的雾滴与气缸中高温高压的空气混合，完成快速蒸发，然后在相应条件下自燃着火。

也就是说，柴油机可燃混合气的形成和燃烧是在燃烧室内进行的。当活塞接近压缩行程上止点时，柴油喷入气缸，与高压高温的空气接触、混合，经过一系列的物理、化学变化才开始燃烧。之后便是边喷射，边燃烧。其混合气的形成和燃烧是一个非常复杂的物理、化学变化过程，主要特点是：

1）燃料的混合和燃烧是在气缸内进行的。

2）混合与燃烧的时间很短，为0.0017～

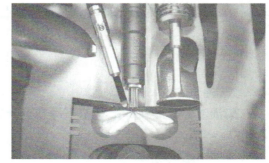

图3-3 柴油以百万计的细小雾滴喷散在气缸内

0.004s（气缸内）。

3）柴油黏度大，不易挥发，必须以雾状喷入。

4）可燃混合气的形成和燃烧过程是同时且连续而重叠地进行的，即边喷射，边混合，边燃烧。

5）为了保证柴油机具有良好的动力性和经济性，可燃混合气的燃烧还必须在上止点附近完成，不得拖长。

综上所述，为了能在如此短暂的时间内完成喷油、蒸发、混合、燃烧等一系列的工作过程，要求柴油本身必须具有良好的雾化和蒸发性能。

如果柴油的雾化和蒸发性能较差，则当活塞运行到压缩行程上止点附近时，柴油不能实现完全蒸发和充分混合，混合气品质会变差，燃烧速度会变慢，燃烧将拖延到膨胀行程中继续进行，使燃烧室内的峰值压力得不到有效利用，且提高了排气温度，增加了柴油机的热损失，导致有效功率下降。

图 3-4　柴油机排气管冒黑烟（大型货车）

同时，未及时蒸发的柴油在高温下还将发生热分解，形成难于燃烧的炭粒，使柴油机排气管冒黑烟（图 3-4），导致排放污染物增加，油耗增多。

另外，未完全燃烧或未燃烧的柴油，还会经气缸壁与活塞环之间的间隙窜入油底壳，形成曲轴箱窜气，稀释并污染发动机润滑油，造成机械磨损加剧，发动机的有效功率进一步下降。

3.3.2　车用柴油雾化和蒸发性的评价指标

车用柴油雾化和蒸发性的评价指标有馏程、运动黏度、密度和闪点四项。

1. 馏程

柴油馏程的测定方法与汽油馏程的测定方法基本相同。评定柴油的蒸发性采用的是 50% 回收温度、90% 回收温度和 95% 回收温度三个温度指标。

50% 回收温度表征柴油中轻质馏分含量的多少。若 50% 回收温度数值低，说明柴油中轻质馏分较多，柴油的蒸发性好，容易形成均匀的混合气，柴油机易于起动。

车用柴油 50% 回收温度的高低对柴油机起动性能的影响见表 3-1。

表 3-1　车用柴油 50% 回收温度的高低对柴油机起动性能的影响

车用柴油 50% 回收温度 /℃	200	225	250	275	285
柴油机的起动时间 /s	8	10	27	60	90

由表 3-1 可以看出，柴油中的轻质馏分越多，则柴油机越易于起动。能显著改善柴油机低温起动性能的低温起动液（图 3-5）就是基于这一原理配制而成的。

需要指出的是，不能单从保证起动容易的角度来要求柴油有过多的轻馏分。因为轻馏分过多的柴油往往会使柴油机产生工作粗暴的现象。因此，我国国家标准规定车用柴油的

50% 回收温度不高于 300℃。

90% 回收温度和 95% 回收温度，表征柴油中重质馏分的多少。

若 90% 回收温度和 95% 回收温度高，说明柴油中重质馏分多，蒸发性差，形成的混合气质量差，燃烧不完全，易造成发动机排气管冒黑烟，功率下降，油耗增多，零件磨损增大等。

因此，应严格控制这两个温度指标不能太高。我国国家标准规定车用柴油 90% 回收温度不高于 355℃，95% 回收温度不高于 365℃。

图 3-5 低温起动液

2. 运动黏度

黏度（viscosity）是表征液体在外力作用下发生移动时，液体分子内部摩擦力大小的物理量。黏度小的液体流动性能好，黏度大的液体流动性能差。

液体（石油产品中的柴油、润滑油等）的黏度随温度的变化而变化的特性称为液体的黏温性能。温度升高则黏度变小，温度降低则黏度变大。因此，言及某一液体（油品）的黏度数值时必须标明温度，不标明温度的黏度数值是没有意义的。

黏度有动力黏度、运动黏度、条件黏度之分。条件黏度按照使用的测试仪器和测试条件不同，又有恩氏黏度、赛氏黏度、雷氏黏度之分。

我国采用运动黏度作为车用柴油雾化和蒸发性的评价指标。运动黏度（kinetic viscosity）是表征液体在重力作用下流动时内摩擦力的量度，其值为相同温度下液体的动力黏度（dynamic viscosity）与其密度之比。在国际单位制中，运动黏度以 m^2/s 为单位，但习惯上使用厘斯为单位。厘斯用 cSt 表示（1 cSt=1 mm^2/s）。

运动黏度影响柴油的流动性（供油量）和雾化质量（喷油器喷出油束特性）。柴油的运动黏度不可太大，也不可太小。

此外，柴油还担负着柴油机燃料供给系统中精密偶件（针阀－针阀体、柱塞－柱塞套、出油阀－出油阀座）的润滑任务，其黏度大些对精密零件的润滑有利。但柴油的运动黏度过大又会影响喷雾质量。

试验证明，柴油在 20℃ 条件下的运动黏度为 5mm^2/s 左右时，既能保证柴油流动性和精密偶件的润滑要求，又能保证雾化质量和供油量。因此，在我国车用柴油质量标准中规定，车用柴油运动黏度的测定和检验，以 20℃ 为准。

3. 密度

柴油的密度过大，将使雾化质量变差，混合气燃烧条件劣化，排气管冒黑烟，发动机经济性下降。柴油密度大也是柴油中芳烃含量多的标志，将促使发动机工作粗暴现象的发生。

4. 闪点

在规定的试验条件下，加热油品所产生的蒸气与周围空气形成的混合气接触火焰发生瞬间闪火的最低温度称为闪点，以℃计。

柴油的闪点低，则其蒸发性好；反之，则蒸发性差。但闪点过低，蒸发性过好，易使发动机产生工作粗暴现象。

3.4 车用柴油的燃烧性

3.4.1 车用柴油的燃烧性及其影响

车用柴油的燃烧性是指柴油既容易被压燃着火，又能有效防止柴油机工作粗暴的能力。

1. 车用柴油的燃烧过程

车用柴油的燃烧（图 3-6）是一个历时短暂、温度和压力变化剧烈的复杂过程。

车用柴油的燃烧过程可分为备燃期、速燃期、缓燃期、后燃期四个阶段。燃烧过程中，气缸压力与曲轴转角的关系如图 3-7 所示。

图 3-6 车用柴油的燃烧

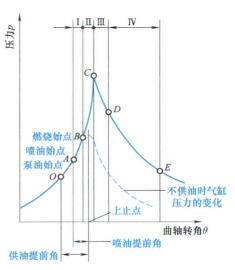

图 3-7 气缸压力与曲轴转角的关系

Ⅰ—备燃期 Ⅱ—速燃期 Ⅲ—缓燃期 Ⅳ—后燃期

备燃期发生在压缩行程末，主要是为柴油的燃烧做一系列的物理、化学准备。物理准备包括燃料的雾化、加热、蒸发、扩散与空气混合等过程；化学准备主要是指柴油与高温、高压的空气接触发生化学反应，生成自燃点较低的过氧化物并达到一定浓度的过程。在柴油机中，备燃期历时很短，但对整个燃烧过程影响很大。

速燃期发生在做功行程初、活塞靠近上止点附近，主要是把备燃期喷入气缸的燃料快速燃烧，使气缸中的压力快速升高，为活塞下行做功提供动力。在此阶段，由于气缸容积较小，燃烧速度极快，接近于等容燃烧，所以气缸内的压力升高很快。

缓燃期发生在做功行程中、活塞继续下行、气缸容积不断增大的情况下，是速燃期未来得及燃烧的那部分燃料的继续燃烧过程。为充分利用这部分燃料的燃烧热能，燃料必须能快速完成燃烧，以保持气缸压力不变或略有升高。

后燃期（亦称补燃期）发生在做功行程末，是柴油中未来得及汽化的一小部分重质馏分的继续汽化和最后燃烧过程，但此时所放出的热量已不能被有效利用。为提高柴油机的燃油经济性，应尽量缩短后燃期。

为保证柴油机正常工作，要求柴油的备燃期较短，使先期喷入气缸的柴油迅速完成燃烧前准备，着火燃烧，再逐步引燃随后喷入气缸的燃料，使处于速燃期内的气缸压力上升平稳，柴油机工作柔和，并使处于缓燃期内的柴油快速燃烧，尽可能缩短后燃期（最好不出现后燃期）。

2. 车用柴油燃烧性对发动机性能的影响

从上述分析不难看出，柴油机对柴油的要求是具有较好的燃烧性能。若柴油燃烧性能较差，其备燃期会变长，则在此期间内喷入气缸的柴油积存量过多，造成速燃期内有过量的柴油同时燃烧，使气缸压力急剧升高，造成发动机运转不平稳，并产生强烈的震动。这种不正常燃烧现象，称为柴油机工作粗暴。柴油机工作粗暴会使曲柄连杆机构承受过大的冲击力作用，产生强烈的金属敲击声，加速零件的磨损和损坏，并使发动机输出功率下降、燃油消耗增加。

对于燃烧性过好的柴油，其自燃点会太低，备燃期会过短，易使混合气来不及混合均匀就燃烧，导致柴油燃烧不完全，气缸产生的爆发压力下降，进而使柴油机的输出功率下降。

此外，由于柴油燃烧不完全，还会出现排气管冒黑烟，燃料消耗增大。同时，燃烧性过好的柴油，一般凝点过高，馏分较重，也不利于使用。

综上所述，车用柴油应具有较好的燃烧性能，但不可过好。

3.4.2 车用柴油燃烧性的评价指标

柴油燃烧性的评价指标主要是十六烷值和十六烷指数。

1. 十六烷值

十六烷值（Cetane Number，CN）是表征压燃式发动机燃料燃烧性的一个当量数值。柴油的十六烷值是在规定条件下的标准发动机试验中，通过和标准燃料进行比较来测定的，采用和被测定燃料具有相同燃烧性能的标准燃料的十六烷值表示。

测定十六烷值的标准燃料是用两种燃烧性能相差悬殊的烃作基准燃料配制而成的。一种是正十六烷，它的燃烧性能最好，规定其十六烷值为 100；另一种是 α-甲基萘，它的燃烧性能最差，规定其十六烷值为 0。按不同体积比例混合即得到多种标准燃料。

某种标准燃料中正十六烷的体积百分数规定为该标准燃料的十六烷值，其范围为0 ~ 100。

要想知道某型号柴油的十六烷值，可以拿它和标准燃料在标准发动机上进行试验比较。如果该型号柴油的燃烧性能恰好与十六烷值为 46 的标准燃料相同，则该柴油的十六烷值即为 46。

十六烷值只表明某一燃料的燃烧性与标准燃料相同，而不是说它真的含有那么多的正十六烷。如乙醚的十六烷值为 53，但它并不含正十六烷。

我国车用柴油的十六烷值应不小于 45。

2. 十六烷指数

柴油十六烷值的测定耗时、费力，比较麻烦。也可以在不做发动机试验的情况下，利用经验公式估算柴油的十六烷值。估算出来的十六烷值称为十六烷指数（Cetane Index），用 CI 表示。

需要指出的是，经验公式不适用于加有十六烷值改进剂的柴油。

3.5　车用柴油的其他性能

3.5.1　车用柴油的安定性

车用柴油的安定性包括贮存安定性和热安定性两个指标。贮存安定性表征柴油在运输、贮存和使用过程中保持外观、组成和使用性能不变的能力；热安定性表征柴油在高温条件下以及溶解氧的作用下，不发生变质的能力。

柴油安定性的评价指标有色度、氧化安定性和 10% 蒸余物残炭三种。

1. 色度

色度，即油品颜色的深浅，用色号表示。色度可直观反映油品安定性的好坏。

2. 氧化安定性

氧化安定性是指 100mL 柴油在规定的条件下氧化后所测得的总不溶物的毫克数，以 mg/100mL 计。

3. 10% 蒸余物残炭

10% 蒸余物残炭是指把柴油馏程试验中馏出 90% 后的蒸余物作为试样，经强烈加热一段时间使其裂解后所形成的残留物。残炭值为残留物质量与原试样质量之比。

10% 蒸余物残炭表征柴油馏分的轻重和精制的程度。残炭值小，说明柴油馏分轻，精制程度深；反之，则说明柴油馏分重，精制程度浅。

使用残炭值大的柴油，燃烧室中易生成积炭，喷油器喷孔易堵塞。

3.5.2　车用柴油的腐蚀性

车用柴油的腐蚀性是指柴油对发动机燃料供给系统及其他相关机件产生腐蚀作用的能力。柴油的腐蚀性越小越好。

柴油的腐蚀性主要是由柴油中的硫化物和有机酸等成分产生的。

1. 硫化物

柴油中硫化物的存在，尤其是硫含量过大时，会对柴油机产生较大危害，直接影响发动机的使用寿命。主要表现在以下几个方面：

1）硫含量过大的柴油会增大燃烧产物的腐蚀性。含硫柴油燃烧后其燃烧产物中含有二氧化硫和三氧化硫等酸性氧化物。它们在气缸中与水蒸气作用生成亚硫酸和硫酸，会对气缸壁、活塞等机件产生强烈的腐蚀；它们随其他燃烧废气排出时，会对排气系统造成腐蚀，且排气温度越高，腐蚀越严重。

2）硫含量过大的柴油会加速发动机润滑油的变质。柴油燃烧产生的酸性氧化物窜入曲轴箱后会污染柴油机润滑油，使润滑油的某些成分变成磺酸或胶质，同时也会与柴油机润滑油中呈碱性的清净分散剂起中和反应，使润滑油失去清净分散作用而变质。

3）硫含量过大的柴油会使燃烧室、活塞顶、排气门等部位的积炭增多。因为硫的燃烧产物能与气缸壁上的润滑油和尚未燃烧的柴油起反应，加速碳氢化合物的聚合，有促进积炭生成的作用，并且会使积炭变得坚硬。附在气缸壁上的积炭还会成为磨料，增大气缸壁与活塞环的磨损。

4）含硫燃料燃烧产物中的二氧化硫和三氧化硫气体排入大气还会造成空气污染，危害人类健康。随着汽车工业的发展和人们对环境保护的重视，汽车排放法规也越来越严格，对燃油中的硫含量的限值也会越来越低。

2. 有机酸

柴油中的有机酸除对机件具有腐蚀作用外，还会使喷油器头部和燃烧室积炭增多，喷油泵柱塞副磨损加剧，进而导致气缸‑活塞组件磨损加剧，喷油器喷出的油束品质劣化、柴油机输出功率降低。

3. 柴油腐蚀性评价指标

柴油腐蚀性的评价指标是硫含量、酸度和铜片腐蚀试验。有关试验测定方法与测定汽油时的方法相同。

3.5.3　车用柴油的清洁性

车用柴油的清洁性是指车用柴油中不应含有机械杂质和水分，燃烧不产生灰分等。

车用柴油中的机械杂质和水分一般是在运输、贮存和使用过程中受外界污染而混入的。机械杂质会增大柴油机燃油供给系统中精密零件的磨损，水分会加剧有机酸对金属的腐蚀。

因此，应严格限制车用柴油中机械杂质和水分的含量。国家标准中规定车用柴油不允许有机械杂质，水分不大于 0.03%（体积分数），即不大于痕迹。

灰分是指车用柴油中不能燃烧的机械杂质和溶于其内的无机盐类和有机盐类经煅烧后的剩余物质。灰分沉积在燃烧室中会加快气缸壁与活塞环的磨损。

3.5.4　车用柴油的清净性

车用柴油自身具有的抑制或消除发动机喷油器喷嘴结焦的能力称为车用柴油的清净性。

为提高车用柴油的清净性，允许在车用柴油中加入有效的清净剂，并严格控制车用柴油中的硫含量和多环芳烃含量。

3.6　车用柴油的牌号及其选用

为规范车用柴油的产品标准，确保车用柴油的质量，充分发挥车辆性能，并进一步治理大气污染和减少污染物排放，随着炼油企业的技术进步以及环境保护意识的日益加强，我国相继出台了一系列关于柴油生产的政策、措施和标准。

目前，我国供汽车发动机（高速柴油机）使用的车用柴油执行的是 GB 19147—2016/XG1—2018《车用柴油》国家标准第 1 号修改单。

3.6.1　车用柴油的牌号

按照国发〔2018〕22 号文件要求，为贯彻落实《打赢蓝天保卫战三年行动计划》，从 2019 年 1 月 1 日起，我国已经全面停止销售低于国Ⅵ标准的车用柴油，改为全面供应符合国Ⅵ标准的车用柴油。因此，目前我国的车用柴油只有车用柴油（Ⅵ）一种。

GB 19147—2016/XG1—2018《车用柴油》按凝点将我国车用柴油分为 5 号、0 号、–10

号、−20 号、−35 号和 −50 号六种牌号。

3.6.2　车用柴油的选用原则

车用柴油的选用主要考虑柴油使用地区的环境温度，并以柴油使用地区风险率为 10%的最低气温为基本依据来选用柴油牌号。

现行国家标准 GB 19147—2016/XG1—2018《车用柴油》推荐柴油用户按照本地区风险率为 10% 的最低气温来选择、使用车用柴油和普通柴油。

各地风险率为 10% 的最低气温是从中央气象局资料室编写的《石油产品标准的气温资料》中摘录编制的，是由我国 152 个气象台（站）从 1961 年到 1980 年逐日自最高（低）气温纪录中分析得出的。某地区某月份风险率为 10% 的最低气温值，表示该地区该月份中最低气温低于该值的概率为 0.1，或者说该地区该月份中最低气温高于该值的概率为 0.9。

我国部分地区风险率为 10% 的最低气温见表 3-2，有关各牌号车用柴油的适用地区见表 3-3。

表 3-2　我国部分地区风险率为 10% 的最低气温（℃）

地　　区	1月	2月	3月	4月	5月	6月	7月	8月	9月	10月	11月	12月
河北省	−14	−13	−5	1	8	14	19	17	9	1	−6	−12
山西省	−17	−16	−8	−1	5	11	15	13	6	−2	−9	−16
内蒙古自治区	−43	−42	−35	−21	−7	−1	1	1	−8	−19	−32	−41
黑龙江省	−44	−42	−35	−20	−6	1	7	1	−6	−20	−35	−43
吉林省	−29	−27	−17	−6	1	8	14	12	2	−6	−17	−26
辽宁省	−23	−21	−12	−1	6	12	18	15	6	2	−12	−20
山东省	−12	−12	−5	2	8	14	19	18	11	4	−4	−10
江苏省	−10	−9	−3	3	11	15	20	20	12	5	−2	−8
安徽省	−7	−7	−1	5	12	18	20	20	14	7	0	−6
浙江省	−4	−3	1	6	13	17	22	21	15	8	2	−3
江西省	−2	−2	3	9	15	20	23	23	18	12	4	0
福建省	−1	−2	3	8	14	18	21	20	15	8	1	−3
台湾省[①]	3	0	2	8	10	16	19	19	13	10	1	2
广东省	1	2	7	12	18	21	23	23	20	13	7	2
广西壮族自治区	3	3	8	12	18	21	23	23	19	15	9	4
湖南省	−2	−2	3	9	14	18	22	21	16	10	4	−1
湖北省	−6	−4	0	6	12	17	21	20	14	8	1	−4
河南省	−10	−9	−2	4	10	15	20	18	11	4	−3	−8
四川省	−21	−17	−11	−7	−2	1	2	1	0	−7	−14	−19
贵州省	−6	−6	−1	3	7	9	12	11	8	4	−1	−4
云南省	−9	−8	−6	−3	1	5	7	7	5	1	−5	−8
西藏自治区	−29	−25	−21	−15	−9	−3	−1	0	−6	−14	−22	−29

（续）

地　　区	1月	2月	3月	4月	5月	6月	7月	8月	9月	10月	11月	12月
新疆维吾尔自治区	−40	−38	−28	−12	−5	−2	0	−2	−6	−14	−25	−34
青海省	−33	−30	−25	−18	−10	−6	−3	−4	−6	−16	−28	−33
甘肃省	−23	−23	−16	−9	−1	3	5	5	0	−8	−16	−22
陕西省	−17	−15	−6	−1	5	10	15	12	6	−1	−9	−15
宁夏回族自治区	−21	−20	−10	−4	2	6	9	8	3	−4	−12	−19

① 台湾省所列的温度为绝对最低气温，即风险率为 0% 的最低气温。

表 3-3　各牌号车用柴油的适用地区

车用柴油牌号	适用温度范围
5 号	适用于风险率为 10% 的最低气温在 8℃以上的地区使用
0 号	适用于风险率为 10% 的最低气温在 4℃以上的地区使用
−10 号	适用于风险率为 10% 的最低气温在 −5℃以上的地区使用
−20 号	适用于风险率为 10% 的最低气温在 −14℃以上的地区使用
−35 号	适用于风险率为 10% 的最低气温在 −29℃以上的地区使用
−50 号	适用于风险率为 10% 的最低气温在 −44℃以上的地区使用

3.6.3　车用柴油的合理选用

1. 在气温允许的情况下尽量选用高牌号柴油

基于对柴油机采用高牌号柴油在低温下难于起动的认识，许多柴油车用户认为选用的柴油牌号越低越稳妥，对柴油机的正常工作越有利。其实这是一个认识上的误区。

首先，由于低牌号柴油凝点低，炼制工艺复杂、生产成本高，其价格也比高牌号柴油贵；其次，由于柴油中凝点越低的成分燃烧性越差，后燃期越长，越容易发生工作粗暴，反而不利于柴油机的正常工作。

在最低气温允许的情况下尽量选用高牌号柴油，才能做到既经济又实惠。

2. 充分考虑季节、气温变化对用油的影响

对于那些季节、气温变化较大的地区（如黑龙江、内蒙古、吉林、辽宁、青海、新疆等），应特别注意季节、气温变化对用油的影响。注意收听当地气象台（站）的天气预报广播，在气温骤变之前，及时改变用油牌号。

3. 柴油使用注意事项

1）在条件允许的情况下，柴油加入油箱前，一定要经过充分沉淀（不少于 48h）、过滤，除去杂质，切实做好柴油的净化工作，以保证柴油机燃料供给系统的精密零件不出故障、延长使用寿命。

大量的使用经验表明，使用经过充分过滤、沉淀、净化的柴油，可以使柴油机的故障率大为降低。

2）同一质量级别、不同牌号的柴油可以掺兑使用，以降低高凝点柴油的凝点，充分利用柴油资源。例如，某地区的最低气温为 −10℃，不能用 −10 号的柴油，但是用 −20 号

的柴油又浪费，此时可以把 −10 号的柴油和 −20 号的柴油掺兑使用。

在寒冷地区，如果难于买到低凝点柴油时，可以向高凝点柴油中掺入 10% ~ 40% 的喷气燃料，以降低其凝点。掺兑后应注意搅拌均匀。但是柴油中不能掺入汽油，掺入汽油后，发火性能明显变差，会导致柴油机起动困难，甚至不能起动。

3）低温条件下起动时可以采取预热措施，如对进气管、冷却液、润滑油（机油）及蓄电池预热等。

推荐采用进气管预热、冷却液预热等措施，以改善柴油机的低温起动能力；也可以采用喷灯烘烤油底壳，以预热润滑油，但必须掌握好火候，避免过热，以防把油底壳内的润滑油烧焦；不推荐在发动机油底壳下生火，烘烤油底壳的做法（该方法安全性较差，容易引发火灾）。

也可采用馏分轻、蒸发性好又具有一定十六烷值的低温起动液（图 3-5），以保证发动机的顺利起动。但需注意，只能将低温起动液喷入柴油机的进气总管，而不能将其加入燃油箱与柴油混用，否则易形成气阻。

4）在冬季使用桶装高凝点柴油时，不能用明火加热，以防引起爆炸。

思考与实训

1. 选择题

1）柴油低温流动性的评价指标有三个，分别为 ____、____ 和 ____。

A. 沸点   B. 凝点

C. 浊点   D. 冷滤点

2）车用柴油的燃烧过程可分为 ____、____、____、后燃期四个阶段（顺序不允许写错）。

A. 缓燃期   B. 备燃期

C. 点燃期   D. 速燃期

3）车用柴油雾化和蒸发性的评价指标有馏程、____、密度和 ____ 四项。

A. 温度   B. 运动黏度

C. 倾点   D. 闪点

2. 问答题

1）车用柴油低温流动性的评价指标有哪些？

2）现行国家标准将车用柴油按凝点分为哪几种牌号？

3）车用柴油的选用主要遵循哪些原则？

3. 实操题

1）在实验室拆卸、分解柴油机，重点观察燃烧室结构、喷油器结构（柴油喷孔的数量、位置及喷孔直径的大小）并了解喷油压力的大小。这些结构形式和技术参数均与形成良好的可燃混合气密切相关。

2）结合本地区风险率为 10% 的最低气温数值，观察本地加油站销售的柴油牌号是否随季节变化而变化，是否与表 3-3 提供的数据相吻合。

第 4 章

车用替代燃料

【学习目标】
- 了解车用替代燃料的种类及应用情况。
- 熟悉车用替代燃料的工作特点。
- 掌握车用替代燃料的选用方法。

在石油资源日益减少、环境污染日益严重的双重压力下，寻找和开发污染较少、经济适用的车用替代燃料既是大势所趋，也是无奈之举。

目前，比较成熟且已经开始使用的车用替代燃料主要有醇类燃料、天然气、液化石油气、氢气等。

4.1 醇 类 燃 料

4.1.1 醇类燃料的类别与特点

1. 醇类燃料的类别

目前，已经进入实用阶段的醇类燃料主要有甲醇和乙醇两类，均可作为汽车替代燃料使用。

甲醇（Methanol）是有机物醇类中最简单的一元醇。1661 年英国化学家罗伯特·波义耳（Robert Boyle）首先在木材干馏后的液体产物中发现甲醇，故甲醇亦称木精、木醇。

甲醇是无色、有酒精气味的、易挥发的液体。甲醇燃烧时无烟，火焰呈蓝色。甲醇有毒，误饮 5 ~ 10mL 就能致人双目失明，大量饮用会导致死亡。

甲醇可从煤（特别是劣质高硫煤）、重质燃料和焦炉气回收制取，也可自天然气、油页岩、生物质（如林木、有机垃圾等）中提取。

乙醇（Ethanol，俗称酒精）在常温、常压下是一种易燃、易挥发的无色透明液体。乙醇的水溶液具有特殊的、令人愉快的香味，并略带刺激性。

乙醇可以高粱、玉米、小麦、甜菜、甘蔗、薯类、糖蜜等农作物为原料，经发酵、蒸馏制取。

2. 醇类燃料的特点

醇类燃料都属于含氧燃料，其理化性质与汽油相近。同时，醇类燃料具有辛烷值高、蒸发潜热大、着火极限宽、热值低、腐蚀性大、易产生气阻、排放污染低、储存和使用方便等特点，比较适合作为车用汽油的替代燃料使用。

4.1.2 醇类燃料的应用

醇类燃料的辛烷值高，是良好的汽油机替代燃料。但由于其着火性能差，十六烷值比

柴油低很多，所以在柴油机上应用比较困难。

汽油机中应用的醇类燃料主要有掺醇燃料和纯醇燃料两种。

1. 掺醇燃料

掺醇燃料是指把甲醇或乙醇以不同比例掺入车用汽油中形成的混合燃料。甲醇、乙醇与汽油的混合燃料用字母 + 数字的形式表征。字母 M 表征甲醇（Methanol），字母 E 表征乙醇（Ethanol），数字表征混合燃料中甲醇或乙醇的体积分数。如 M85 表示甲醇体积分数为 85% 的甲醇 - 汽油混合燃料，E10 表示乙醇体积分数为 10% 的乙醇 - 汽油混合燃料。

掺醇燃料的优点主要是抗爆性好，排放尾气中 NO_x、烃类及 CO 的含量低。同时，醇类燃料的价格低，使得掺醇汽油的价格比普通车用汽油低。

掺醇燃料的缺点主要是与汽油的互溶性较差，容易出现分层现象；掺醇汽油对发动机的金属、橡胶和塑料等材料具有一定的腐蚀性。此外，掺醇汽油的低温起动性差，高温时易产生气阻。

2. 纯醇燃料

纯醇燃料是指单纯的甲醇或乙醇燃料。从弥补石油资源短缺的角度来看，采用纯醇燃料用于发动机比采用掺醇燃料，尤其是低比例掺醇燃料更具有实际意义。

使用纯醇燃料时，可根据甲醇或乙醇燃料的特点对发动机进行改造，使其动力性、经济性和排放性比燃烧汽油时有较大程度的提高。

但使用纯醇燃料需对发动机进行较大范围的改造，成本较高。有鉴于此，纯醇燃料目前在我国还处于试验、研究阶段，全面普及尚待时日。

4.1.3　车用甲醇汽油（M85）

按照 GB/T 23799—2021《车用甲醇汽油（M85）》的规定，车用甲醇汽油（M85）的技术要求和试验方法见表 4-1。

表 4-1　车用甲醇汽油（M85）的技术要求和试验方法（摘自 GB/T 23799—2021）

项　目	单　位	质量指标	试验方法
外观	—	橘红的透明液体，不分层，不含悬浮和沉降的机械杂质	目测
甲醇（体积分数）	—	82% ~ 86%	附录 A
蒸气压 11 月 1 日至次年 4 月 30 日 5 月 1 日至 10 月 31 日	kPa	45 ~ 78 40 ~ 65	SH/T 0794
铅含量	g/L	≤ 0.0025	GB/T 8020
硫含量	mg/kg	≤ 5	GB/T 34100
酸度（以乙酸计算）	mg/kg	≤ 50	ASTM D1613
溶剂洗胶质	mg/100mL	≤ 5	GB/T 8019
未洗胶质	mg/100mL	≤ 20	GB/T 8019
有机氯含量	mg/kg	≤ 2	GB/T 18612
无机氯含量（以 Cl^- 计）	mg/kg	≤ 1	附录 B

（续）

项　目	单　位	质量指标	试验方法
钠含量	mg/kg	≤ 2	GB/T 17476
水分（质量分数）	%	≤ 0.5	ASTM E203
锰含量	mg/L	≤ 2	NB/SH/T 0711
铜片腐蚀（50℃，3h）	级	≤ 1	GB/T 5096

注：应加入有效的金属腐蚀抑制剂和有效的符合 GB 1959 的车用汽油清净剂。

4.1.4　车用乙醇汽油（E10）

我国目前使用的车用乙醇汽油（E10）是在不添加含氧化合物的车用乙醇汽油调合组分油中加入 10%（体积分数）的变性燃料乙醇调合而成的，用作车用点燃式发动机的燃料。

GB 18351—2017《车用乙醇汽油（E10）》将满足国Ⅵ排放法规要求的车用乙醇汽油（E10），称为车用乙醇汽油（E10）（Ⅵ）。考虑到炼油厂的技术进步需要时间，又按照烯烃含量不同，将车用乙醇汽油（E10）（Ⅵ）细分为车用乙醇汽油（E10）（Ⅵ A）和车用乙醇汽油（E10）（Ⅵ B）两种。车用乙醇汽油（E10）（Ⅵ A）的烯烃含量（体积分数）不大于 18/%，车用乙醇汽油（E10）（Ⅵ B）的烯烃含量（体积分数）不大于 15/%。

GB 18351—2017《车用乙醇汽油（E10）》按照研究法辛烷值将车用乙醇汽油（E10）分为 89 号、92 号、95 号和 98 号四个牌号。

4.2　其他替代燃料

4.2.1　车用天然气

1.　天然气的类别与特点

（1）天然气的类别　天然气（Natural Gas，简称 NG）是各种替代燃料中最早被广泛使用的一种。

天然气的主要成分是甲烷（一般占天然气的 80% ~ 99%），余者还有乙烷、丙烷、丁烷、戊烷等气体化合物以及少量的氢气、氮气、二氧化碳、硫化氢等气体。

车用天然气可分为压缩天然气（Compressed Natural Gas，CNG）和液化天然气（Liquefied Natural Gas，LNG）两种。

CNG 是指将天然气经过脱水、脱硫净化处理后，经多级压缩至 20.7 ~ 24.8MPa，存储在气瓶中的压缩天然气。CNG 是一种无色透明、无味、比空气轻的气体，使用时经减压器减压后供给发动机燃烧即可。

LNG 是指将天然气经过特定工艺，使其在 −162℃ 左右变为液态，存储在高压储气瓶中的液化天然气。

与 CNG 相比，LNG 工作压力较低，储气瓶体积减小，车辆的续驶里程得以延长。但 LNG 对低温储存技术要求较高。相应地，制造、安装成本也高。

（2）天然气的特点　作为车用替代燃料，与汽油等燃料相比，天然气既具有着火极限宽、抗爆燃性能好、排放污染小等优点，也有热值低、密度小、火焰传播速度慢、点火能

量高、储运难度大（需进行液化处理）等缺点。

但汽车使用天然气燃料时，燃烧室的积炭很少，且燃烧产物中不含液体燃料成分。因此，对润滑油的破坏能力较弱，可使发动机的机械磨损减小。

2. 车用压缩天然气的技术指标

为确保天然气能满足汽车的使用要求，GB 18047—2017《车用压缩天然气》对车用压缩天然气的技术指标做出了明确规定，详见表4-2。

表 4-2　车用压缩天然气技术指标（摘自 GB 18047—2017）

项　　目	技 术 指 标
高位发热量 /（MJ/m³）	> 31.4
总硫（以硫计）/（mg/m³）	≤ 100
硫化氢 /（mg/m³）	≤ 15
二氧化碳（体积分数）（%）	≤ 3.0
氧气（体积分数）（%）	≤ 0.5
水 /（mg/m³）	在汽车驾驶的特定地理区域内，在压力不大于 25MPa 和环境温度不低于 −13℃ 的条件下，水的质量浓度不大于 30 mg/m³
水露点 /℃	在汽车驾驶的特定地理区域内，在压力不大于 25MPa 和环境温度低于 −13℃ 的条件下，水露点应比最低环境温度低 5℃

注：本标准中气体体积的标准参比条件是 101.325kPa、20℃。

3. 天然气汽车

与使用汽油作为燃料的汽车相比较，天然气汽车只是在燃料供给系统的结构上略有不同。

按照燃料使用状况的不同，天然气汽车可分为以下几种：

（1）CNG 天然气汽车　CNG 天然气汽车的发动机只使用 CNG 作为燃料，其燃料供给系统是专门为使用 CNG 而设计的，可以充分发挥天然气的作用，运行经济性较好，排放污染小。但燃料的补充受加气站布局的影响和制约，燃料补充的方便性略差。

（2）汽油 – 天然气两用燃料天然气汽车　汽油 – 天然气两用燃料天然气汽车既可以使用天然气作为燃料，也可以使用汽油作为燃料。

汽油 – 天然气两用燃料天然气汽车一般是由在用汽油车改装而成的，有两套燃料供给系统。一套为原车的汽油供给系统，另一套为 CNG 供给系统。发动机可以分别使用 CNG 和汽油作为燃料，两种燃料的转换利用选择开关实现（图4-1）。

当使用天然气燃料时，往往不能充分发挥其优点，导致发动机功率略有下降。但燃料的补充不受加气站布局的影响和制约，加油（加气）的方便性好。

（3）柴油 – 天然气两用燃料天然气汽车　柴油 – 天然气两用燃料天然气汽车一般是由在用柴油车改装而成的，其燃料供给系统可根据发动机的运行工况按一定比例同时供给 CNG 和柴油两种燃料。

（4）LNG 天然气汽车　LNG 天然气汽车发动机只使用 LNG 作为燃料。LNG 在储存能量密度、汽车续驶里程、储存容器压力等方面均优于 CNG，是今后的重点发展方向。

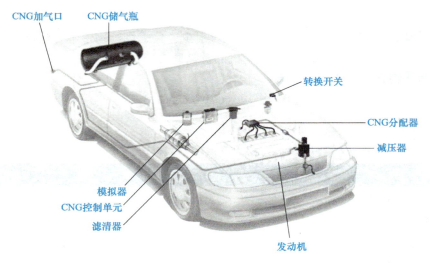

CNG加气口　　CNG储气瓶
转换开关
CNG分配器
减压器
模拟器
CNG控制单元
滤清器
发动机

图 4-1　汽油－天然气两用燃料天然气汽车的一般布置

由于 LNG 对储存技术要求较高，使得储存容器的成本较高，这在一定程度上限制了 LNG 天然气汽车的发展。

4. 天然气汽车的优缺点

天然气汽车的优点主要是排放污染低、经济性好、运行安全性好。

但其缺点也是显而易见的，天然气汽车的动力性略差（燃用天然气时，动力性与燃用汽油时相比下降约 5% ~ 15%），初次改装费用略高，且改造难度较大。

储气瓶相当于汽车的油箱，要求其能装载尽可能多的天然气，以保证汽车具有足够的续驶里程。同时，又要求储气瓶不能占用太多的车内空间。目前，绝大多数天然气汽车都把储气瓶布置在行李舱内，如图 4-2 所示。

此外，还要求储气瓶能够承受足够的储存压力，并具有良好的绝热能力，且尽量降低制造成本。

图 4-2　东风雪铁龙爱丽舍 CNG 储气瓶

4.2.2　车用液化石油气

1. 液化石油气

液化石油气（Liquefied Petroleum Gas，LPG）是石油产品之一，是由炼厂气（石油炼厂副产的气态烃）或天然气（包括油田伴生气）加压、降温、液化得到的一种无色、挥发性气体。

由炼厂气所得的液化石油气，主要成分为丙烷、丙烯、丁烷、丁烯，同时含有少量戊烷、戊烯和微量硫化合物杂质。由天然气所得的液化石油气的成分基本不含烯烃。

液化石油气主要用作石油化工原料，用于烃类裂解制乙烯或蒸气转化制合成气，可作

为工业生产、民用炉灶具、内燃机燃料使用。

液化石油气的主要质量控制指标为蒸发残余物和硫含量等，有时也控制烯烃含量。液化石油气是一种易燃物质，空气中液化石油气的含量达到一定浓度范围时，遇明火即爆炸。

液化石油气价格便宜，容易液化，储存和使用方便，其配套设施如加气站等的建设费用也比较低。所以，液化石油气作为车用替代燃料，近年来发展较快。

但 LPG 作为石油开采和石油精制过程中的伴生物，其来源受石油资源的影响和制约，不能成为汽油、柴油的稳定替代能源。

2. 液化石油气的特点

作为车用替代燃料，液化石油气具有抗爆性能好（研究法辛烷值在 100 左右）、排放污染小、无烟尘、无炭渣、火焰传播速度慢、点火能量高、热值低等特点。

液化石油气在 690kPa 左右就可以完全液化，液化压力比较低。因此，液化石油气几乎同汽油和柴油一样便于载运。

3. 车用液化石油气的质量标准

我国现行国家标准 GB 19159—2012《车用液化石油气》根据发动机正常运行所需要的最小蒸气压和燃料使用的环境温度，将车用液化石油气划分为 −10 号、−5 号、0 号、10 号、20 号共五个牌号。其中，−10 号车用液化石油气应在环境温度不低于 −10℃时使用；−5 号车用液化石油气应在环境温度不低于 −5℃时使用；0 号车用液化石油气应在环境温度不低于 0℃时使用；10 号车用液化石油气应在环境温度不低于 10℃时使用；20 号车用液化石油气应在环境温度不低于 20℃时使用。

我国车用液化石油气的技术要求见表 4-3。

表 4-3　我国车用液化石油气的技术要求（摘自 GB 19159—2012）

项　　目		质 量 指 标	试 验 方 法
密度（15℃）/（kg/m³）		报告	SH/T 0221[①]
马达法辛烷值 MON	不小于	89.0	附录 A
二烯烃（包括 1,3- 丁二烯）摩尔分数（%）	不大于	0.5	SH/T 0614
硫化氢		无	SH/T 0125
铜片腐蚀（40℃，1h）/ 级	不大于	1	SH/T 0232
总硫含量（含赋臭剂[②]）/（kg/m³）	不大于	50	ASTM D6667[③]
蒸发残留物 /（mg/kg）	不大于	60	EN 15470
C5 及以上组分质量分数（%）	不大于	2.0	SH/T 0614
蒸气压（40℃，表压）/kPa	不大于	1550	附录 B[④]
最低蒸气压（表压）为 150kPa 时的温度 /℃[⑤]			
−10 号　　　　不高于		−10	ISO 8973 和附录 C
−5 号　　　　不高于		−5	
0 号　　　　不高于		0	
10 号　　　　不高于		10	
20 号　　　　不高于		20	
游离水[⑥]		通过	EN 15469

（续）

项　　目	质　量　指　标	试　验　方　法
气味	体积浓度达到燃烧下限的20%时有明显异味	附录 E

① 测定方法也包括用 ISO 8973；

② 气味检测未通过时，需要添加赋臭剂；

③ 试验方法也包括用 SH/T 0222。对结果有争议时，以 ASTM D6667 进行仲裁；

④ 试验方法也包括用 ISO 8973 和附录 C。对结果有争议时，以附录 B 进行仲裁；

⑤ 在指定的温度下，应采用 ISO 8973 和附录 C 来共同确定产品分级。对于生产企业的内部质量控制，可以利用附录 D 提供的方法确定产品分级；

⑥ 在 0℃和饱和蒸气压下，目测车用液化石油气中不含游离水。允许加入不大于 2000mg/kg 的甲醇，但不允许加入甲醇外的防冰剂及其他非烃化合物。

4. 液化石油气汽车类型

液化石油气汽车按燃料供给系统不同，可分为专用 LPG 汽车、LPG 与汽油双燃料汽车、LPG 与柴油双燃料汽车等。

（1）专用 LPG 汽车　专用 LPG 汽车以 LPG 作为唯一燃料，其发动机的燃料供给系统专为 LPG 燃料设计，能充分发挥 LPG 燃料的特点，使用性能最佳。

（2）LPG 与汽油双燃料汽车　LPG 与汽油双燃料汽车是通过对现有汽油车改装而成的，有两套燃料供给系统，一套为原车的汽油供给系统，另一套为增加的 LPG 供给装置。发动机可以分别使用 LPG 和汽油作为燃料，两种燃料的转换通过电磁阀实现，其典型布置如图 4-3 所示。

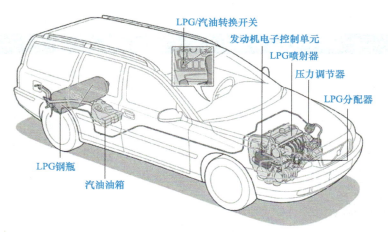

图 4-3　LPG 与汽油双燃料汽车（以 VOLVO Bi-fuel System 为例）

LPG 与汽油双燃料汽车由于发动机结构改动较小，因此当使用 LPG 燃料时，往往不能充分发挥其优点，导致汽车性能不如专用 LPG 汽车好。

（3）LPG 与柴油双燃料汽车　LPG 与柴油双燃料汽车是通过对现有柴油车改装而成的。同 LPG 与汽油双燃料汽车一样，也有两套燃料供给系统，一套为原车的柴油供给系统，另一套为增加的 LPG 供给装置。两套燃料供给系统可根据发动机的运行工况按一定比例同时供给 LPG 和柴油两种燃料。其中，柴油只作引燃燃料，LPG 是主要燃料。

4.2.3　氢气

1. 氢气的燃烧特点与来源

氢是宇宙中含量最丰富的元素之一。氢可以水为原料来制取，在地球上取之不尽，用之不竭；以氢为燃料的经济将是完全可再生而且无污染的循环经济，燃料循环与生物圈相吻合。

氢气燃料是唯一不含碳的燃料，是最为理想的清洁燃料。氢燃烧后废气中的主要成分是 H_2O、N_2、剩余的 O_2 以及在高温下生成的 NO_x，没有汽油机和柴油机所排出的 CO、HC 以及颗粒物、铅、硫等有害物质，不会诱发光化学烟雾，也没有导致地球温室效应的 CO_2。

毫无疑问，待不可再生资源（煤、石油、天然气等）消耗殆尽时，氢将是最为理想的替代能源。

从来源角度分析，以水为原料应是制取氢的最佳方法。目前，通常采用电解水法，从阴极析出氢，从阳极析出氧。但采用电解水法制取氢，能耗过高，在汽车上应用时，经济上得不偿失。因此，电解水法制取氢目前仅限于为火箭制取推进燃料（液态氢）。

以目前人类对自然界的认知来看，水是取之不尽、用之不竭的；太阳能也是取之不尽、用之不竭的。如果能利用太阳能来电解水，以制取氢，则可以彻底解决能源危机问题。

有鉴于此，目前世界上发达国家都纷纷投入大量人力、物力从事这方面的研究。可以断言，在未来，在"利用太阳能来电解水，以制取氢"这一高技术领域，谁能解决这一难题，谁就能在未来世界中居于主宰地位。

2. 氢气的特点

氢气作为车用替代燃料，具有着火界限宽、自燃温度高、点火能量低、火焰传播速度快、抗爆性好、热效率高、排放排污低、发动机磨损量小等突出特点。

虽然氢气的质量热值在所有的化学燃料里面是最大的（低热值为 120.1 MJ/kg，约为汽油的 3 倍），但由于氢气的相对分子质量小，质量轻，使得其标态体积低热值只有 10.80MJ/m^3，其与空气的理论混合气热值也只有 3.186 MJ/m^3，比汽油低 15%，发热量仅相当于汽油的85%，使得燃氢发动机的功率要比燃用汽油的发动机功率低 15% 左右。

3. 氢气在汽车上的使用

氢气既可以单独作为内燃机燃料用于汽车发动机，也可与汽油作为混合燃料用于汽车发动机。

（1）掺氢燃料　目前，氢燃料在汽车上的使用多为氢与汽油混合作为燃料用于发动机。由于氢气具有点火能量低、火焰传播速度快、燃烧界限宽等特点，所以向汽油中掺入一部分氢气后，可使汽油发动机燃烧着火延迟期大大缩短，火焰传播速度加快，燃烧持续期缩短；再加上氢在燃烧时释放出 OH、H、O 等活性中心，可大大地促进燃烧速度，抑制爆燃。

如此一来，就可提高发动机的压缩比，从而提高热效率和改善发动机的性能。研究表明，在汽油中掺入 5% 的氢，发动机的燃烧效率效率即可提高 20%。

汽油机使用掺氢燃料，还可以改善排放性能，大大降低 CO 和 NO_x 的排放率。

（2）纯氢燃料　氢气单独作为内燃机燃料在发动机上使用，其供氢方式有缸内直接供氢法、预燃室喷氢法、进气道间歇喷射－电磁控制法、进气道间歇喷射－进气门座工作面

吸入法、进气管连续喷射－空气导流法和进气管连续喷射－混合器法等多种方法。

为提高发动机的功率，目前多采用缸内直接供氢法。这种缸内喷射的氢混合气的热值比汽油混合气高 20%，比外部混合气形成的氢发动机的功率约高 41%。在进气门关闭后，将氢直接喷入缸内形成混合气的喷射方式，按照喷射压力不同，有低压喷射型和高压喷射型两种喷射形式。

1）低压喷射型供氢系统。低压喷射型供氢系统在发动机压缩行程的前半行程将氢喷入缸内，其喷射压力比较低（约为 1MPa）。采用低压喷射型供氢系统时，可显著提高发动机的输出功率，且不会发生进气管回火现象。

2）高压喷射型供氢系统。高压喷射型供氢系统在发动机压缩行程末、活塞运行到上止点附近时将氢喷入缸内，其喷射压力比较高（须大于 8MPa）。采用高压喷射型供氢系统时，可进一步提高发动机的压缩比，进而提高其热效率。同时，也不会发生进气管回火、爆燃及早燃等现象。

但随着喷射压力的提高，对发动机的技术要求更高。如为保证喷射系统的密封性，必须采用非常精密的零件；为保证混合气燃烧充分，应使发动机燃烧室形状与氢喷束相适应等。这样一来，制造成本也大为提高。

德国宝马（BMW）汽车公司在液态氢汽车研发方面一直处于领先地位，图 4-4 所示即为该公司推出的 Hydrogen 7 液态氢与汽油双燃料汽车。

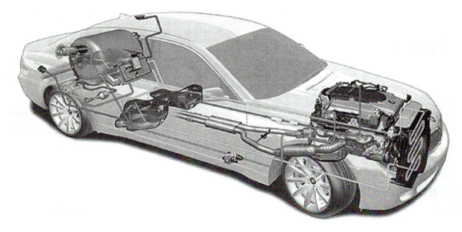

图 4-4　BMW 推出的 Hydrogen 7 乘用车（液态氢与汽油双燃料汽车）

4. 氢气的储存

氢气的储存常用金属氢化物、高压容器、液氢三种方式。在汽车上，较为实用的是采用液氢储存方式。

所谓液氢储存就是把氢气液化后存储在绝热容器中。氢气的沸点为 -253℃，也就是说，想要把氢气维持在液态，内部储藏温度就必须低于这个惊人的温度（已经接近低温极限 -273.15℃）。

液氢储氢方式设备重量轻，并且借助小型液氢泵还可获得 8 ～ 10MPa 的高压，以满足高压喷射方式的需要。但这种储氢方式需使用绝热容器，价格昂贵，并且还容易发生蒸发泄漏等问题。

BMW 开发的绝热能力极佳的储氢系统（图 4-5）采用多层复合金属材质，再加上 3mm 的中空设计，能使储氢钢瓶内的温度稳定地保持在氢气的沸点之下。

图 4-5 BMW Hydrogen 7 汽车的储氢钢瓶（可储存 8kg 液态氢）

由于采用多层构造，导致储氢钢瓶的体积颇为庞大。但是，也因此不需要另外装设冷却机构。如此一来，就能在不增加体积、成本以及机械结构的情况下，达成储存液态氢的任务。

4.2.4 车用生物柴油

1. 生物柴油简介

生物柴油（Bio-diesel）是指以油料作物、野生油料植物和工程微藻等水生植物油脂以及动物油脂、餐饮垃圾油（地沟油）等为原料油通过酯交换工艺制成的可代替石化柴油的再生性柴油燃料。

生物柴油是生物质能的一种，它是生物质利用热裂解等技术得到的一种长链脂肪酸单烷基酯。生物柴油是含氧量极高的复杂有机成分的混合物，这些混合物主要是一些分子量大的有机物，几乎包括所有种类的含氧有机物，如醚、酯、醛、酮、酚、有机酸、醇等。

2. 生物柴油的特点

1）生物柴油的密度比水小，相对密度在 0.7424 和 0.8886 之间。

2）生物柴油的稳定性好，长期保存不会变质。但具有"老化"倾向，加热不宜超过 80℃，宜在避光、避免与空气接触的条件下保存，且贮存装置最好是抗酸、抗腐蚀的材料（生物柴油的 pH 值低）。

3）生物柴油中不含对环境会造成污染的芳香族烷烃，因而对人体健康的危害低于石化柴油。生物柴油中硫含量低，二氧化硫和硫化物的排放低，且生物柴油的生物降解性高达 98%，降解速率是普通石化柴油的 2 倍，具有优良的环保特性。

4）生物柴油具有较好的发动机低温起动性能，在不使用添加剂时，冷滤点即可达到 −13℃。使用添加剂后冷滤点可降低至 −20℃。

5）生物柴油的十六烷值高，燃烧性能好于普通石化柴油，燃烧残留物呈中性，可延长发动机机油的使用寿命。

6）生物柴油具有良好的生物降解性，在环境中容易被微生物分解利用。

7）生物柴油具有较好的安全性能，闪点高，运输、储存、使用均很安全。

3. 生物柴油作为车用替代燃料的优点

（1）生物柴油具有优良的环保特性　生物柴油与普通石化柴油相比含硫量低，使用后可使二氧化硫和硫化物排放大大减少（二氧化硫和硫化物的排放量可降低约30%）。生物柴油不含对环境造成污染的芳香族化合物，燃烧尾气对人体的损害低于普通石化柴油，同时具有良好的生物降解特性。和普通石化柴油相比，生物柴油车尾气中有毒有机物排放量仅为10%，颗粒物仅为20%，二氧化碳和一氧化碳的排放量仅为10%，排放尾气指标可达到欧洲Ⅱ号和Ⅲ号排放标准。

（2）生物柴油的润滑性能比普通石化柴油好　生物柴油作为车用替代燃料可以降低发动机供油系统和活塞环、气缸壁等运动副的摩擦损失，延长发动机的使用寿命，从而间接降低发动机的维护成本。

（3）生物柴油具有良好的安全性能　生物柴油的闪点高于普通石化柴油，它不属于危险燃料，在运输、储存、使用等方面的优势明显。

（4）生物柴油具有优良的燃烧性能　生物柴油的十六烷值比普通石化柴油高，具有更好的抗爆性能。因此，可以采用更高压缩比的发动机以提高其热效率。虽然生物柴油的热值比石化柴油低，但由于生物柴油中所含的氧元素能促进燃料的燃烧，可以提高发动机的热效率，这对功率的损失会有一定的弥补作用。

（5）生物柴油的经济性好　使用生物柴油作为车用替代燃料，其系统投资少，无须改动柴油机的既有结构，可直接添加使用，同时无须额外增设加油设备、储存设备，也不需要对操作人员进行特殊的技术培训。

（6）生物柴油具有可再生性　生物柴油是一种可再生能源，其资源不会像石油、煤炭那样日渐枯竭。

（7）生物柴油具有可调和性　生物柴油可按一定的比例与普通石化柴油配合使用，可进一步降低油耗，提高动力输出，降低排放污染。

生物柴油的优良性能使得采用生物柴油的发动机尾气排放指标不仅满足目前的欧洲Ⅱ号排放标准，甚至能满足更加严格的欧洲Ⅲ号排放标准。而且，由于生物柴油燃烧时排放的二氧化碳远低于该植物生长过程中所吸收的二氧化碳，从而改善因二氧化碳的排放而导致的全球变暖这一有害于人类的重大环境问题。因而，生物柴油是一种真正的绿色环保柴油。

4. 车用生物柴油的分类和牌号

生物柴油是由动植物油脂与醇（如甲醇或乙醇）经脂交换反应制得的脂肪酸单烷基脂，最典型的为脂肪酸甲脂，以BD100表示，简称BD100生物柴油。

我国将由1%～5%（体积分数）的BD100生物柴油和95%～99%（体积分数）的车用柴油（即石化车用柴油，除润滑性之外，其余指标均满足GB 19147标准）调和而成的车用柴油，称为B5车用柴油。

GB 25199—2017《B5柴油》将B5车用柴油按照排放标准不同分为B5车用柴油（Ⅴ）和B5车用柴油（Ⅵ）两个类别；按照凝点不同分为5号、0号和−10号三个牌号。

其中，5号B5车用生物柴油适用于风险率为10%的最低气温在8℃以上的地区使用；

0 号 B5 车用生物柴油适用于风险率为 10% 的最低气温在 4℃以上的地区使用；–10 号 B5 车用生物柴油适用于风险率为 10% 的最低气温在 –5℃以上的地区使用。

B5 车用柴油的产品标记为：产品牌号　产品类别。

示例：5 号 B5 车用柴油（Ⅵ），0 号 B5 车用柴油（Ⅱ），–10 号 B5 车用柴油（Ⅵ）。

思考与实训

1. 选择题

1）甲醇体积分数为 85% 的甲醇 – 汽油混合燃料简称为 ____。

A. M85　　　　　　　　　　　B. M15

C. E85　　　　　　　　　　　D. E10

2）乙醇体积分数为 10% 的乙醇 – 汽油混合燃料简称为 ____。

A. M85　　　　　　　　　　　B. M10

C. E85　　　　　　　　　　　D. E10

2. 问答题

1）简述 LPG 汽车的种类和特点。

2）车用乙醇汽油（E10）按照辛烷值不同，分为哪几个牌号？

3. 实操题

1）在实验室利用教学车辆，熟悉 LPG 汽车的结构。

2）在日常学习、生活中留心观察汽车替代燃料生产企业及其生产设施，培养职业敏感度（生活中，处处留心皆学问）。

第 5 章

发动机润滑油

【学习目标】
- 了解发动机润滑油的作用和使用性能指标。
- 熟悉发动机润滑油的分类和规格。
- 掌握发动机润滑油的选择和使用方法。

5.1 发动机润滑油的作用与使用性能要求

5.1.1 发动机润滑油的作用

汽车发动机除需供给燃料供其燃烧运转、输出功率之外，还需有润滑油的可靠润滑才能确保其正常工作。通过润滑系统（图 5-1），在发动机工作时连续不断地将数量足够的洁净润滑油输送到传动机件的摩擦表面，并在摩擦表面之间形成油膜，实现液体摩擦，从而减小摩擦阻力、降低功率消耗、减轻机件磨损，达到提高发动机输出功率、确保发动机工作的可靠性和耐久性的目的。

发动机润滑油（亦称机油）犹如人体的血液一样，在发动机中发挥着重要作用：

1. 润滑作用

发动机在运转时，曲轴、凸轮轴等机件处于高速回转状态，气门、活塞等机件处于高速往复运动状态，如果得不到可靠的润滑，就会造成金属间的干摩擦。干摩擦的摩擦力很大，不仅消耗发动机的有效功率，而且摩擦所产生的热量积聚，还会使摩擦副表面的金属磨损、熔化，甚至使机件卡死，造成严重的机械事故。

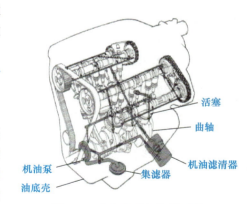

图 5-1 汽车发动机润滑系统

活塞
曲轴
机油滤清器
集滤器
机油泵
油底壳

因此，对发动机进行有效的润滑是十分重要的。为了保证发动机的可靠润滑，现代发动机都设计有完善的润滑系统，通过油泵、滤清装置、冷却装置及润滑管道，采取强制循环或飞溅等方法，将润滑油送到各个摩擦副之间，确保摩擦副得到可靠的润滑。

润滑油进入到摩擦副之间后，就粘附在摩擦表面上并形成一层油膜，从而使两个摩擦表面由油膜隔离开来，并不直接接触。当两个机件相互摩擦时，每一机件与粘在它表面上的油层一同移动。这样，金属间的干摩擦就转变为润滑油层之间的液体摩擦。由于液体摩擦系数远小于干摩擦系数，所以得到润滑后，机件间的摩擦阻力显著减小。这样，就能使

发动机发挥出更大的有效功率并保证机件长期工作而不致损坏。

2．冷却作用

发动机工作时，会产生大量的热，为使发动机能正常工作，必须对发动机进行有效的冷却，使之达到热平衡。发动机冷却系统对气缸体、气缸盖的冷却作用已广为人知，但润滑油的冷却、散热作用却往往被忽视。

发动机在工作时，润滑油不断地从气缸－活塞、曲轴－曲轴轴承等摩擦表面吸收热量，一部分热量被传导给温度较低的零件，而另一部分热量则随着润滑油的循环而散失在曲轴箱中。

虽然润滑油的热传导性能较差，但润滑油直接作用于摩擦表面，可以对摩擦副进行直接冷却；同时，润滑油在单位时间内的流量很大，使其冷却能力得以显著提高。

因此，对发动机的冷却作用，是由行车迎面风、冷却系统和润滑系统共同完成的。润滑油的冷却作用不容忽视。

3．清洁作用

发动机在工作时吸入新鲜空气，虽然经过空气滤清器滤清，但仍会有少量的砂土、灰尘进入气缸内。另外，燃料燃烧后形成的炭质物，润滑油氧化后生成的胶状物，机件因磨损而产生的金属磨屑等杂质、脏物会沉积在发动机机件的摩擦表面上，如果不把它们清洗除去，就会使机件的磨损加剧。胶状物还会使活塞环粘结、卡死，丧失弹性，引发粘着磨损，甚至使发动机不能正常运转。

发动机润滑油在润滑循环过程中能将摩擦表面的杂质、脏物带走，送至曲轴箱，通过机油滤清器时将杂质、脏物留在滤清器中，从而起到清洁作用。

4．密封作用

发动机的各机件之间，如活塞与气缸间、活塞环与活塞环槽间都有一定的间隙。如果没有间隙，活塞环在活塞环槽中就不能自由伸缩，装进气缸后，也无法向外伸张顶住缸壁，起不到密封与刮油的作用。有了间隙，就带来了密封问题，如果气缸与活塞间的密封性差，燃烧室就会漏气，其结果是使气缸有效压力降低，从而降低了发动机的有效输出功率。废气还会通过间隙向下窜进曲轴箱，造成曲轴箱内的润滑油受到稀释和污染。

均布、填充于活塞与缸壁间的润滑油能形成"油封"，从而起到密封作用，保证发动机正常输出功率，也防止了废气窜进曲轴箱（亦即避免了曲轴箱窜气）。显然，润滑油的黏度越高，则其密封作用越好。

5．减振作用

摩擦副之间的润滑油还承受和传递运动机件之间（如活塞－活塞销、活塞销－连杆、连杆－曲轴、曲轴－曲轴轴承等）的冲击载荷，起到减振作用。

6．防腐蚀作用

润滑油吸附在零件表面上形成的油膜，在起到润滑作用的同时，也是一层保护膜，可防止水、空气、酸性物质及有害气体与零件接触，防止机件生锈、腐蚀。

5.1.2　发动机润滑油的工作条件

发动机润滑油的工作条件是十分恶劣的，主要表现在以下几个方面：

1. 工作温差大

发动机正常工作时，活塞顶及燃烧室壁的温度大约在 250 ~ 500℃之间；活塞裙部从上到下大约在 260 ~ 175℃之间；主轴承、曲轴箱油温为 85 ~ 95℃。而发动机在刚刚起动时，其零部件的温度与环境温度接近。在寒冬季节，发动机润滑油的初始工作温度甚至低于 −45℃。由此可见，发动机润滑油的工作温差是很大的。

2. 工作负荷重

现代发动机的输出功率越来越高，相应地，燃烧室内部工作压力高、活塞运动速度快，使得各运动机件单位摩擦面积所承受的压力大，润滑油的工作负荷重。

发动机正常工作时，燃气最高压力可达 6 ~ 9MPa，活塞环对气缸的侧压力约为 2 ~ 3MPa，活塞裙部对气缸的侧压力为 1.0 ~ 1.2MPa。现代发动机的最高转速可达 3000 ~ 6500r/min，由于活塞每秒行经 100 ~ 200 个行程，活塞平均速度可达 10 ~ 15m/s，且活塞在上下止点时速度为 0，活塞在气缸中的速度变化大。因此，在如此沉重的负荷下，摩擦表面难以形成理想的润滑状态，极易产生异常磨损和擦伤。

3. 变质诱因多

发动机润滑油在工作过程中，存在很多诱发和促使润滑油变质的因素。润滑油高温氧化、曲轴箱窜气、灰尘砂土、机械杂质、金属磨屑、燃烧后产生的积炭、油泥、酸性物质等等都会加快润滑油的劣化变质。

现代汽车广泛采用的曲轴箱强制通风装置、排气再循环装置等排气净化措施，进一步恶化了发动机润滑油的工作条件，加大了润滑油劣化变质的倾向。

由上述分析不难看出，发动机润滑油的工作条件是极为苛刻的，而润滑油又是维持发动机正常工作所不可或缺的，这就要求发动机润滑油必须具有优良的使用性能，能经得住"严刑拷打、威逼利诱"而不变质。

5.1.3 对发动机润滑油的使用性能要求

为保证发动机润滑油发挥正常的功效，必须对发动机润滑油的使用性能提出必要的要求。具体要求主要有以下几个方面：

1）在各种工况下，发动机润滑油必须能及时、可靠地输送到各摩擦副之间，并形成足够牢固的油膜或其他形式的抗磨保护膜，从而减少摩擦和磨损，以实现其润滑、减振作用。

2）发动机润滑油应能及时导出各摩擦副摩擦生成的热，维持运动机件的正常温度，以实现其冷却作用。

3）发动机润滑油应能可靠地密封各摩擦副的间隙，及时带走磨屑和其他外来的机械杂质，以实现其密封、清洁作用。

4）发动机润滑油自身不应具有腐蚀性且理化性质稳定，并能保护发动机机件不受外界腐蚀性介质的侵蚀，以实现其防腐蚀作用。

发动机润滑油能否实现上述功能，主要取决于润滑油自身的润滑性、黏温性、低温操作性、抗氧化性、抗腐性、清净分散性、抗泡性等使用性能。

5.2　发动机润滑油的使用性能

5.2.1　润滑性

在各种润滑条件下，发动机润滑油降低摩擦、减缓磨损和防止金属机件烧结、损坏的能力，称为发动机润滑油的润滑性。发动机润滑油的润滑性取决于润滑油的黏度和化学性质。

1. 摩擦特性与润滑分析

按照摩擦副两表面的润滑状况不同，可将摩擦副两表面之间的摩擦分为干摩擦、流体摩擦、边界摩擦、混合摩擦等几种情况。

（1）干摩擦　不加润滑油时，相对运动的零件表面直接接触，此时产生的摩擦称为干摩擦（如真空中）。摩擦副两表面处于干摩擦状态时，会有大量的摩擦功损耗，同时产生严重的机械磨损，即便是短时间工作，也会造成摩擦副的严重损伤（图 5-2）。因此，在包括汽车发动机在内的机械设备运动部件中是不允许出现干摩擦的。

（2）流体摩擦　当摩擦副两表面被流体（液体或气体）完全隔开时，摩擦表面不会产生金属间的直接摩擦，流体分子层间的黏剪阻力就是摩擦力，这种摩擦称为流体摩擦，相应的润滑状态称为流体润滑状态。

流体摩擦的特点是在摩擦表面间润滑油膜内同分子之间的摩擦；摩擦力的大小，仅与润滑油的黏度、滑动速度和接触面积有关，而与摩擦面的材料和状态无关。

在流体摩擦状态下，摩擦系数最小，摩擦功耗最少，是一种理想的摩擦状态。建立和保持流体润滑状态是机械设备润滑系统的追求目标。

如图 5-3 所示，当轴颈旋转将润滑油带入轴承摩擦表面时，由于润滑油的黏性作用，当达到足够高的旋转速度时，润滑油就被带入轴和轴瓦配合面间的楔形间隙内而形成流体动压效应，即在承载区内的油层中产生压力。当压力与外载荷平衡时，轴与轴瓦之间会形成稳定的油膜，从而实现动压流体润滑。

图 5-2　轴瓦因磨损失效（干摩擦所致）

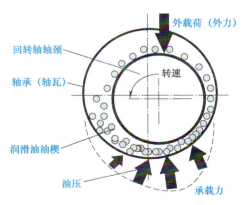

图 5-3　动压流体润滑示意图

形成动压流体润滑的条件为：摩擦副表面具有收敛楔；轴颈具有足够高的转速；润滑油具有适当的黏度；外载荷不得超过油膜所能承受的限度。

（3）**边界摩擦**　润滑油进入摩擦副两表面后，会在金属表面形成一层油膜（亦称边界膜），它可能是物理吸附膜，也可能是化学反应膜。

当不能满足流体动压形成条件（或虽有动压力，但压力较低），油膜较薄时，在载荷的作用下，边界膜互相接触，横向剪切力比较弱。这种摩擦状态称为边界摩擦，相应的润滑状态称为边界润滑状态。

边界摩擦是由液体摩擦过渡到干摩擦之前的临界状态，当润滑油膜的厚度小于摩擦副表面粗糙度时，便转变为边界润滑状态。在这种状态下，仅由吸附在机件表面的一层极薄（厚度约为 $0.1\mu m$）的润滑油膜隔开，摩擦力的大小与润滑油膜的黏度无关，而只与润滑油膜分子对摩擦面的吸附性有关。因此，边界摩擦的摩擦系数的大小，也介于液体摩擦系数和干摩擦系数之间。

在边界润滑条件下，起润滑作用的不再是润滑油的黏度，而完全是润滑油的化学性质，即润滑油的油性和极压性。油性是指润滑油在摩擦金属表面上的吸附性能，极压性是指润滑油在摩擦表面的化学反应性质。

在边界润滑状态下，如果润滑油膜进一步变薄（薄膜厚度仅几纳米），摩擦副两表面的摩擦状态则会介于干摩擦和边界摩擦之间，其润滑状态称为薄膜润滑状态。薄膜润滑状态在现代精密机械系统中普遍存在。

（4）**混合摩擦**　当润滑系统不具备形成动压润滑条件，且边界膜遭到破坏时，就会出现流体摩擦、边界摩擦和干摩擦同时存在的现象，这种摩擦状态称为混合摩擦。

2. 斯莱贝克曲线与润滑特性

通过图 5-4 所示的斯莱贝克（Stribeck）曲线，可清楚地分析在不同润滑状态下，润滑油的黏度、零件转速、油膜厚度和零件工作压力等因素对摩擦因数 f 的综合影响。

一般情况下，摩擦因数 f 可表示为

$$f = 2\pi^2 \frac{D\eta n}{hp} \tag{5-1}$$

式中，D 为零件直径，mm；η 为润滑油的黏度，mPa·s；h 为油膜厚度，mm；n 为零件的

转速，r/min；p 为零件承受的压力，N；$\dfrac{\eta n}{p}$ 为索莫范尔德（Sommerfeld）准数。

索莫范尔德准数考虑了发动机润滑油和发动机润滑油工况两方面因素对于摩擦因数的影响。在索莫范尔德准数中，唯一与润滑性能有关的润滑油自身因素仅为润滑油的黏度。

在图 5-4 中，自左至右分为三种润滑状态，其中右侧的区域为流体润滑，油膜厚度 h 大于摩擦副表面粗糙度 δ 时，润滑油所具有的一定的黏度是形成流体润滑状态的基本条件。

发动机润滑油黏度与其流动时内摩擦力

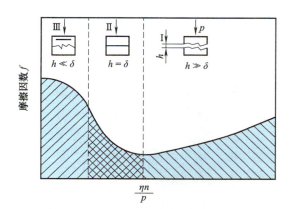

图 5-4　润滑油黏度对润滑状态的影响
（Stribeck 曲线）

h—油膜厚度　δ—摩擦副表面粗糙度

的大小密切相关。在流体润滑区域，摩擦因数随润滑油黏度的降低而减小。

当油膜厚度 h 小于摩擦副表面粗糙度 δ 时，润滑性质为图中左侧区域所示边界润滑状态。此时起润滑作用的不再是润滑油的黏度，其作用完全由润滑油所具有的油性和极压性两种化学性质所承担。

值得注意的是这种吸附膜只能在中温、中速、中负荷，或更平和的摩擦情况下才能完成边界润滑任务。当高温、高压、高速时，油性吸附膜将从金属摩擦表面脱附，致使其承担的边界润滑功能失效。在如此苛刻的摩擦条件下，边界润滑由润滑油的极压性来完成。

极压膜的熔点和剪切强度相较摩擦表面金属为低，在摩擦过程中能降低金属零件的摩擦和磨损。因剪切强度较低，极压膜易于在摩擦过程中脱离金属表面。但新的极压膜会在金属摩擦表面及时生成。

当润滑油黏度低到一定程度时，油膜厚度 h 降低到与摩擦副表面粗糙度 δ 近似相等，即图 5-4 中间区域表征的状态时，称为混合润滑状态，此时润滑油的黏度和化学性质对摩擦因数均有影响，使得摩擦因数处于相对较低的状态。

发动机润滑油的黏度是评定润滑性的重要指标。但是，对于边界润滑，主要是油性剂和极压剂起作用。发动机润滑油的润滑性需要通过相应的发动机试验来加以评定。

5.2.2　低温操作性

发动机润滑油确保自身能在低温条件下被润滑油泵可靠泵送，充足、流畅地在发动机润滑系统管路中循环流动，充分实现润滑作用，并确保发动机易于冷起动的性能，称为发动机润滑油的低温操作性。

使用低温操作性好的发动机润滑油，既可以使发动机易于冷起动，又可以大大降低发动机冷起动过程中的摩擦和磨损。

发动机润滑油低温操作性的主要评定指标是发动机润滑油的低温动力黏度、边界泵送温度和倾点等。

5.2.3　黏温性

温度对润滑油的黏度有直接影响。温度升高则润滑油的黏度降低，温度降低则润滑油的黏度增大。发动机润滑油的黏度随温度的变化而变化的性质，称为发动机润滑油的黏温性。

发动机润滑油黏温性的评定指标是发动机润滑油的黏度指数。良好的黏温性是指润滑油的黏度随温度的变化程度较小的特性。

如前所述，发动机润滑油的工作特点之一就是温差大，要求发动机润滑油在高温条件下工作时，能保持一定的黏度，以形成足够厚的油膜，确保良好的流体润滑效果；在低温条件下工作时，黏度又不至于变得太大，以维持一定的流动性，确保发动机易于冷起动并减轻机件的磨损。

为实现这一要求，目前，多采用在基础油中加入黏度指数改进剂的方法来提高润滑油的黏温性。

用低黏度的基础油和黏度指数改进剂调配之后的润滑油具有良好的黏温性，能同时满足低温条件和高温条件的使用要求。同时兼有良好的高温黏度和低温黏度的发动机润滑油，

称为多黏度级发动机润滑油，简称多级油，俗称稠化机油。

5.2.4 清净分散性

发动机润滑油自身具有的抑制积炭、漆膜和油泥生成，或将已经生成的这些沉积物冲入润滑油中予以清除的性能，称为发动机润滑油的清净分散性。

积炭（图5-5）是覆盖在气缸盖、火花塞、喷油器、活塞顶、燃烧室等发动机高温部位的、厚度较大的固体炭状物质。积炭是由于燃料燃烧不完全，或是发动机润滑油窜入燃烧室在高温下分解的烟炱等物质在发动机高温部位的零件上沉积而形成的。积炭非常坚硬，能紧紧地附着在发动机零部件的金属表面上，较难清除。

图5-5 活塞顶部的积炭

漆膜是一种坚固且有光泽的漆状薄膜形物质，主要产生在活塞环区域和活塞裙部，在气门室罩盖、进排气凸轮轴等处也有分布（图5-6）。漆膜主要是燃料油或润滑油中的烃类组成物，在高温和金属的催化作用下，经氧化、聚合生成的胶质或沥青质高分子聚合物。漆膜和积炭都属于高温沉积物。

油泥（图5-7）是一种比较稳定的油水乳状体与多种杂质的混合凝聚物。与积炭和漆膜比较，油泥属于低温沉积物。发动机经常在低温条件下运行时，发动机润滑油易在油底壳、节气门体、进气歧管、气门室罩盖等处产生油泥。油泥在外观上呈黑色，较为松软，易于擦拭、清除。

图5-6 进排气凸轮轴等处形成的漆膜

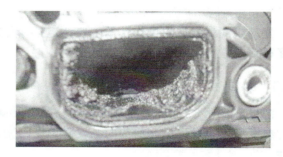

图5-7 进气歧管处产生的油泥

发动机润滑油的基础油本身并不具备清净分散性，一般是通过在基础油中加入清净剂和分散剂来实现其清净分散性的。

发动机润滑油清净分散性的评定指标是硫酸盐灰分和残炭。发动机润滑油的清净分散性主要通过相应的发动机试验来进行评定。

5.2.5 抗氧化性

发动机润滑油与氧反应生成氧化产物，改变其物理和化学性质的过程，称为发动机润滑油的氧化。发动机润滑油自身具有的抵抗氧化变质的能力，称为发动机润滑油的抗氧化性，亦称抗氧化安定性。

常温常压下发动机润滑油氧化非常缓慢，温度升到 50 ～ 60℃时，氧化速度会明显加快。有的金属如铅、铜等对氧化起催化作用。各类烃氧化的最终产物主要是酸类，还有少量的胶质和沥青。

发动机润滑油发生氧化反应，会使润滑油颜色变深、黏度变大、酸性增强，并析出沥青质胶状沉积物，引起机油滤清器的堵塞、活塞环的粘结等。发动机润滑油的氧化是发动机润滑油沉积物生成、发动机润滑油变质的前奏。

发动机润滑油的抗氧化性决定了润滑油在使用中是否容易变质、对零件腐蚀和生成沉积物的倾向，是决定发动机润滑油使用寿命的重要因素。

从油品加工工艺角度减缓发动润滑油的氧化变质的主要途径有：选择合适的馏分和组成，合理精制，添加抗氧化剂或抗氧抗腐剂等。

发动机润滑油抗氧化性的评定指标是润滑油氧化后的酸值和沉淀物的数值。酸值大、沉淀物多，表明发动机润滑油的抗氧化性差。酸值用中和油品中的酸所消耗的 KOH 多少来表示，以 mg 计；沉淀物以质量百分数计。

发动机润滑油的抗氧化性需要通过相应的发动机润滑油性能试验进行评定。

5.2.6　抗腐性

发动机润滑油自身具有的抵抗腐蚀性物质对金属零部件产生腐蚀作用的能力，称为发动机润滑油的抗腐性。

发动机润滑油在使用过程中将不可避免地被氧化而生成各种有机酸，这些有机酸将对金属产生腐蚀作用。

其腐蚀机理如下：金属与氧化产物（过氧化物）发生作用，生成金属氧化物，金属氧化物与有机酸反应生成金属盐。尤其是高速柴油机使用的由铜铅或银镉轴承合金制成的滑动轴承（轴瓦），其抗腐性相对较差，在发动机润滑油中即使只有微量的酸性物质也会引起严重腐蚀，甚至使轴承滑动接触表面金属产生大面积剥落（俗称掉皮）。

发动机润滑油抗腐性的评定指标是中和值或酸值。酸值大则腐蚀性强，反之亦然。一般要求新润滑油的酸值不超过规定值，但润滑油在使用过程中酸值会逐渐增大。因此，对长期使用的润滑油应定期化验，当酸值超过规定值时，应及时更换。

提高发动机润滑油抗腐性的主要途径是加深发动机润滑油的精制程度，减小其酸值。同时要在润滑油中添加适量的抗氧抗腐剂（如对羟基二苯胺等）和防锈剂（如磺酸钡、十二烯基丁二酸等）。

5.2.7　抗泡性

发动机润滑油自身具有的抑制并消除泡沫的能力，称为发动机润滑油的抗泡性。

在发动机工作过程中，油底壳里的润滑油受到曲柄的剧烈搅动时，势必会有空气混入润滑油中，并在润滑油中产生泡沫。

润滑油产生泡沫具有以下危害：大量而稳定的泡沫，会使油品体积增大，易使油品从油底壳中溢出；增大润滑油的可压缩性，使润滑系统的油压降低；增大润滑油与空气的接触面积，加速油品的老化；带有气泡的润滑油被压缩时，气泡一旦在高压下破裂，产生的能量会对金属表面产生冲击，使金属表面产生穴蚀（如轴瓦工作表面的穴蚀）。

发动机润滑油中的泡沫如果不及时予以消除，会在润滑系统中产生气阻，导致润滑油供应不足、油压过低等故障，严重时会使油泵抽空，造成供油中断，甚至引发烧瓦、抱轴等恶性事故。

发动机润滑油抗泡性的评定指标有生成泡沫倾向和泡沫稳定性两项。

5.3　发动机润滑油使用性能的评定

对发动机润滑油使用性能的评定，包括使用性能的评定指标和使用性能的评定试验两部分内容。

5.3.1　发动机润滑油使用性能的评定指标

1. 低温动力黏度

对于包括发动机润滑油在内的任何液体，当其一部分相对于另一部分发生相对运动时，都会产生内部阻力，这种阻力是液体分子或其他微粒内摩擦的结果。黏度（Viscosity）是表征液体流动时内摩擦力大小的物理量，亦称黏性系数。

切应力与剪切速率是表征液体黏度的两个基本参数。黏度不随切应力和剪切速率的变化而变化的液体，称为牛顿液体；黏度随切应力和剪切速率的变化而变化的液体，称为非牛顿液体。

发动机润滑油在低温下的黏度并不具有与温度成比例的变化关系，它在很大程度上与剪切速率有关，在不同剪切速率下的黏度不为常数，即在同一温度下，剪切速率不同，黏度也不同。由此可见，发动机润滑油属于非牛顿液体。

发动机润滑油的黏度分为动力黏度、运动黏度和条件黏度（相对黏度）三种。

动力黏度（Dynamic Viscosity）是表征液体在一定切应力作用下流动时内摩擦力大小的物理量，反映液体的被泵送能力；运动黏度（Kinematic Viscosity）是表征液体在自身重力作用下流动时内摩擦力大小的物理量，反映液体的自流能力；条件黏度又称为相对黏度，是指采用不同的特定条件和特定黏度计所测得的以条件单位表示的某种液体的黏度。按照测试条件、方法和测试仪器不同，有恩氏（Engler）黏度、赛氏（Sagbolt）黏度和雷氏（Redwood）黏度三种。其中，恩氏黏度使用较为广泛。

低温动力黏度也称表观黏度，它表征非牛顿液体在低温状态下流动时内摩擦力的大小。低温动力黏度是划分冬用发动机润滑油黏度级别的重要依据之一。

2. 边界泵送温度

随着温度的降低，发动机润滑油的黏度会越来越大，越来越难于泵送。能将发动机润滑油连续、充分地供给发动机润滑系统机油泵入口的最低温度，称为发动机润滑油的边界泵送温度。

边界泵送温度越低，越有利于保证发动机在冷起动阶段得到可靠的润滑。边界泵送温度也是划分冬用发动机润滑油黏度级别的重要依据之一。

3. 倾点

倾点（Pour Point）是指油品在规定的试验条件下，被冷却的试样（被测油品，亦称试油）出现倾泻、可以流动的最低温度；凝点是指油品在规定的试验条件下，被冷却的试样油面出现凝结、不再流动时的最高温度，都以℃表示。

如图 5-8 所示，在规定的试验条件下，将试样装入试管中，温度每降低 3℃，将试管倾斜、水平放置 5s，观察试样的流动情况。初次观察到试样出现凝结、不再流动的温度值，再加上 3℃，即为该试样的倾点。

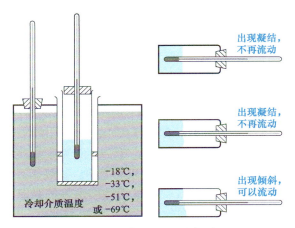

图 5-8　倾点测试示意图

倾点是表征润滑油低温流动性的常规指标。在相同试验条件下，同一油品的凝点比倾点略低。过去常用凝点，现在国际上普遍采用倾点这一指标。

倾点或凝点越高，油品的低温流动性就越差。可以根据油品倾点的高低，考虑在低温条件下运输、储存、收发油品时应该采取的措施，也可以用倾点评估某些油品的低温使用性能。

但评估多级内燃机油、车辆齿轮油的低温性能时，应以低温动力黏度、边界泵送温度、成沟点为主要依据。

现行发动机润滑油规格中，均采用倾点作为评定发动机润滑油低温操作性的指标之一。

4. 黏度指数

黏度指数（Viscosity Index，VI）用于表征油品的黏温特性，定义为被试油和标准油黏度随温度变化程度比较的相对值。VI 数值大表示黏温特性平缓，即油品的黏度受温度影响小，因而性能好；反之则差。

黏度指数的概念可用图 5-9 所示试验曲线予以具体说明。

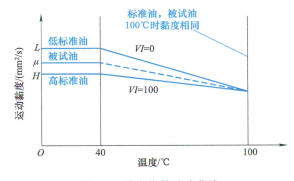

图 5-9　黏度指数试验曲线

将某种发动机润滑油与在100℃同其黏度相同，但黏温特性截然不同（高标准油 $VI=100$；低标准油 $VI=0$）的两种标准润滑油进行对比试验，比较其在40℃时的运动黏度坐标值与两种标准润滑油运动黏度坐标值的相对位置，被测试的润滑油在40℃时的运动黏度越接近高标准油，则黏度指数越高。

对于黏度指数小于100的润滑油，黏度指数按下式计算

$$VI = \frac{L-\mu}{L-H} \times 100 \qquad\qquad (5\text{-}2)$$

式中，VI 为黏度指数；L 为黏度指数为0的低标准油在40℃时的运动黏度值（该种油在100℃时的运动黏度与试油相同）；μ 为试油在40℃时的运动黏度值；H 为黏度指数为100的高标准油在40℃时的运动黏度值（该种油在100℃时的运动黏度与试油相同）。

根据黏度指数不同，可将润滑油分为三级：35～80为中黏度指数润滑油；80～110为高黏度指数润滑油；110以上为特高级黏度指数润滑油。黏度指数高于100～170的润滑油，为高档次多级润滑油，具有黏温曲线变化平缓性和良好的黏温性，在较低温度时，这些黏度指数改进剂中的高分子有机化合物分子在油中的溶解度小，分子蜷曲成紧密的小团，因而油的黏度增加很小；而在高温时，它在油中的溶解度增大，蜷曲状的线形分子膨胀伸长，从而使黏度增长较大，所以说黏度指数越高，黏度随温度变化越小。

5. 酸值、碱值和中和值

酸值（Acid Value）是指中和1g试验用某种润滑油中的酸所需氢氧化钾的mg数，单位用 mgKOH/g 表示。

碱值（Base Number）是指中和1g试验用某种润滑油中含有的碱性组分所需的酸量，换算为相当的碱量。

中和1g试验用某种润滑油中含有的酸性或碱性组分所需的碱量，称为中和值（Neutralization Value），单位用 mgKOH/g 表示。

不难看出，中和值是表征油品酸碱性的量度，属于评定发动机润滑油抗腐性的指标。中和值是以中和一定质量的油品所需的碱或酸的当量数来表示的数值，是油品的酸值或碱值的习惯统称。

6. 残炭

残炭（Carbon Residue）是指油品在规定的试验条件下受热蒸发、裂解和燃烧后形成的焦黑色残留物（炭渣）。油品残炭量的多少以质量分数表示。

发动机润滑油中添加灰型清净剂和分散剂后，残炭量增大，在发动机润滑油规格中，限制的是加入添加剂前的残炭量。

根据油品残炭量的多少，可以大致判断出发动机润滑油在发动机中工作时产生积炭的倾向。一般深度精制的基础油，残炭量少。发动机润滑油中，含氧、硫或氧化物较多时，残炭量会增多。

7. 硫酸盐灰分

硫酸盐灰分（Sulphated Ash）是指在规定的试验条件下，油品被碳化后的残留物经硫酸处理转化为硫酸盐后的灼烧残留物。硫酸盐灰分的多少以质量分数表示。

在发动机润滑油中，都含有清净分散剂，而清净分散剂有的有灰分，有的灰分少，还有的无灰分，所以在标准中没有规定硫酸盐灰分指标。但在产品质量报告单上应填报实测

数据，再配合金属元素含量等其他指标，可借以大致了解添加剂的类别和质量，便于指导使用。

8. 泡沫性

泡沫性亦称泡沫特性，指油品生成泡沫的倾向及泡沫的稳定性。润滑油在实际使用中，由于受到振荡、搅动等作用，使空气进入润滑油中，以致形成气泡，会对润滑效果产生诸多不利影响。

因此，要求评定油品生成泡沫的倾向性和泡沫稳定性。泡沫性主要用于评定发动机润滑油和循环用油（如液压油、压缩机油等）的起泡性。

润滑油容易受到配方中的活性物质（如清净剂、极压添加剂和腐蚀抑制剂）的影响，这些添加剂大大地增加了油品的起泡倾向。润滑油的泡沫稳定性随黏度和表面张力的变化而变化，泡沫的稳定性与油品的黏度成反比，同时随着温度的上升，泡沫的稳定性下降，黏度较小的油品形成大而容易消失的气泡，高黏度油品中产生分散的和稳定的小气泡。为了消除润滑油中的泡沫，通常在润滑油中加入表面张力小的消泡剂（如甲基硅油和非硅消泡剂等）。

5.3.2　发动机润滑油使用性能的评定试验

对发动机润滑油使用性能的评定，仅仅在试验室内对其使用性能指标进行检测是远远不够的，还必须进行特定的发动机润滑油使用性能评定试验（包括某些模拟台架试验），其使用性能通过评定试验测定、检验之后，该种发动机润滑油才能正式投入生产并允许车辆使用。

用于测定、检验发动机润滑油使用性能的试验，称为发动机润滑油使用性能评定试验，亦称发动机润滑油台架试验。

发动机润滑油使用性能评定试验是测定、检验并保证发动机润滑油使用性能的重要手段，也是划分发动机润滑油规格型号、评定发动机润滑油质量等级的主要依据之一。

评定发动机润滑油使用性能的试验方法有很多。

1. 国外试验方法

目前，在国际上广泛采用、认可度高的试验方法主要有三个系列，即美国研究协调委员会（Coordinated Research Council，CRC）提出的 L 系列试验方法；以美国材料与试验协会（American Society for Testing and Materials，ASTM）和美国石油协会（American Petroleum Institute，API）为中心提出的 MS 程序试验方法；欧洲汽车制造商协会（Association des Constructeurs Européens d'Automobiles，ACEA）提出的皮特（Petter）系列试验方法。

2. 我国试验方法

为发展和评价高使用性能级别的发动机润滑油，我国从 20 世纪 80 年代末开始逐步完善发动机润滑油试验评定方法，并取得了一定的成绩。

但由于国外技术（包括汽车工业技术、润滑油工业技术）发展很快，限于我国总体工业水平较低，这些方法已经相继废止，转而开始等效或非等效地采用国外先进的发动机润滑油使用性能评定试验方法。

5.4　发动机润滑油的分类与规格

　　发动机润滑油是一种精细化工产品，其炼制工艺、黏温特性、使用性能对发动机润滑油的应用范畴、油品质量影响极大。因此，对发动机润滑油的分类是从炼制工艺、黏温特性、使用性能、应用范畴等几个方面进行的。

　　目前，美国汽车工程师协会（Society of Automotive Engineers）的 SAE 黏度分类法和美国石油协会的 API 使用性能分类法已被世界各国所公认和广泛采用，我国也参照这两种润滑油分类方法制定了相应的国家标准。

　　另外，欧洲的 ACEA 使用性能分类法的影响日益广泛，正在对 API 使用性能分类法发起强有力的挑战。

　　从宏观上看，发动机润滑油的分类如图 5-10 所示。

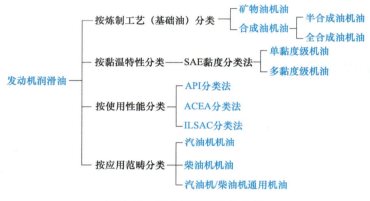

图 5-10　发动机润滑油的分类

5.4.1　按炼制工艺分类

　　发动机润滑油是在基础油中加入金属清净剂、灰分分散剂、抗氧抗腐剂、黏度指数改进剂、降凝剂、抗泡剂、防锈剂等各类添加剂精制而成的，其品种、规格是按照基础油的性能和各种添加剂所含数量来划分的。

　　按照基础油的类别不同，可将发动机润滑油分为以矿物油为基础油的发动机润滑油（简称矿物油机油）和以合成油为基础油的发动机润滑油（简称合成油机油）两大类。合成油机油又分为全合成油机油和半合成油机油两类。

1.　矿物油机油

　　矿物油机油（Mineral Oil）是从原油（石油）中通过物理的方法得到的，炼制工艺比较简单，能满足大多数汽车发动机（如捷达、富康、桑塔纳等车型）的使用性能需求，但其总体性能水平已经远远不及全合成油机油。

2.　全合成油机油

　　全合成油机油（Fully Synthetic Oil，图 5-11）简称全合成机油，是以全合成油作为基础油调配而成的发动机润滑油，这类机油的外包装上往往有 100% Synthetic、Fully Synthetic 之类的标识。

图 5-11　全合成机油

全合成机油采用聚烯类（Poly-Alfa-Olefine）或酯类（Easter）的化合物作为基础油，这种基础油最大的特点是抗氧化能力强，并具有天然的清净剂，所以全合成机油能确保润滑油在相当长的使用时间内，润滑性能稳定如一，发动机不易产生油泥。

全合成机油是通过化学合成或精炼加工的方法获得的，其工艺复杂，炼制成本高昂，拥有矿物油机油不可比拟的优势。

全合成机油的黏度指数更高，所以黏温特性更好，高温时润滑更可靠，低温条件下流动性好（室温条件下触感比同级别矿物油略稀）。同时，全合成机油的抗氧化性更强，可大大延长换油周期（全合成机油换油周期可长达 1 ~ 2 万千米，远远大于传统的矿物油机油），虽然在机油的使用成本上增加了投入，但减少了更换机油和滤清器的次数，总体经济效益非常可观。

全合成机油因其蒸发损失小，所以机油消耗低，减少了频繁补充、添加机油的麻烦，并且能更好地保护三元催化转换器等昂贵的废气控制系统部件。

此外，全合成机油能适应更高负荷的发动机的润滑要求，还拥有更强的抗高温抗剪切能力，在发动机高速运转下，机油也不会丧失稳定的黏度，对发动机的保护更为全面。

鉴于全合成机油优异的综合性能，其应用日益广泛，并有逐步取代矿物油机油的趋势。

采用废气涡轮增压发动机的汽车（如帕萨特 1.8T、宝来 1.8T、途安 1.4T 等）必须使用全合成机油（如壳牌超凡喜力或非凡喜力等），其他配装高性能发动机的车辆（如奥迪、本田等），也可根据车主需要选择全合成机油或高性能的 API SL 级矿物油机油（如特级喜力等）。

5.4.2　国外发动机润滑油的分类

目前，对于发动机润滑油黏度的分类，国际上广泛采用美国汽车工程师学会的 SAE 黏度分类法。而对于发动机润滑油使用性能（即油品品质，或称质量等级）的分类，则广泛采用美国石油协会的 API 使用性能分类法、欧洲汽车制造商协会的 ACEA 使用性能分类法和国际润滑剂标准化及认证委员会的 ILSAC 使用性能分类法。上述分类方法与汽车发动机各发展阶段的结构、性能和使用要求有着紧密的联系。

1. SAE 的黏度分类法

1911 年，美国汽车工程师学会（SAE）制订了发动机润滑油黏度分类法，历经多次修改，目前执行的是 SAE J300—2021《发动机润滑油黏度分类》，见表 5-1。

表 5-1　国外发动机润滑油黏度分类（SAE J300—2021）

SAE 黏度等级	低温动力黏度 / mPa·s（最大）	低温泵送黏度 / mPa·s（在无屈服应力时，最大）	低剪切运动黏度 / mm²·s⁻¹（100℃）		高剪切黏度 /mPa·s（150℃，最小）
			最小	最大	
0W	6200（-35℃）	60000（-40℃）	3.8	—	—
5W	6600（-30℃）	60000（-35℃）	3.8	—	—
10W	7000（-25℃）	60000（-30℃）	4.1	—	—
15W	7000（-20℃）	60000（-25℃）	5.6	—	—
20W	9500（-15℃）	60000（-20℃）	5.6	—	—
25W	13000（-10℃）	60000（-15℃）	9.3	—	—
8	—	—	4.0	< 6.1	1.7
12	—	—	5.0	< 7.1	2.0
16	—	—	6.1	< 8.2	2.3
20	—	—	6.9	< 9.3	2.6
30	—	—	9.3	< 12.5	2.9
40	—	—	12.5	< 16.3	3.5（0W-40，5W-40，10W-40）
	—	—	12.5	< 16.3	3.7（15W-40，20W-40，25W-40，40）
50	—	—	16.3	< 21.9	3.7
60	—	—	21.9	< 26.1	3.7
试验方法	ADTM D5293	ASTM D4684	ASTM D445		ASTM D4683（ASTM D4741）

SAE J300—2021 采用含字母 W 和不含字母 W 两组系列黏度等级号划分，前者是以最大低温动力黏度、最大低温泵送黏度和 100℃时的最小低剪切运动黏度划分的；后者是以 100℃时的最小低剪切运动黏度、最大低剪切运动黏度和 150℃时的最小高剪切黏度划分的。

适合冬季使用的发动机润滑油黏度等级以 6 个含 W（W 为英文冬季 Winter 的首字母）的低温黏度级号（0W、5W、10W、15W、20W 和 25W）表示；适合夏季使用的发动机润滑油黏度等级以 8 个不含 W 的 100℃时的低剪切运动黏度级号（8、12、16、20、30、40、50 和 60）表示。

按照 SAE J300—2021 的黏度分类体系，发动机润滑油还有单黏度级润滑油和多黏度级（亦称稠化机油）润滑油之分。

只能满足低温或高温一种黏度级别要求的发动机润滑油，称为单黏度级发动机润滑油；既能满足低温工作时黏度级别要求，又能满足高温工作时黏度级别要求的发动机润滑油，称为多黏度级发动机润滑油。

多黏度级发动机润滑油以低温黏度级号与高温黏度级号组合的方式来表示。在 SAE J300—2021 的黏度分类体系中，多黏度级发动机润滑油分为 0W-40、5W-40、10W-40、15W-40、20W-40 和 25W-40 六种。

多黏度级发动机润滑油牌号标记前边的 0W、5W、10W、15W、20W、25W 表示低温动力黏度等级，牌号标记后边的 40 表示 150℃时的最小高剪切黏度等级。

在多黏度级发动机润滑油牌号标记中，W 前面的数字越小表示润滑油的低温流动性越好，可适用的外界环境温度越低，在冷起动时对发动机的保护能力越好；W 后面的数字则是润滑油的耐高温性能指标，数值越大表示润滑油在高温下对发动机的保护性能越好。

从图 5-12 中可以清楚地看出不同牌号的多黏度级发动机润滑油低温流动性能及黏度的差异。

| 0W-40 | 5W-40 | 10W-40 | 15W-40 | 20W-40 |

图 5-12　多黏度级发动机润滑油低温流动性能及黏度的比较

多黏度级发动机润滑油是在单黏度级润滑油的基础上，添加某些黏度指数改进剂调配而成的，其突出优点是黏温性能良好，低温时动力黏度小，流动性好，而高温时 150℃最小高剪切黏度较高。多黏度级发动机润滑油可以在春夏秋冬四季通用，不必按照季节换油，可以有效地延长发动机润滑油的使用寿命。

2. API 的使用性能分类法

API 的发动机润滑油使用性能分类法是根据发动机润滑油在油品（试油）使用性能评定试验中所表现出来的抗磨性、清净分散性和抗氧化腐蚀性等使用性能确定其质量（品质）等级的。

发动机润滑油的 API 使用性能分类法始于 1947 年。1970 年，API、SAE 和 ASTM 共同提出了发动机润滑油的使用性能必须通过规定的发动机试验来进行评定，并于同年正式开始实施发动机润滑油的 API 使用性能分类法。

API 的发动机润滑油使用性能分类法将汽油发动机润滑油归类为 S 系列，将柴油发动机润滑油归类为 C 系列。

在 20 世纪 70 年代，美国的乘用车多装备汽油发动机，其润滑油的更换多在汽车维修服务站（Service Station）进行，因此，将汽油发动机润滑油归类为 S 系列，取 Service Station 的字头为系列名称，相应的分类法称为维修服务站分类法（Service Station Classification）；从事客货运输的大型商用汽车多装备柴油发动机，因此，将柴油发动机润滑油归类为 C 系列，取 Commercial 的字头为系列名称，相应的分类法称为商业分类法（Commercial Classification）。

在 S 系列中又细分为 SA、SB、SC、SD、SE、SF、SG 等多个质量（品质）等级，S后边的字母越靠后，则表示润滑油的质量等级越高，使用性能越好；在 C 系列中又细分为 CA、CB、CC、CD、CE 等多个质量（品质）等级，C 后边的字母越靠后，则表示润滑油的质量等级越高，使用性能越好。其宗旨是按发动机润滑油强化程度和工作条件的苛刻程度来划分发动机润滑油的质量等级，以保证润滑油的使用性能能够满足不同发动机的实际需求。

以上两个系列的各级油品质量除应符合各自规定的理化性能要求外，还必须通过规定的发动机试验。

目前，API 的发动机润滑油使用性能分类法见表 5-2 和表 5-3。

表 5-2　汽油发动机润滑油分类及使用特性（API 使用性能分类法）（部分）

质量等级	引入年份	油品性能	向后兼容性
SJ	1997 年	在 SH 的基础上增加台架测试和模拟试验，并改善了挥发性能	SH
SL	2001 年	提高了油品的燃油经济性，能保护尾气净化系统，防止催化转换器中的催化剂中毒，可对发动机提供更好保护，换油周期大大延长	SJ
SM	2004 年	在 SL 级的基础上，进一步提高了氧化安定性，抑制沉积物生成的能力更强，更加环保节能，抗磨损及低温性能更加优异	SL
SN	2010 年	与 SM 级机油相比较，在对涡轮增压器的保护、活塞清净性、乳化保持性、催化转换装置的耐久性等方面有大幅度的提高。特别是在提高燃油经济性方面，效果更为显著	SM
SN＋	2017 年	2017 年 11 月 9 日，API 润滑油标准小组批准采用 SN＋（即 SN plus），这是一种新的分类。SN＋可与 API SN 一起使用，以节约资源	SN
SP	2020 年	2020 年 5 月 1 日，API 正式面向全球发布 API SP/GF-6 汽油润滑油规格技术认可。该规格历时 10 年开发完成，正式取代 API SN/GF-5 Plus规格成为全球质量级别最高的汽油润滑油规格	SN＋

表 5-3　柴油发动机润滑油分类及使用特性（API 使用性能分类法）（部分）

质量等级	引入年份	油品性能	向后兼容性
CI-4	2002 年	适用于装备 EGR 系统的柴油发动机，能满足美国 2004 年排放法规要求，硫含量不大于 0.5%。在 CH-4 级机油的基础上进一步提高了烟灰颗粒的分散性能	CD、CE、CF-4、CG-4、CH-4
CI-4＋	2004 年	性能与 CI-4 级机油相同，但进一步增强了 EGR 系统的适应性	CD、CE、CF-4、CG-4、CH-4
CJ-4	2006 年	适用于高速四冲程柴油机，能满足 2007 年排放法规要求，具有优异的 EGR/DPF 系统适应性，可将硫含量控制在 0.0015% ~ 0.05% 之间	CI-4、CI-4＋
CK-4	2017 年	性能方面比 CJ-4 更为优异	CJ-4
FA-4	2017 年	适用于高速四冲程柴油机，能满足美国 2017 年排放法规要求。性能与 CK-4 级机油相同，但进一步改善了燃油经济性	—

当然，API 会随着发动机和发动机润滑油技术的发展，不断推出新的发动机润滑油使用性能分类标准。

3．ACEA 的使用性能分类法

由于 20 世纪 90 年代欧洲汽车制造商出现了大量的兼并、重组，原来的欧洲共同市场汽车制造商委员会也改组为欧洲汽车制造商协会（ACEA）。ACEA（总部设在比利时的布鲁塞尔）是欧洲汽车制造业对车用润滑油的检验、认证机构。

ACEA 规定，所有在欧洲（包括其他国家和地区在欧洲开设的合资企业）生产的汽车，其使用的车用润滑油必须通过 ACEA 标准的检验、认证才能进入市场销售和使用。

ACEA 对发动机润滑油使用性能的分类是用一个字母加数字来表示的，其中字母 A 代表汽油发动机润滑油，字母 B 代表轻型柴油机润滑油，字母 C 代表适合于带有尾气处理装置的汽油机 / 柴油机使用的润滑油，字母 E 代表重型柴油机润滑油。

从技术要求上看，ACEA 标准要高于美国的 API 标准，代表了全球范围内车用润滑油的先进技术标准。

在现行的 ACEA 发动机润滑油使用性能分类法中，将发动机润滑油按照使用性能及适用范畴划分为四大类、十二个质量等级。

现行的 ACEA—2021 将汽油发动机 / 轻型柴油机的润滑油分为 A3/B4-21、A5/B5-21 和 A7/B7-21 三个质量等级，详见表 5-4；将适用于处理装备尾气的三元催化转换装置的汽油机 / 轻型柴油机的润滑油分为 C2-21、C3-21、C4-21、C5-21 和 C6-21 五个质量等级，详见表 5-5。

表 5-4　无尾气处理装置的汽油发动机 / 轻型柴油机润滑油 ACEA 质量等级

ACEA 质量等级	油品性能
A3/B4-21	油品性能稳定、质量等级持久不变，适用于高性能汽油发动机及直喷式柴油发动机，也适用于 A3/B3 级机油的使用范畴
A5/B5-21	油品性能稳定、质量等级持久不变，适用于延长换油里程的高性能汽油发动机及轻型柴油发动机。高温高剪切（HTHS）黏度为 2.9 ~ 3.5mPa·s，能满足对低黏度油品的减磨性能要求
A7/B7-21	基于 A5/B5-21 但性能优于 A5/B5-21 系列，燃油经济性更好，而且拥有更多、更新的台架测试要求，属于高灰分中的高性能产品

表 5-5　具有三元催化转换装置的汽油机 / 轻型柴油机润滑油 ACEA 质量等级

ACEA 质量等级	油品性能
C2-21	油品性能稳定、质量等级持久不变，适用于装备 DPF 及 TWC 的高性能汽油发动机及轻型柴油发动机。能满足低摩擦、低黏度的性能要求，其高温高剪切（HTHS）黏度的最低值为 2.9mPa·s，C2 级机油能显著延长 DPF 及 TWC 的使用寿命
C3-21	油品性能稳定、质量等级持久不变，适用于装备 DPF 及 TWC 的高性能汽油发动机及轻型柴油发动机。其高温高剪切（HTHS）黏度的最低值为 3.5 mPa·s，C3 级机油能显著延长 DPF 及 TWC 的使用寿命
C4-21	油品性能稳定、质量等级持久不变，适用于装备 DPF 及 TWC 的高性能汽油发动机及轻型柴油发动机。能满足低硫、低灰分、低磷的性能要求，其高温高剪切（HTHS）黏度的最低值为 3.5 mPa·s，C4 级机油能显著延长 DPF 及 TWC 的使用寿命
C5-21	中灰分，燃油经济性更好。HTHS 值在 2.6 ~ 2.9 之间，碱值大于 6，与 C2-21 比较接近
C6-21	基于 C5-21 但性能优于 C5-21，同时保持了汽油颗粒过滤器（GPF）和柴油颗粒过滤器（DPF）的兼容性

2022 年 5 月 1 日，ACEA—2022 针对重型柴油发动润滑油的规范正式发布生效。

现行的 ACEA—2022 将适用于重型柴油发动机使用的发动机润滑油分为 E4-22、E7-22、E8-22 和 E11-22 四个质量等级，详见表 5-6。

表 5-6　重型柴油发动机润滑油 ACEA 质量等级

ACEA 质量等级	油品性能
E4-22	增加了戴姆勒 OM471 活塞清洁度试验（CEC L-118-21）测试要求，油品性能稳定、质量等级持久不变，可充分保持活塞洁净性，有效降低摩擦、磨损，抑制油烟生成，并具有优异的机油品质稳定性 推荐用于在极度严苛条件下运转的高负荷柴油发动机，符合欧Ⅴ、欧Ⅵ排放法规要求，可按汽车制造商的建议极度延长换油时间（里程）间隔 适用于不装备 DPF 的发动机、部分装备 EGR 系统的发动机，以及部分装备选择性催化还原减氮（Selective Catalytic Reduction NO_x，SCR NO_x）系统的发动机
E7-22	增加了卡特彼勒 1N（ASTM D6750）活塞清洁度试验测试要求，油品性能稳定、质量等级持久不变，可充分保持活塞及气缸内壁洁净性，有效降低摩擦、磨损，抑制油烟生成，并具有优异的机油品质稳定性 推荐用于在极度严苛条件下运转的高负荷柴油发动机，符合欧Ⅴ、欧Ⅵ排放法规要求，可按汽车制造商的建议延长换油时间（里程）间隔 适用于不装备 DPF 的发动机、大部分装备 EGR 系统的发动机，以及装备选择性催化还原减氮系统的发动机
E8-22	增加了戴姆勒 OM471 活塞清洁度试验（CEC L-118-21）测试要求、沃尔沃 T-13 发动机机油氧化试验（ASTM D8048）测试要求和卡特彼勒 C13 发动机机油放气性试验（ASTM D8047）测试要求 油品性能稳定、质量等级持久不变，可充分保持活塞洁净性，有效降低摩擦、磨损，抑制油烟生成，并具有优异的机油品质稳定性 推荐用于在极度严苛条件下运转的高负荷柴油发动机，符合欧Ⅴ、欧Ⅵ排放法规要求，可按汽车制造商的建议极度延长换油时间（里程）间隔 适用于装备 EGR 系统的发动机（装备或不装备 DPF 均可）以及装备选择性催化还原减氮系统的发动机 ACEA 强烈建议装备 DPF 的发动机及使用低硫柴油的发动机采用 E8 级机油作为发动机润滑油
E11-22	增加了沃尔沃 T-13 发动机机油氧化试验（ASTM D8048）测试要求、卡特彼勒 C13 发动机机油放气性试验（ASTM D8047）测试要求和卡特彼勒 C13（ASTM D7549）活塞清洁度试验测试要求 油品性能稳定、质量等级持久不变，可充分保持活塞及气缸内壁洁净性，有效降低摩擦、磨损，抑制油烟生成，并具有优异的机油品质稳定性 推荐用于在极度严苛条件下运转的高负荷柴油发动机，符合欧Ⅴ、欧Ⅵ排放法规要求，可按汽车制造商的建议延长换油时间（里程）间隔 适用于装备或不装备 DPF 的发动机、大部分装备 EGR 系统的发动机，以及大部分装备选择性催化还原减氮系统的发动机 ACEA 强烈建议装备 DPF 的发动机及使用低硫柴油的发动机采用 E11 级机油作为发动机润滑油

当然，ACEA 也会随着发动机和发动机润滑油技术的发展，不断推出新的发动机润滑油使用性能分类标准。

4. ILSAC 的使用性能分类法

国际润滑剂标准化及认证委员会（International Lubricant Standardization and Approval Committee，ILSAC）是由美国汽车工业协会（American Automobile Manufacturers Association，

AAMA）和日本汽车工业协会（Japan Automobile Manufacturers Association，JAMA）于 20 世纪 90 年代初共同成立发起，是当前制定润滑油产品规格的权威机构之一。

ILSAC 提出的汽油发动机润滑油质量等级用 GF-X 表示。其中，"GF"表示以汽油（Gasoline）为燃料的、具有燃料（Fuel）经济性要求的乘用车发动机润滑油；X 表征油品质量等级的高低，以阿拉伯数字体现，数字越大，油品质量等级越高。

最早的汽油发动机润滑油质量等级 GF-1 是 ILSAC 于 1990 年 10 月颁布的。按照使用性能不同，ILSAC 相继推出了 GF-1、GF-2、GF-3、GF-4、GF-5、GF-6 共计 6 个汽油机润滑油质量等级。ILSAC 油品与 API 油品的质量等级对应关系见表 5-7。

表 5-7　ILSAC 油品与 API 油品的质量等级对应关系

ILSAC 油品		API 油品
GF-1		SH
GF-2		SJ
GF-3	等同并优于	SL
GF-4		SM
GF-5		SN+
GF-6		SP

ILSAC GF-6 规格于 2020 年 5 月 1 日起正式实施，与前一个质量等级 ILSAC GF-5 相比较，ILSAC GF-6 引入了抑制油泥生成、抗氧化/活塞沉淀物、气门机构抗磨损、正时链条抗磨损、抑制低速早燃等七项新的试验项目，认证条件更为严苛。相应地，符合 ILSAC GF-6/SP 规格的油品在使用性能上较 ILSAC GF-5/SN+ 有显著提升（图 5-13），主要表现在以下几个方面：

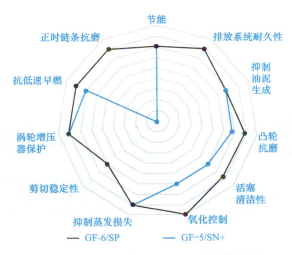

图 5-13　GF-6/SP 与 GF-5/SN+ 的性能比较

1）抗低速早燃（Low-Speed Pre-ignition，LSPI）性能更好，可以有效减少爆燃的发生，延长发动机使用寿命。

2）气门机构、凸轮传动机构的抗磨保护功能更优，特别是新增加的正时链条抗磨保护功能，可有效抑制机件磨损，显著提升发动机的工作可靠性和耐久性。

3）清洁性能提升13.5%，使高温沉积物的生成得到有效抑制，活塞顶、活塞环槽、燃烧室等高温部位积炭更少。同时，油底壳、节气门体、进气歧管、气门室罩盖等处产生的油泥也明显减少。

4）降低了发动机润滑油的蒸发损失，增强了对涡轮增压器的保护，提高了尾气排放处理系统的使用寿命。

5）高温抗氧化性能得到显著提升（高达33.33%），极大地延长了发动机润滑油的使用寿命，换油周期可延长至15000km。

符合ILSAC认证的GF-X级发动机润滑油，既可满足同等级的API使用性能要求，同时，更有利于提升车辆的燃油经济性。也就是说，在对使用性能的要求上，ILSAC认证比API认证更为苛刻。

如果某一油品同时通过了ILSAC和API认证，则会在其外包装上标明其符合的ILSAC和API使用性能等级，如图5-14所示。

图5-14　同时满足ILSAC GF-5 和API SN认证的油品

5.4.3　我国发动机润滑油的分类

参照国外发动机润滑油的分类原则，我国发动机润滑油的分类，也包括黏度分类法和使用性能分类法两个系列。

1. 黏度分类法

我国发动机润滑油的黏度分类法是参照美国汽车工程师学会SAE J300—2000《发动机润滑油黏度分类》的标准进行的。SAE J300—2000在美国早已废止，美国的现行标准是SAE J300—2021。

目前，我国发动机润滑油的黏度分类法是GB/T 14906—2018《内燃机油黏度分类》。

我国发动机润滑油的黏度分类见表5-8。

表5-8　我国发动机润滑油的黏度分类（GB/T 14906—2018）

SAE 黏度等级	项目				
	低温动力黏度 /mPa·s（不大于）	低温边界泵送黏度（无屈服应力时）/mPa·s（不大于）	100℃运动黏度 /（mm²/s） 不小于	小于	高温高剪切黏度（150℃）/mPa·s（不小于）
	试验方法				
	GB/T 6538	NB/SH/T 0562	GB/T 265	GB/T 265	SH/T 0751*
0W	6200（−35℃）	60000（−40℃）	3.8	—	—
5W	6600（−30℃）	60000（−35℃）	3.8	—	—
10W	7000（−25℃）	60000（−30℃）	4.1	—	—
15W	7000（−20℃）	60000（−25℃）	5.6	—	—
20W	9500（−15℃）	60000（−20℃）	5.6	—	—
25W	13000（−10℃）	60000（−15℃）	9.3	—	—
8	—	—	4.0	6.1	1.7

（续）

SAE 黏度等级	项目				
	低温动力黏度 /mPa·s （不大于）	低温边界泵送黏度 （无屈服应力时） /mPa·s（不大于）	100℃运动黏度 /（mm²/s）		高温高剪切黏度（150℃） /mPa·s （不小于）
			不小于	小于	
	试验方法				
	GB/T 6538	NB/SH/T 0562	GB/T 265	GB/T 265	SH/T 0751*
12	—	—	5.0	7.1	2.0
16	—	—	6.1	8.2	2.3
20	—	—	6.9	9.3	2.6
30	—	—	9.3	12.5	2.9
40			12.5	16.3	3.5（0W-40,5W-40 和 10W-40 等级）
			12.5	16.3	3.7（15W-40,20W-40, 25W-40 和 40 等级）
50			16.3	21.9	3.7
60			21.9	26.1	3.7

*：也可采用 SH/T 0618、SH/T 0703 方法进行测试。有争议时，以 SH/T 0751 的测试结果为准。

　　GB/T 14906—2018《内燃机油黏度分类》仅从流变学（Rheology）角度来建立发动机润滑油的黏度分类，不涉及发动机润滑油的其他特性。

　　在 GB/T 14906—2018《内燃机油黏度分类》中，将发动机润滑油分为含字母 W（W 为英文冬季 Winter 的首字母）和不含字母 W 两组黏度等级系列。

　　含字母 W 的低温黏度级号分别为 0W、5W、10W、15W、20W 和 25W，不含字母 W 的 100℃运动黏度级号分别为 8、12、16、20、30、40、50 和 60。

　　含字母 W 的黏度等级系列与低温起动性能有关，侧重于发动机润滑油的最低泵送温度及低于 0℃时的黏度，不含字母 W 的黏度等级系列则只表示在 100℃时的运动黏度以及高温高剪切黏度。

　　GB/T 14906—2018《内燃机油黏度分类》只标出了低温黏度范围的上限，因此 W 级别较低的润滑油能符合任何 W 级别较高的润滑油的黏度要求，即 0W 润滑油可满足 5W、10W、15W、20W 或 25W 润滑油的黏度要求。

　　与 SAE 标准相似，我国发动机润滑油的黏度等级分类中，也有单级油和多级油之分。

　　任何一种具有牛顿液体性质的润滑油标为单级油。GB/T 14906—2018《内燃机油黏度分类》要求，一些经过添加聚合物黏度指数改进剂调配后，具有多黏度级特征的非牛顿液体性质的润滑油，应标注适当的多黏度等级，即含 W 的低温黏度等级和 100℃运动黏度等级，并且两黏度级号之差至少等于 15。例如，一种多级润滑油可标为 10W-30 或 20W-40，而不可标为 10W-20 或 20W-30。

　　某一油品可能同时符合多个 W 级，所标记的含 W 级号或多黏度等级号只取最低 W 级号。例如，一种多黏度等级润滑油同时符合 10W、15W、20W、25W 和 30 级号，则该油品的黏度牌号只能标为 10W-30。

2. 使用性能分类法

　　我国发动机润滑油使用性能分类法的现行国家标准是 GB/T 28772—2012《内燃机油

分类》。

GB/T 28772—2012《内燃机油分类》规定，我国发动机润滑油的详细分类是根据产品特性、使用场合和使用对象划分的。每一个品种由两个大写英文字母及数字组成的代号表示。当代号的第一个字母为"S"时，表示该油品为汽油机油，"GF"表示该油品为以汽油为燃料的、具有燃料经济性要求的乘用车发动机润滑油；第一个字母与第二个字母（或第二个字母及其后的数字）相结合表征油品的质量等级。当代号的第一个字母为"C"时，表示该油品为柴油机油，第一个字母与第二个字母相结合表征油品的质量等级，其后的数字 2 表征该油品适用于二冲程柴油机，数字 4 表征该油品适用于四冲程柴油机。在发动机润滑油质量等级代号中，第二个字母的顺序越靠后，则其质量等级（使用性能）越高。

每个特定的油品代号均应附有按照 GB/T 14906 规定的黏度等级。

发动机润滑油的命名和标记，应包括质量等级（使用性能级别）代号和黏度级别代号两部分。例如，SE 30、GF-1 5W-30 均为汽油发动机润滑油产品代号；CD 0W、CF-4 15W-40 均为柴油发动机润滑油产品代号；SJ/CF-4 15W-40 为汽油机 / 柴油机通用润滑油产品代号。

根据 GB/T 28772—2012《内燃机油分类》的规定，我国汽油发动机润滑油的详细分类及使用特性见表 5-9，我国柴油发动机润滑油的详细分类及使用特性见表 5-10。

表 5-9　我国汽油发动机润滑油的详细分类及使用特性

品种代号	特性与使用
SE	用于乘用车和某些货车的汽油发动机以及要求使用 API SE 级汽油发动机润滑油的汽油发动机。此种油品的抗氧化性能及控制汽油发动机高温沉积物、腐蚀和锈蚀的性能较好
SF	用于乘用车和某些货车的汽油发动机以及要求使用 API SF、SE 级发动机润滑油的汽油发动机。此种油品的抗氧化性和抗磨损性优于 SE 级润滑油，还具有控制汽油发动机沉积物、锈蚀和腐蚀的性能，并可代替 SE 级润滑油
SG	用于乘用车、货车和轻型货车的汽油发动机以及要求使用 API SG 级汽油发动机润滑油的汽油发动机。SG 级润滑油涵盖了 CC（或 CD）级润滑油的使用性能。此种油品改进了 SF 级润滑油控制发动机润滑油沉积物、磨损和油品的抗氧化性能，具有抗锈蚀和抗腐蚀性能，并可代替 SF、SF/CD、SE 或 SE/CC 级润滑油
SH、GF-1	用于乘用车、货车和轻型货车的汽油发动机以及要求使用 API SH 级汽油发动机润滑油的汽油发动机。SH 级润滑油在汽油发动机磨损、锈蚀、腐蚀及沉积物的控制和润滑油的抗氧化方面的性能优于 SG 级润滑油，并可代替 SG 级润滑油。GF-1 与 SH 相比，增加了对燃料经济性的要求
SJ、GF-2	用于乘用车、运动型多用途车、货车和轻型货车的汽油发动机以及要求使用 API SJ 级汽油发动机润滑油的汽油发动机。SJ 级润滑油在挥发性、过滤性、高温泡沫性和高温沉淀物控制等方面的性能优于 SH 级润滑油，并可替代 SH 级润滑油 GF-2 与 SJ 相比，增加了对燃料经济性的要求。GF-2 可替代 GF-1
SL、GF-3	用于乘用车、运动型多用途车、货车和轻型货车的汽油发动机以及要求使用 API SL 级汽油发动机润滑油的汽油发动机。SL 级润滑油在挥发性、过滤性、高温泡沫性和高温沉淀物控制等方面的性能优于 SJ 级润滑油，并可替代 SJ 级润滑油 GF-3 与 SL 相比，增加了对燃料经济性的要求。GF-3 可替代 GF-2
SM、GF-4	用于乘用车、运动型多用途车、货车和轻型货车的汽油发动机以及要求使用 API SM 级汽油发动机润滑油的汽油发动机。SM 级润滑油在高温氧化和清净性能、高温磨损性能以及高温沉淀物控制等方面的性能优于 SL 级润滑油，并可替代 SL 级润滑油 GF-4 与 SM 相比，增加了对燃料经济性的要求。GF-4 可替代 GF-3

（续）

品种代号	特性与使用
SN、GF-5	用于乘用车、运动型多用途车、货车和轻型货车的汽油发动机以及要求使用 API SN 级汽油发动机润滑油的汽油发动机。SN 级润滑油在高温氧化和清净性能、低温油泥以及高温沉淀物控制等方面的性能优于 SM 级润滑油，并可替代 SM 级润滑油 对于资源节约型 SN（即 SN plus 或 SN+）油品，除具有上述性能外，还强调燃料经济性、对排放系统和涡轮增压器的保护以及与含乙醇最高达 85% 的燃料的兼容性能 GF-5 与资源节约型 SN 相比，性能基本一致。GF-5 可替代 GF-4

表 5-10　我国柴油发动机润滑油的详细分类及使用特性

品种代号	特性与使用
CC	用于在中到重负荷下运行的自然吸气、涡轮增压或机械增压式柴油发动机，以及一些重负荷汽油发动机。对于柴油发动机，具有控制高温沉积物和轴瓦腐蚀的性能；对于汽油发动机，具有控制腐蚀、锈蚀和高温沉积物的性能
CD	用于需要高效控制磨损及沉积物或使用包括高硫燃料的自然吸气、涡轮增压和机械增压式柴油发动机，以及要求使用 API CD 级润滑油的柴油发动机，具有控制轴承腐蚀和高温沉积物的性能，并可代替 CC 级润滑油
CF	用于非道路行驶、间接喷射式柴油发动机和其他柴油发动机，也可用于需要有效控制活塞沉积物、磨损和含铜轴瓦腐蚀的自然吸气、涡轮增压和机械增压式柴油发动机 CF 级润滑油能够兼容的质量分数大于 0.5% 的高硫柴油，并可替代 CD 级润滑油
CF-2	用于需高效控制气缸、活塞环表面胶合和沉积物的二冲程柴油发动机
CF-4	用于高速、四冲程柴油发动机以及要求使用 API CF-4 级润滑油的柴油发动机，特别适用于在高速公路上行驶的重负荷货车。CF-4 润滑油在机油消耗和活塞沉积物控制方面性能优异，并可代替 CC、CD 级润滑油
CG-4	用于在高速公路行驶和非道路使用的高速、四冲程柴油发动机。能够使用硫的质量分数小于 0.05% ~ 0.5% 的柴油燃料。CG-4 级润滑油可有效控制高温活塞沉积物、磨损、腐蚀、泡沫、氧化和烟炱的积累，并可替代 CF-4、CD 和 CC 级润滑油
CH-4	用于高速、四冲程柴油发动机。能够使用硫的质量分数不大于 0.5% 的柴油燃料。即使在不利的应用场合，CH-4 级润滑油也可凭借其在磨损控制、高温稳定性和烟炱控制方面的特性有效地保持发动机的耐久性；对于非铁金属的腐蚀、氧化和不溶物的增稠、泡沫性以及由于剪切所造成的黏度损失可提供最佳的保护 CH-4 级润滑油的性能优于 CG-4，并可替代 CG-4 级润滑油
CI-4	用于高速、四冲程柴油发动机。能够使用硫的质量分数不大于 0.5% 的柴油燃料。CI-4 级润滑油在装有排气再循环装置的系统里使用可保持发动机的耐久性。对于腐蚀性和与烟炱有关的磨损倾向、活塞沉积物以及由于烟炱积累所引起的黏温性能变差、氧化增稠、机油消耗、泡沫性、密封材料的适应性降低和由于剪切所造成的黏度损失可提供最佳的保护 CI-4 级润滑油的性能优于 CH-4，并可替代 CH-4 级润滑油
CJ-4	用于高速、四冲程柴油发动机。能够使用硫的质量分数不大于 0.05% 的柴油燃料。对于使用废气后处理系统的发动机，如使用硫的质量分数大于 0.0015% 的柴油燃料，可能会影响废气后处理系统的耐久性或机油的换油周期。CJ-4 级润滑油在装有微粒过滤器和其他废气后处理系统里使用可特别有效地保持排放控制系统的耐久性，对于催化剂中毒的控制、微粒过滤器的堵塞、发动机磨损、活塞沉积物、高低温稳定性、烟炱处理特性、氧化增稠、泡沫性和由于剪切所造成的黏度损失可提供最佳的保护 CJ-4 级润滑油的性能优于 CI-4，并可替代 CI-4 级润滑油

5.4.4　发动机润滑油的规格

1. 汽油发动机润滑油规格

我国的现行国家标准 GB 11121—2006《汽油机油》包括 SE、SF、SG、SH、GF-1、SJ、GF-2、SL 和 GF-3 九个汽油发动机润滑油品种。油品的黏度等级按照 GB/T 14906—2018 或 SAE J300 划分。

汽油发动机润滑油的产品标记为：

　　　　　质量等级　黏度等级　汽油机油

例如，SF 15W-40 汽油机油（图 5-15）、SG 40 汽油机油（图 5-16）等。

图 5-15　SF 15W-40 汽油机油

图 5-16　SG 40 汽油机油

汽油发动机润滑油的产品标记实例释义：

SF　5W-40　汽油机油

—— 该油品是一种汽油发动机润滑油

—— 该油品的低温动力黏度为5W级，100℃运动黏度为40级，是一种多黏度级别的发动机润滑油

—— 该油品的质量等级（使用性能等级）为SF级

（1）汽油发动机润滑油的质量等级和黏度等级　GB 11121—2006《汽油机油》对汽油发动机润滑油的质量等级和黏度等级做出了明确的规定，见表 5-11 和表 5-12。

表 5-11　汽油发动机润滑油的质量等级和黏度等级（SE、SF 级）

质量等级	黏度等级	项目				
		低温动力黏度 /mPa·s（不大于）	边界泵送温度 /℃（不高于）	运动黏度（100℃）/mm²·s⁻¹	黏度指数（不小于）	倾点 /℃（不高于）
		试验方法				
		GB/T 6538	GB/T 9171	GB/T 265	GB/T 1995 GB/T 2541	GB/T 3535
SE、SF	0W-20	3250（−30℃）	−35	5.6 ~ < 9.3	—	−40
	0W-30			9.3 ~ < 12.5	—	
	5W-20	3500（−25℃）	−30	5.6 ~ < 9.3	—	−35
	5W-30			9.3 ~ < 12.5	—	
	5W-40			12.5 ~ < 16.3	—	
	5W-50			16.3 ~ < 21.9	—	

（续）

质量等级	黏度等级	低温动力黏度/mPa·s（不大于）	边界泵送温度/℃（不高于）	运动黏度（100℃）/mm²·s⁻¹	黏度指数（不小于）	倾点/℃（不高于）
		试验方法				
		GB/T 6538	GB/T 9171	GB/T 265	GB/T 1995 GB/T 2541	GB/T 3535
SE、SF	10W-30	3500（−20℃）	−25	9.3 ~ < 12.5	—	−30
	10W-40			12.5 ~ < 16.3	—	
	10W-50			16.3 ~ < 21.9	—	
	15W-30	3500（−15℃）	−20	9.3 ~ < 12.5	—	−23
	15W-40			12.5 ~ < 16.3	—	
	15W-50			16.3 ~ < 21.9	—	
	20W-40	4500（−10℃）	−15	12.5 ~ < 16.3	—	−18
	20W-50			16.3 ~ < 21.9	—	
	30	—	—	9.3 ~ < 12.5	75	−15
	40	—	—	12.5 ~ < 16.3	80	−10
	50	—	—	16.3 ~ < 21.9	80	−5

表 5-12　汽油发动机润滑油的质量等级和黏度等级（SG、SH、GF-1、SJ、GF-2、SL 和 GF-3 级）

质量等级	黏度等级	低温动力黏度/mPa·s（不大于）	低温泵送黏度/mPa·s（在无屈服应力时,不高于）	运动黏度（100℃）/mm²·s⁻¹	高温高剪切黏度（150℃,10^6s⁻¹）/mPa·s（不小于）	黏度指数（不小于）	倾点/℃（不高于）
		试验方法					
		GB/T6538、ASTM D 5293	NB/SH/T 0562	GB/T 265	SH/T 0618③、NB/SH/T 0703、SH/T 0751	GB/T1995、GB/T 2541	GB/T 3535
SG、SH、GF-1①、SJ、GF-2②、SL 和 GF-3	0W-20	6200（−35℃）	60000（−40℃）	5.6 ~ < 9.3	2.6	—	−40
	0W-30			9.3 ~ < 12.5	2.9	—	
	5W-20	6600（−30℃）	60000（−35℃）	5.6 ~ < 9.3	2.6	—	−35
	5W-30			9.3 ~ < 12.5	2.9	—	
	5W-40			12.5 ~ < 16.3	2.9		
	5W-50			16.3 ~ < 21.9	3.7		

（续）

质量等级	黏度等级	项目					
		低温动力黏度 /mPa·s（不大于）	低温泵送黏度 /mPa·s（在无屈服应力时，不高于）	运动黏度（100℃）/mm²·s⁻¹	高温高剪切黏度（150℃，10⁶s⁻¹）/mPa·s（不小于）	黏度指数（不小于）	倾点 /℃（不高于）
		试验方法					
		GB/T6538、ASTM D 5293	NB/SH/T 0562	GB/T 265	SH/T 0618③、NB/SH/T 0703、SH/T 0751	GB/T1995、GB/T 2541	GB/T 3535
SG、SH、GF-1①、SJ、GF-2②、SL 和 GF-3	10W-30	7000（−25℃）	60000（−30℃）	9.3 ~ < 12.5	2.9	—	−30
	10W-40			12.5 ~ < 16.3		—	
	10W-50			16.3 ~ < 21.9	3.7	—	
	15W-30	7000（−20℃）	60000（−25℃）	9.3 ~ < 12.5	2.9		−25
	15W-40			12.5 ~ < 16.3			
	15W-50			16.3 ~ < 21.9	3.7		
	20W-40	9500（−15℃）	60000（−20℃）	12.5 ~ < 16.3			−20
	20W-50			16.3 ~ < 21.9			
	30	—	—	9.3 ~ < 12.5	—	75	−15
	40	—	—	12.5 ~ < 16.3	—	80	−10
	50	—	—	16.3 ~ < 21.9	—	80	−5

① 10W 黏度等级油品的低温动力黏度和低温泵送黏度的试验温度均提高 5℃，相应的指标分别为不大于 3500 mPa·s 和不大于 30000mPa·s。

② 10W 黏度等级油品的低温动力黏度的试验温度提高 5℃，相应的指标为不大于 3500mPa·s。

③ 对测试结果有争议时，以该方法的测试结果进行仲裁。

（2）汽油发动机润滑油技术要求　汽油发动机润滑油的技术要求包括理化性能要求和发动机试验要求两个方面。

GB 11121—2006《汽油机油》对汽油发动机润滑油的模拟性能和理化性能提出了明确要求；对各个质量级别的汽油发动机润滑油的发动机试验要求也做出了明确的规定。详情可查阅 GB 11121—2006《汽油机油》，为节省篇幅，在此不做赘述。

2. 柴油发动机润滑油规格

我国现行国家标准 GB 11122—2006《柴油机油》包括 CC、CD、CF、CF-4、CH-4 和 CI-4 六个柴油发动机润滑油品种。油品的黏度等级按照 GB/T 14906 或 SAE J300 划分。

柴油发动机润滑油的产品标记为：

质量等级　黏度等级　柴油机油

例如，CC 30 柴油机油、CD 20W-50 柴油机油（图 5-17）、CH-4 20W-50 柴油机油（图 5-18）等。

图 5-17　CD 20W-50 柴油机油

图 5-18　CH-4 20W-50 柴油机油

柴油发动机润滑油的产品标记实例释义：

（1）柴油发动机润滑油的质量等级和黏度等级　GB 11122—2006《柴油机油》对柴油发动机润滑油的质量等级和黏度等级做出了明确的规定，见表 5-13 和表 5-14。

（2）柴油发动机润滑油技术要求　柴油发动机润滑油的技术要求包括理化性能要求和发动机试验要求两个方面。

现行国家标准 GB 11122—2006《柴油机油》对柴油发动机润滑油的理化性能提出了明确要求；对各个质量级别的柴油发动机润滑油的发动机试验要求也做出了明确的规定。详情可查阅 GB 11122—2006《柴油机油》，为节省篇幅，在此不做赘述。

3. 汽油发动机 / 柴油发动机通用润滑油的规格

现行国家标准 GB 11121—2006《汽油机油》和 GB 11122—2006《柴油机油》对汽油发动机 / 柴油发动机通用润滑油（亦称通用内燃机油）的品种、规格未作具体规定。

通用内燃机油的品种、规格可在 GB 11121—2006《汽油机油》规定的九个汽油机油品种和 GB 11122—2006《柴油机油》规定的六个柴油机油品种中进行组合。任何一个通用内燃机油的品种、规格都应同时满足其汽油机油品种、规格和柴油机油品种、规格的所有技术指标要求。

汽油发动机 / 柴油发动机通用润滑油（通用内燃机油）的产品标记为：

　　汽油机油质量等级 / 柴油机油质量等级　黏度等级　通用内燃机油
或
　　柴油机油质量等级 / 汽油机油质量等级　黏度等级　通用内燃机油

例如，CH-4/SL 20W-50 通用内燃机油（图 5-19）、SF/CD 15W-40 通用内燃机油（图 5-20）等。在通用内燃机油的产品标记中，汽油机油或柴油机油质量等级的先后顺序排列由生产企业根据产品配方特点确定。

表5-13　柴油发动机润滑油的质量等级和黏度等级（CC、CD级）

质量等级	黏度等级	项目 低温动力黏度 /mPa·s (不大于)	边界泵送温度 /℃ (不高于)	运动黏度 (100℃) /$mm^2 \cdot s^{-1}$	高温高剪切黏度 (150℃,$10^6 s^{-1}$)/mPa·s(不小于)	黏度指数 (不小于)	倾点 /℃ (不高于)
		试验方法 GB/T 6538	GB/T 9171	GB/T 265	SH/T 0618②、NB/SH/T 0703、SH/T 0751	GB/T 1995、GB/T 2541	GB/T 3535
CC①、CD	0W-20	3250（-30℃）	-35	5.6 ~ < 9.3	2.6	—	-40
	0W-30			9.3 ~ < 12.5	2.9	—	
	0W-40			12.5 ~ < 16.3		—	
	5W-20	3500（-25℃）	-30	5.6 ~ < 9.3	2.6	—	-35
	5W-30			9.3 ~ < 12.5	2.9	—	
	5W-40			12.5 ~ < 16.3		—	
	5W-50			16.3 ~ < 21.9	3.7	—	
	10W-30	3500（-20℃）	-25	9.3 ~ < 12.5	2.9	—	-30
	10W-40			12.5 ~ < 16.3		—	
	10W-50			16.3 ~ < 21.9	3.7	—	
	15W-30	3500（-15℃）	-20	9.3 ~ < 12.5	2.9	—	-23
	15W-40			12.5 ~ < 16.3	3.7	—	
	15W-50			16.3 ~ < 21.9		—	
	20W-40	4500（-10℃）	-15	12.5 ~ < 16.3		—	-18
	20W-50			16.3 ~ < 21.9		—	
	20W-60			21.9 ~ < 26.1		—	
	30	—	—	9.3 ~ < 12.5	—	75	-15
	40	—	—	12.5 ~ < 16.3	—	80	-10
	50	—	—	16.3 ~ < 21.9	—	80	-5
	60	—	—	21.9 ~ < 26.1	—	80	-5

① CC级油品不要求测定其高温高剪切黏度。
② 该方法为仲裁方法。

表 5-14　柴油发动机润滑油的质量等级和黏度等级（CF、CF-4、CH-4 和 CI-4 级）

质量等级	黏度等级	低温动力黏度 /mPa·s（不大于）GB/T 6538、ASTM D 5293	低温泵送黏度 /mPa·s（在无屈服应力时，不高于）NB/SH/T 0562	运动黏度（100℃）/mm²·s⁻¹ GB/T 265	高温高剪切黏度（150℃，10^5s^{-1}）/mPa·s（不小于）SH/T 0618[2]、NB/SH/T 0703、SH/T 0751	黏度指数（不小于）GB/T 1995、GB/T 2541	倾点 /℃（不高于）GB/T 3535
CF、CF-4、CH-4、CI-4[1]	0W-20	6200（−35℃）	60000（−40℃）	5.6 ~ < 9.3	2.6	—	−40
	0W-30			9.3 ~ < 12.5	2.9	—	
	0W-40			12.5 ~ < 16.3	2.9	—	
	5W-20	6600（−30℃）	60000（−35℃）	5.6 ~ < 9.3	2.6	—	−35
	5W-30			9.3 ~ < 12.5	2.9	—	
	5W-40			12.5 ~ < 16.3	2.9	—	
	5W-50			16.3 ~ < 21.9	3.7	—	
	10W-30	7000（−25℃）	60000（−30℃）	9.3 ~ < 12.5	2.9	—	−30
	10W-40			12.5 ~ < 16.3	2.9	—	
	10W-50			16.3 ~ < 21.9	3.7	—	
	15W-30	7000（−20℃）	60000（−25℃）	9.3 ~ < 12.5	2.9	—	−25
	15W-40			12.5 ~ < 16.3	3.7	—	
	15W-50			16.3 ~ < 21.9	3.7	—	
	20W-40	9500（−15℃）	60000（−20℃）	12.5 ~ < 16.3	3.7	—	−20
	20W-50			16.3 ~ < 21.9	3.7	—	
	20W-60			21.9 ~ < 26.1	3.7	—	
	30	—	—	9.3 ~ < 12.5	—	75	−15
	40	—	—	12.5 ~ < 16.3	—	80	−10
	50	—	—	16.3 ~ < 21.9	—	80	−5
	60	—	—	21.9 ~ < 26.1	—	80	−5

① 对于 CI-4 所有黏度等级的油品，要求其高温高剪切黏度均不小于 3.5 mPa·s。但当 SAE J300 指标高于 3.5 mPa·s 时，允许以 SAE J300 指标为准。
② 该方法为仲裁方法。

图 5-19　CH-4/SL 20W-50 通用内燃机油

图 5-20　SF/CD 15W-40 通用内燃机油

通用内燃机油的产品标记实例释义：

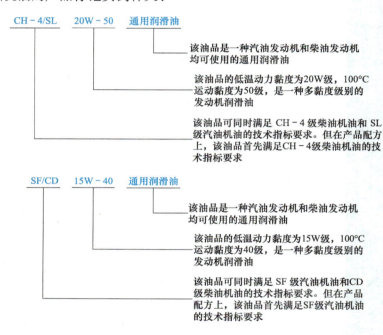

5.5　发动机润滑油的选用

　　充分、可靠的润滑是汽车发动机正常工作的前提和保障，而选择和使用与发动机工作状态相适应的润滑油是确保发动机能得到可靠润滑的首要条件。

　　只有正确选择和使用润滑油，才能保证汽车发动机正常工作，减轻零件磨损、降低燃油消耗、延长发动机乃至整车的使用寿命。

　　有鉴于此，汽车使用者（用户）应熟悉发动机润滑油的作用、类别、规格、牌号及特性等相关知识，掌握正确选择和合理使用发动机润滑油的基本方法，确保充分发挥发动机润滑油的润滑作用，提高发动机及整车的运行经济性。

5.5.1　发动机润滑油的选择

　　正确选择发动机润滑油要综合考虑发动机类型（汽油发动机还是柴油发动机）、发动

机特点、行车环境（道路特点、技术状态、行车特点、环境温度）、油品生产商的声誉等多方面的因素，按照"选择发动机润滑油的类型→选择发动机润滑油的质量等级→选择发动机润滑油的黏度等级→选择发动机润滑油的品牌（生产商）→最终确定与发动机的润滑要求相适应的发动机润滑油的具体油品"的"五部曲"步骤来进行选择。

1. 选择发动机润滑油的类型

要根据发动机类型选择发动机润滑油。原则上，汽油发动机应选择和使用汽油发动机润滑油；柴油发动机应选择和使用柴汽油发动机润滑油。

只有买不到与发动机类型相匹配的润滑油时，才选择和使用通用机油。而且，要选择和使用在技术指标上优先满足本类型发动机润滑要求的通用机油。例如，对于汽油发动机，在 CH-4/SL 20W-50 通用内燃机油和 SL/CH-4 20W-50 通用内燃机油中选择通用机油时，要优先选择和使用 SL/CH-4 20W-50 通用内燃机油；对于柴油发动机，在 CH-4/SL 20W-50 通用内燃机油和 SL/CH-4 20W-50 通用内燃机油中选择通用机油时，要优先选择和使用 CH-4/SL 20W-50 通用内燃机油。

2. 选择发动机润滑油的质量等级

发动机润滑油质量等级（使用性能级别）的选择，主要根据发动机的结构特性、工作条件、强化程度、燃料品质等因素进行选择。

（1）汽油发动机润滑油质量等级的选择　选择汽油发动机润滑油的质量等级时，应注意汽油发动机工作的苛刻程度，进、排气系统中的附加装置及生产年代。一般应考虑如下具体因素：

1）发动机的压缩比、排量、峰值功率、峰值转矩。

2）发动机润滑油负荷的大小，即发动机润滑油功率（kW）与曲轴箱机油容量（L）之比。

3）曲轴箱强制通风系统、废气再循环系统、废气涡轮增压器、三元催化转换器（TWC）等装置的采用对发动机润滑油的影响。

4）城市汽车（特别是公交车、市内邮政车等）时开时停等运行工况对生成沉积物和发动机润滑油氧化的影响等。

另外，对于来自美国、日本、欧洲等国家或地区的进口汽车，也可以根据其生产年代来大致确定汽油发动机润滑油的质量等级。如，1989—1993 年生产的汽车使用 SG 级汽油机油；1994—1996 年生产的汽车使用 SH 级汽油机油；1996—2000 年生产的汽车使用 SJ 级汽油机油；2000—2005 年生产的汽车使用 SL 级汽油机油；2005—2010 年生产的汽车使用 SM 级汽油机油；2010—2020 年四月生产的汽车使用 SN 级汽油机油，2020 年 5 月至今生产的汽车使用 SP 级汽油机油。

这是因为汽车的生产年份越靠后，其发动机性能的改进和提高就越多，发动机润滑油的工作条件通常要比早年生产的汽车更加苛刻，相应地，对油品的质量等级要求也就越高。

汽油发动机润滑油质量等级的选择可参考上述因素，结合表 5-9 进行确定。

采用废气涡轮增压技术后，发动机工作的苛刻程度和强化程度明显提高，对润滑油的品质要求也相应提高。因此，对于同一厂家生产的发动机，装备有废气涡轮增压器的发动机所使用的机油，在质量等级上要比未装备废气涡轮增压器的发动机高一个档次，且强烈建议使用全合成机油。

（2）柴油发动机润滑油质量等级的选择　选择柴油发动机润滑油的质量等级时，应注意发动机的强化程度、使用条件和柴油含硫量等因素，同时考虑发动机工作的苛刻程度和进、排气系统中的附加装置等因素，并结合排放水平（法规）对柴油发动机润滑油的要求进行选择。

表 5-15 列出了商用车柴油发动机润滑油质量等级选择的推荐结果，供汽车用户参考。

表 5-15　商用车柴油发动机润滑油质量等级的选择（推荐）

要求满足的排放法规	机 构 特 点	推荐油品质量等级	推荐换油周期 /km
国Ⅳ	装备 SCR 系统	CI-4/CI-4+	10000 ～ 20000
国Ⅳ	装备 DPF（或 TWC）和 EGR 系统	CJ-4	
国Ⅴ	装备 EGR 系统	CJ-4/CI-4+/CK-4+	80000 ～ 100000
国Ⅵ / 欧Ⅵ	装备 SCR 系统和 DPF	CK-4+	

3. 选择发动机润滑油的黏度等级

选择发动机润滑油的黏度等级时，主要根据环境温度（气温）、汽车运行工况、发动机的技术状况等因素进行选择。

黏度等级是评价发动机润滑油性能的重要指标之一。黏度等级的高低直接影响发动机润滑油的减磨、冷却、清洁、除锈、防尘、吸收振动和密封等作用。

发动机润滑油黏度等级越低，其流动性就越好，清洁、冷却效果就越好，但高温时油膜易受破坏，润滑效果较差；黏度等级越高，其润滑、密封效果就越好，但在低温起动时流动阻力较大，上油较慢，易出现干摩擦或半干摩擦，导致发动机冷起动困难，甚至出现无法起动的故障（冷车打不着）。同时，黏度等级太高时，润滑油的冷却、冲洗作用也较差。

因此，发动机润滑油黏度等级选择要适当，一般要遵循以下原则：

1）应根据行车地区的外界环境温度、发动机负荷、工作转速选择黏度等级适宜的发动机润滑油，以保证摩擦副的正常润滑。

2）应尽量选用黏温特性好、黏度指数高的多黏度等级润滑油（多级油）。多级油使用温度范围要比单级油宽得多，具有低温黏度油和高温黏度油的双重特性，可兼顾高温和低温对润滑油黏度的要求，适应性更好。

如 5W-30 多级油同时具有 5W 黏度等级和 30 黏度等级两种单级油的特性，使其适用温度区间由 5W 黏度等级润滑油的 −30 ～ 10℃ 和 30 黏度等级润滑油的 0 ～ 40℃ 组合成 −30 ～ 40℃。由此可见，与单级油相比，多级油极大地扩大了适用范围。这样不仅可以减少因气温（季节）变化带来的更换机油的麻烦，而且可以有效减少发动机润滑油的浪费。

在我国南方地区，夏季气温较高，对重负荷、远距离运输、经常重载高速行驶、工况恶劣的商用汽车应选择黏度等级较高（较稠）的发动机润滑油；在我国北方地区，冬季气温较低，应选择黏度等级较低（较稀）的发动机润滑油，在确保发动机易于冷起动的基础上，保证良好的润滑效果，减轻摩擦副的磨损。

发动机润滑油黏度等级的选择可参考表 5-16。

表 5-16　SAE 黏度等级与适用气温、地区对照表（推荐）

黏度变化趋势	SAE 黏度等级	适用气温 /℃	我国适用地区
稀　↓　稠	0W-30	−35 ~ 30	东北地区和西北地区
	5W-30	−30 ~ 30	
	10W-30	−25 ~ 30	华北地区、中西部地区、黄河以北地区及新车
	15W-20	−20 ~ 20	
	15W-30	−20 ~ 30	黄河以南、长江以北地区
	15W-40	−20 ~ 40	
	20/20W	−15 ~ 20	长江以南地区
	20W-30	−15 ~ 30	
	30	−10 ~ 30	南方地区（贵州、湖南、江西、福建、台湾）
	40	−5 ~ 40 以上	南方地区（广东、广西、海南）及磨损严重的旧车

需要指出的是，由于地形地貌的不同，即便是处于同一纬度的邻近地区，其冬季最低气温也会有较大的差异，从而对发动机润滑油的黏度等级选择产生影响。例如，同属于辽宁省的沈阳和抚顺，沈阳的冬季最低气温可达 −30℃，可以选择和使用 5W-30 黏度等级的发动机润滑油；而与沈阳毗邻的抚顺的冬季最低气温可达 −32℃，只有选择和使用 0W-30 黏度等级的发动机润滑油，才能确保在户外停放的车辆具有良好的冷起动能力。

3）发动机润滑油黏度等级的选择，还与发动机的技术状况有关。新发动机或大修后处于磨合期的发动机，由于其装配间隙较小，应选择黏度等级较低（较稀）的发动机润滑油（有利于节能）；磨损严重的旧发动机应选择黏度等级较高（较稠）的发动机润滑油（有利于密封）。

4）发动机润滑油黏度等级的选择，还与发动机的运行工况有关。

长期处于重载、低速和高温工况下行驶的汽车，应选择黏度等级较高（较稠）的发动机润滑油；长期处于轻载、高速工况下行驶的汽车应选择黏度等级较低（较稀）的发动机润滑油。

4. 选择发动机润滑油的品牌（生产商）

鉴于目前国内发动机润滑油市场比较混乱，鱼龙混杂，建议汽车用户在选择润滑油品牌（生产商）时，尽量选择那些市场信誉度好的知名品牌，并尽量到信誉良好的大中型汽车配件商店购买，以期在品牌（生产商）选择这一环节上确保油品质量。

国内市场上常见的大品牌润滑油的基本信息见表 5-17。一般而言，国外进口的大品牌润滑油价格较贵，且市场上贴牌、假冒的产品也较多，购买时需认真鉴别。

表 5-17　国内市场上常见的大品牌润滑油一览表

序号	公司名称	主打产品	所属国家
1	中国石油（CNPC）	昆仑系列润滑油	中国
2	中国石化（Sinopec）	长城系列润滑油	中国
3	壳牌统一（北京）石化公司	统一系列润滑油	中国、壳牌集团
4	青岛康普顿石油化学公司	康普顿（COPTON）系列润滑油	中国、美国

（续）

序号	公司名称	主打产品	所属国家
5	荷兰皇家/壳牌集团	壳牌（SHELL）系列润滑油	荷兰、英国
6	埃克森美孚（ExxonMobil）	埃克森美孚（ExxonMobil）系列润滑油	美国
7	BP-嘉实多（BP-Castrol）	BP-嘉实多（BP-Castrol）系列润滑油	英国
8	道达尔（TOTAL）	道达尔（TOTAL）系列润滑油	法国
9	福斯（FUCHS）	福斯（FUCHS）系列润滑油	德国

5. 最终确定发动机润滑油的具体油品

在完成发动机润滑油的类型、质量等级、黏度等级、生产商（品牌）选择之后，就可以最终确定与发动机润滑要求相适应的发动机润滑油的具体油品了。

例1：昌河北斗星 CH7100A 汽车，发动机型号为 DA465Q-2（东安动力），排量为0.97L，压缩比为 8.8:1，最大功率为 33.5kW。该车出厂时加注的是 SF 级 15W-40 汽油机油。汽车用户或车主在做车辆保养时，可以在出厂装车机油级别的基础上升高一级，选择 SG级机油。环境温度在 -15℃ 以上的地区，可以选择 SG 15W-40 汽油机油；环境温度在 -25℃以上的地区，可以选择 SG 10W-30 汽油机油；环境温度在 -30℃ 以上的地区，可以选择 SG5W-30 汽油机油；环境温度在 -30℃ 以下的地区，可以选择 SG 0W-30 汽油机油。

例2：解放 J6 商用车，发动机型号为 CA6DN:1CA6DL（一汽锡柴），发动机采用电控高压共轨燃油喷射、增压中冷技术，排放水平达到国Ⅲ标准。可选择长春解放商用车备品有限责任公司出品的质量等级为 CH-4 的柴油发动机润滑油，黏度等级可根据主要行车地区的环境温度在 0W-30、5W-30、10W-30、15W-40、20W-50 范围内选择。

需要指出的是，以上介绍的是选择汽车发动机润滑油的通行做法和一般规律，需要有大量的技术数据和专业知识作为支撑才能胜任。对于一般的汽车用户和车主而言，完全可以按照汽车使用说明书的要求或推荐进行润滑油的选择。表 5-18 为部分国内常见车型厂家推荐的发动机润滑油选用情况。

表 5-18   国内常见车型厂家推荐的发动机润滑油选用情况一览表

序号	汽车品牌	原厂推荐机油	油品生产商
1	华晨中华	尊驰：SJ 级 10W-30、SL 级 5W-30（A3/B3，涡轮增压中冷发动机用）和 CI-4 级（柴油发动机，冬季用 5W-30，夏季用 10W-30） 酷宝：SJ 级 10W-30、SL 级 5W-30（A3/B3，涡轮增压中冷发动机用） 骏捷：SJ 级 5W-30、SL 级 5W-30（A3/B3，涡轮增压中冷发动机用） 骏捷 FRV：SJ 级 5W-30（北方冬季）、SJ 级 10W-40（南方全年，北方夏季） 骏捷 Wagon：SJ 级 10W-30、SL 级 5W-30（A3/B3，涡轮增压中冷发动机用） 骏捷 FSV：SJ 级 5W-30（北方冬季）、SJ 级 10W-40（南方全年，北方夏季）	广州埃尔夫；营口福斯

（续）

序号	汽车品牌	原厂推荐机油	油品生产商
2	东风本田	装备 2.4L 发动机的车型使用 SM 级 0W-30、SM 级 5W-30 和 SM 级 5W-40 这三种全合成机油；装备 1.8L 和 2.0L 发动机的车型使用 SL 级 5W-30 矿物油机油	天津日石润滑油
3	广汽本田	雅阁 2.0L/2.4L、飞度、锋范使用 SL 级 10W-30 矿物油机油；奥德赛、雅阁 2.0L/2.4L 使用 SM 级 5W-30 矿物油机油；雅阁 3.5L 使用 SM 级 5W-40 全合成机油	天津日石润滑油
4	三菱汽车	SL 级 10W-30 矿物油机油、SL 级 5W-30 半合成机油、SM 级 5W-30 全合成机油、SM 级 5W-40 全合成机油均可	—
5	广汽丰田	雅力士车型使用 SM 级 5W-30 半合成机油；凯美瑞和汉兰达 2.7L 车型使用 SM 级 5W-40 全合成机油；汉兰达 3.5L 车型使用 SM 级 5W-20 全合成机油	广州埃尔夫（全合成机油）中石化长城（半合成机油）
6	一汽丰田	皇冠、锐志使用 SM 级 5W-20 机油；RAV4、威驰、卡罗拉、花冠 EX、普拉多、兰德酷路泽使用 SM 级 5W-30 机油；威驰、花冠 EX 使用 SL 10W-30 机油	广州埃尔夫（SM 5W-20 全合成机油）；其他机油由日蓬出品
7	东风日产	骐达、颐达、骊威、轩逸 1.6L 使用 SL 级 10W-30 矿物油机油；轩逸 2.0L、天籁 2.0L、奇骏 2.0L、逍客使用 SL 级 5W-30 半合成机油；天籁 2.5L/3.5L、奇骏 2.5L 使用 SL 级 5W-30 全合成机油	—
8	一汽大众	捷达、新宝来 1.6L、速腾 1.6L 使用 SJ 级 5W-40 全合成机油；新宝来 1.4TSI、速腾 1.8TSI/1.4TSI、迈腾使用 SM 级 5W-40 全合成机油；迈腾、速腾 1.8TSI/1.4TSI、新宝来 1.4TSI 使用 SL 级 5W-30 全合成机油	长城（7WL）；福斯（5HV）；海利（7VQ）；贝多菲亚（7WH）；长春安冶（4NK）；嘉实多（4NN）；潘东兴（7PV,7V0）注：括号内是厂家内部代号
9	北京现代	领翔（汽油发动机：使用 API SL 或 SM；柴油发动机：未配 CPF 的柴油发动机使用 CH-4（ACEA B4），配备 CPF 的柴油发动机使用 ACEA C3）；悦动使用 API SJ 或 SL；索纳塔使用 API SH 或 SG；伊兰特使用 API SG；途胜（汽油发动机：2.7L 发动机使用 API SH 或 SG，2.0L 发动机使用 API SH；柴油发动机：使用 API CF-4（ACEA B4））；雅坤特 1.4L/1.6L 均使用 API SL。在黏度的选择上，北京现代建议车主根据环境温度来选择	—

汽车用户和车主在进行机油选择时，应特别注意：质量等级高的润滑油，可代替质量等级低的润滑油，但经济上不合算（质量等级高的润滑油要贵一些）；但质量等级低的润滑油绝不能代替质量等级高的润滑油。因此，应按汽车使用说明书的规定进行合理选用。

使用经验表明，优质全合成机油的换油周期要比矿物油机油的换油周期长得多，尽管全合成机油要贵一些，但总体看来，使用优质全合成机油是经济合理的。

5.5.2 发动机润滑油的使用

对发动机润滑油做出合理选择后，必须依据车辆保养手册的规定正确使用，避免陷入常见的使用误区，才能确保发动机润滑油充分发挥作用。

1. 注意事项

在使用中应注意以下几个方面：

1）要注意使用中润滑油黏度、气味的变化，有条件者可以定期检查润滑油的各项性能指标，一旦发现黏度、气味以及性能指标有较大变化，应及时更换，不应教条地照搬换油期限。

2）换油时应采用热机放油方法。即在更换发动机润滑油时，应先运行车辆，待发动机走热后，趁热放出润滑油，以便使机内的油泥、污物等尽可能地随润滑油一起排出。

3）加注发动机润滑油要注意适量。油量不足会加速润滑油的变质，而且会因缺油而引起零件的烧损；如发动机润滑油加注过多，则不仅会增大润滑油的消耗量，而且过多的润滑油易窜入燃烧室内，将恶化混合气的燃烧。同时，还会对三元催化转换装置造成损坏。

4）更换发动机润滑油时，要同时更换或清洗机油滤清器。有条件的最好同时清洗机油泵滤网，清理油底壳中的脏物，确保油底壳内清洁、干净、无污物。

目前，许多汽车的发动机油底壳内都放置有多片磁铁，用于吸附被机油从摩擦副间冲洗下来的金属磨屑，防止其继续参与润滑油的循环。在清洗油底壳时，要将吸附在磁铁上的金属磨屑一并清理干净，以确保机油的清洁。

5）在维修或更换新机油泵时，一定要先将机油泵的内腔注满机油，然后再装车。以免装车后试机时机油泵产生抽空现象，上不来机油，造成发动机损伤和返工损失。

6）要避免不同牌号的发动机润滑油混用，以免相互起化学反应。

7）选购时，应尽可能购买有影响力、有知名度的正规厂家的发动机润滑油，要特别注意辨别真假，以确保润滑油的品质。

2. 常见误区

目前，一些车主缺乏必要的发动机润滑油选择和使用知识，容易陷入机油使用误区，由此造成的汽车早期损坏现象时有发生。

（1）国产车盲目使用进口机油　有些车主认为进口机油一定比国产机油好，因此在国产车特别是新车上使用进口机油。殊不知，这样做往往得不偿失，会有许多弊病。例如，进口机油大都黏度较低，不能适应国产车对机油黏度的要求。加上国产发动机各种配合部件的材料受热膨胀系数及配合间隙较进口车大，而且大多数国产车发动机没有装置机油散热器，若盲目采用进口机油，会因发动机在正常工作温度下机油过稀使油压偏低，甚至达不到规定的工作压力，不能满足正常润滑的需要，使发动机的磨损加剧。

（2）机油发黑就是机油变质　发动机机油是在较苛刻的高温条件下工作的，容易氧化变质，产生酸性物质并叠合成高分子沉积物，以致破坏润滑。另外，燃烧的废气窜入曲轴箱也会促使机油氧化变质。因此，使用一定时间后，机油通常会发黑变质，失去其应有的润滑作用。

但随着润滑油炼制技术的不断提高，特别是稠化机油的推广使用，机油变黑并不一定意味着机油变质。这是因为稠化机油中加入的清净分散剂使机件上的沉积物分散于油中，使机油颜色变黑。颜色变黑的机油是否已经变质，应进行各项理化指标化验后才能确定。如添加了YY102等发动机保护剂的机油，使用一定时间后，同样也会发黑。因此，机油发黑不等于机油变质。

（3）盲目选择润滑油　润滑油起着润滑、冷却、清洁和密封等作用。润滑油质量的好

坏，直接关系到发动机使用寿命的长短，因此不要盲目选择发动机机油。新型汽车对润滑油要求十分严格，选用什么润滑油、何时更换、如何更换等都应按照厂家的规定进行。

选用发动机机油时，既要重视质量等级，也要注意黏度等级。首先应按压缩比、排量等进行质量等级（使用性能级别）的选择；然后按照气温、负荷进行黏度等级（黏度级别）的选择。

在选用机油质量等级时应宁高勿低。质量好的机油能保证发动机润滑良好、减少磨损、延长发动机使用寿命、延长换油周期、减少维护和修理的频度，降低维修成本。

在选择机油黏度时，除气温条件外，应在保证发动机润滑与密封的条件下，尽量选用低黏度机油，以便节约燃料。

（4）使用多黏度级润滑油最好　多黏度级润滑油（又称稠化机油，简称多级油）低温时具有轻质油的性质，而在高温时又具有重质油的性质，在推荐使用多级油的场合，一种多级油就可以代替多种单级油。虽然多级油可满足极冷和温暖季节以及重负荷发动机用油要求，但是那些环境温度变化不大的地区，还是使用单一黏度的润滑油为好。这样，更有利于发动机的润滑，延长发动机的使用寿命。因此，不要认为使用多黏度级润滑油最好。

（5）不同品牌、型号的发动机润滑油混合使用　各种润滑油，其基础油除黏度等级不同外其余组分都是一样的，只是其添加剂的品种和数量不同。因此，炼油厂一般是根据添加剂的品种和数量来划分润滑油品种以及质量等级的。添加剂种类不同的润滑油不能混合使用，否则就可能使润滑油中的添加剂之间发生化学反应，降低润滑效果。

（6）润滑油只添加不更换　有不少车主只注意检查润滑油的油量，并按标准添加，而不注意检查润滑油的质量，忽视了对已经变质机油的更换，从而导致一些发动机的运动机件总是在较差的润滑条件下运转，从而加速各运动机件的磨损。因此，应严格按照汽车使用说明书的规定，定期换油。宁可提前更换造成少许浪费，也不能只添加不更换。

（7）加注润滑油宁多勿少　发动机润滑油过少的危害是人所共知的。因此，有些车主总是怕缺油烧瓦，认为多加润滑油总比少加好，常常不按规定加油，使润滑油加注量超过标准。

其实，润滑油加注过多有许多危害：

1）发动机工作时曲轴搅动，使机油产生泡沫并加快机油变质，增加曲轴转动阻力，不仅会增加发动机油耗，而且还会降低发动机的输出功率。

2）由于机油从气缸壁上窜到燃烧室燃烧增多，使机油消耗量增加（俗称烧机油）。

3）加速了燃烧室积炭的形成，使发动机易产生爆燃现象。

因此，发动机机油宁多勿少是误区，一般机油油面保持在机油尺上、下刻度之间为宜。

（8）润滑油黏度越大越好　为了防止运动机件间接触面磨损，润滑油必须有足够的黏度，以便在各种工作温度下，都能在运动机件间形成油膜。但润滑油的黏度不得高到影响发动机起动的程度，并要求在持续运转条件下产生的摩擦最小。使用黏度过大的润滑油会增加机件的磨损，这是因为：

1）发动机润滑油黏度过大，流动阻力就大，上油速度就慢，油压虽高，但润滑油流量不够，不能及时、充分地进入摩擦表面。

2）由于润滑油黏度大，机件摩擦表面间的摩擦力增大，为克服增大的摩擦力，要多

消耗燃料，同时也降低了发动机的输出功率。

3）润滑油黏度大，润滑油的循环速度就慢，其冷却与散热效果就差，易使发动机过热。

4）由于润滑油循环速度慢，通过润滑油滤清器的次数就少，难以及时将磨损下来的金属磨屑、炭粒、尘埃等杂物从摩擦表面中清洗出去。

因此，不要使用黏度过大的发动机润滑油，更不能认为黏度越大越好。应在保证润滑的前提下，根据使用时的气温范围，尽可能选用黏度小的润滑油。但对磨损已比较严重、间隙已比较大的发动机，可适当选用黏度稍大的润滑油。

（9）润滑油中少进点水没事　润滑油中混入水分不仅会锈蚀零件、妨碍润滑，还会降低润滑油油膜的强度，引起润滑油起泡和乳化变质，严重时会使油中的添加剂分解沉淀甚至失效。

因此，在贮存和使用过程中要严防水分混入，特别是冬季采用蒸气加热润滑油的车辆，应特别注意经常检查加热设备，保持其完好，以防水蒸气窜入润滑油中。

（10）高档车一定用进口润滑油　有些车主认为，高档车技术先进，对油品质量要求高，而进口润滑油质量好，高档车使用进口润滑油更安全、更保险。其实不然，评价润滑油质量好坏不是看其广告宣传的力度，而是要看其质量指标以及实际使用效果。目前国内市场销售的进口品牌润滑油大多数是国外知名大公司同我国炼油企业合资生产，这些润滑油大多使用国产基础油、复合配方添加剂在国内调合生产的，而国产昆仑、长城等高级润滑油使用国产优质基础油、复配进口添加剂在国内调合生产，并通过了 ISO9002 国际质量认证，其产品质量是完全有保障的。

因此，高档车应根据其工作条件和技术指标、技术性能选用相应质量等级的国产润滑油或进口润滑油，完全没有必要迷信国外品牌。还是那句话，只买对的，不买贵的。

5.6　发动机润滑油的质量劣化与更换

对发动机润滑油进行合理的选择和正确使用固然重要，但依据其质量变化及时对在用发动机润滑油进行更换也同样重要。

5.6.1　发动机润滑油的质量劣化

发动机润滑油在使用过程中，由于其自身在工作环境下的氧化，各种添加剂的自然消耗，燃烧产物的不利影响，外部尘埃的混入等各种各样的原因，使发动机润滑油的质量随着时间的推移而不可避免地逐渐劣化。

发动机润滑油劣化变质后，会出现沉积物增多、润滑性能下降等不良现象，致使零件出现非正常腐蚀和磨损，这也正是对其适时更换的根本原因。

发动机润滑油的质量优劣关系到发动机润滑油使用时间的长短，这不仅与其使用性能相关，还与其技术状况以及发动机的保养、维护质量密切相关。

为减缓发动机润滑油劣化变质的时限，使其尽可能在一个良好的质量指标下较长时间地工作，延长换油周期，降低车辆维护、保养费用，必须对使用者提出以下几点基本要求：

1）根据发动机型号及其工作环境温度，选择合适的质量等级和黏度等级的发动机润

滑油。

2）确保发动机技术状况和车辆使用情况正常。

3）按照汽车使用说明书的要求进行车辆维护和保养，认真贯彻、执行国家有关规定，对汽车进行强制维护和定期检验。

5.6.2　发动机润滑油的更换

发动机润滑油质量劣化后要及时更换，换油时机要恰到好处。过早换油会造成润滑油的浪费，过迟换油又会增大发动机磨损，缩短发动机的使用寿命。但润滑油的质量劣化与汽车制造装配水平、车辆运行工况、维护保养技术、驾驶水平、道路和气候条件、润滑油本身质量等诸多因素都有关系，因此，很难掌握准确的换油时机。

目前，发动机润滑油的更换主要有基于油品工作时间（汽车行驶里程）的定期换油、基于定期检测油品理化指标的按质换油和基于动态监测油品介电常数的按质换油三种方法。

1. 基于油品工作时间（汽车行驶里程）的定期换油

在其他运行条件相同的情况下，发动机润滑油性能的下降和质量的劣化，尤其是润滑油组分之间发生的化学变化，主要取决于油品工作时间（汽车行驶里程）的长短。

基于油品工作时间（汽车行驶里程）的定期换油是指按油品工作时间（汽车行驶里程）对发动机润滑油使用性能变化的影响规律做出是否换油的决定。

换油周期（亦称机油保养周期）的长短与发动机润滑油本身的质量、发动机技术状况和汽车运行条件等诸多因素有关，很难做出明确的、具体的规定。

汽车制造商基于大量的实车试验结果，对机油劣化情况做出统计之后，都会在汽车使用说明书中给出厂家推荐的换油周期，车主或汽车用户只要按照汽车使用说明书中给出的厂家推荐换油周期进行定期换油即可。

贯彻执行厂家推荐换油周期，其前提是：

1）根据发动机的型号、技术特点和环境气温选择合适质量等级和黏度等级的油品。

2）发动机技术状态良好，各部位工作正常。

3）按有关规定对车辆进行各级维护、保养。

需要指出的是，由于汽车个体样本使用情况千差万别，因此，汽车制造商推荐的换油周期一般都比较保守。

基于油品工作时间（汽车行驶里程）的定期换油包括磨合期换油。汽车磨合期（亦称走合期）是指新车或大修后的初驶阶段，一般为 1000 ~ 1500km，这是保证汽车运动机件间充分接触、摩擦、彼此适应、定型的基本里程。在此期间可以调整、提升汽车各部件适应环境的能力，并磨掉零件上的凸起物。汽车磨合的优劣，对车辆的使用寿命、行车安全性、运行经济性都会产生重要的影响。

对于刚出厂的新车，虽然已经在出厂前进行过短时间的磨合，但是零件的表面依然较粗糙，在加工和装配过程中，不可避免地存在加工条纹和装配误差。因此，处于磨合期的汽车，摩擦副之间会有较多的金属磨屑脱落，这些金属磨屑不仅会使摩擦副间的磨损（磨料磨损）加剧，而且金属磨屑落入机油后还会使机油的品质下降，直接影响润滑效果。

因此，对于处于磨合期的车辆，应按照汽车使用说明书中关于磨合期维护的规定及时更换发动机润滑油。另外，由于新配合部件各部分间隙较小，故在磨合期内应选用黏度较

低（较稀）的发动机润滑油，以期使摩擦表面得到良好的润滑。

2. 基于定期检测油品理化指标的按质换油

基于定期检测油品理化指标的按质换油是指，定期对能够反映在用发动机润滑油质量的一些有代表性的理化指标进行检测，依据检测、评定结果做出是否换油的决定。在用发动机润滑油中，只要有一项指标达到换油指标时，就应更换新油。

我国现行的在用发动机润滑油换油指标国家标准是 GB/T 8028—2010《汽油机油换油指标》和 GB/T 7607—2010《柴油机油换油指标》。

基于定期检测油品理化指标的按质换油能够全面检测润滑油的质量劣化情况，检测项目全面、检测结果准确，能够充分利用润滑油的残余价值。但这种检测方法需要有完善的检测设备和熟练的油品质量检验人员，且检测成本比较高。因此，基于定期检测油品理化指标的按质换油的可操作性比较差，只适合管理机构健全、车辆管理完善的大型汽车运输集团，并不适合普通个体汽车运输业户和私家车。

3. 基于动态监测油品介电常数的按质换油

基于动态监测油品介电常数的按质换油是指，利用车载机油状态传感器对反映机油状态、品质的介电常数进行动态监测，由车载电子控制单元中的相应软件测算和评估机油寿命，做出是否换油的决定。

（1）工作原理　这种方法不是直接检测油品的理化指标，而是选择有变化规律且能反映油品质量的某一参数作为测定参数。其基本原理是，通过动态监测在用发动机润滑油的介电常数的变化来测算机油的劣化程度（污染程度）。

发动机润滑油是电介质，具有一定的介电常数。发动机润滑油的介电常数数值取决于发动机润滑油中的添加剂或污染物的含量。发动机润滑油质量劣化时，会在机油粒子上形成过氧化物、酸和其他原子团，从而引起机油粒子极性变化（一端变正，一端变负）。当一些极化了的机油粒子逐渐增大时，发动机润滑油的介电常数也会随之增大。也就是说，发动机润滑油质量劣化程度越高、污染越严重，介电常数就越大。通过对新旧发动机润滑油介电常数变化的测定，就可以分析、判断出发动机润滑油的劣化程度（污染程度）。

（2）应用实例　宝马 BMW E60 等高端车型就是利用车载机油状态传感器对机油的介电常数进行动态监测的。电子控制单元中的相应的软件根据来自机油状态传感器的信息，随时分析油品质量的变化，计算当前品质状态下的机油还能使用多长时间（亦可折算成基于机油品质的汽车续驶里程），并将数据存储在行车控制单元（行车电脑或称旅程电脑）中，供车主随时读取，并可在组合仪表的显示屏上予以显示。

机油油位、机油品质、机油温度等参数由机油状态传感器检测，经传感器内集成的电子分析装置分析之后转变成电信号，通过位串行数据接口 BSD 传输给发动机电子控制单元 DME，DME 再将这些信息通过 PT-CAN、SGM 和 K-CAN 发送至组合仪表和中央信息显示器（CID）。机油油位以电子信息的形式在 CID 上显示出来（图 5-21）。关于上述数据信息的传输原理及具体流程，请参阅本书参考文献 [2]。为节省篇幅，在此不再赘述。

通过测定发动机油位可避免发动机油位过低，从而防止发动机损坏。通过测定机油状态可准确判断出何时需要更换发动机机油。如果发动机机油加注过多，组合仪表也会发出警告信息。

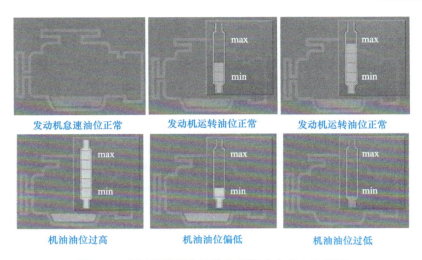

发动机怠速油位正常　　　发动机运转油位正常　　　发动机运转油位正常

机油油位过高　　　　　机油油位偏低　　　　　机油油位过低

图 5-21　机油油位以电子信息的形式在 CID 上显示

　　如图 5-22 所示，装在油底壳内的机油状态传感器由两个上下叠加安装在一起的柱状电容器构成。

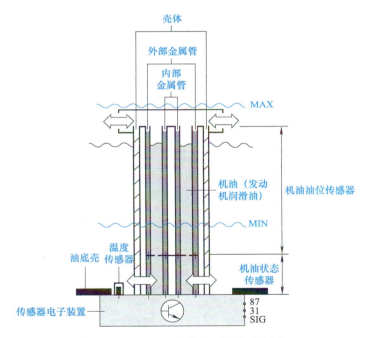

图 5-22　机油状态传感器结构示意图

　　机油状态通过底部机油状态传感器的电容器来测量。彼此嵌套的两个金属管用作电容器电极，电介质是两个电极之间的机油。机油的介电常数随着机油损耗的加剧和燃油添加剂的分解而发生变化。

　　电容器（机油状态传感器）的电容值随机油（电介质）电气特性的变化而变化。电容值经过传感器内集成的电子分析装置处理后转化为一个数字信号。该数字信号作为发动机

机油状态信息由 SIG 端子通过 BSD 发送至 DME。DME 对该值进行处理，以便计算出下次更换机油的最佳时机。

机油油位传感器的中间部分负责检测机油油位。传感器的该部分与油底壳内的油位高度处于同一位置。因此，电容器电容值随油位（电介质）的变化而发生变化。该电容值经过传感器电子装置处理后转化为一个数字信号并由 SIG 端子通过 BSD 发送至 DME。

机油状态传感器底座上装有一个白金温度传感器，用于检测机油温度，其信号也由 SIG 端子通过 BSD 发送至 DME。

当汽车电源系统向总线端子 15（图中未示出）供电时，机油状态传感器就会连续监测机油油位、机油温度和机油状态（品质）。机油状态传感器通过总线端子 87 获得电源。

机油状态传感器的电子装置具有自诊断功能，当内部出现故障时，会通过 BSD 向 DME 发送相应的故障信息，以便进行故障诊断和维修。

装有机油状态传感器的汽车，省掉了传统的机油尺及其导管。因此，在这类发动机上，是找不到机油尺的。

除了车载机油状态传感器之外，目前市场上常见的快速油质分析仪（图 5-23）也是依据这一原理实现对油质的快速分析的。取一小滴油样即可快速测定和显示杂质对润滑油介电常数的影响，判断润滑油的品质好坏，决定是否换油。同时，利用快速油质分析仪对油质作定性分析，还可以帮助维修技术人员检测和判断、确定润滑故障或机械故障等情况。

图 5-23　快速油质分析仪

5.6.3　换油操作

当车辆达到换油期限或者汽车仪表板上的机油保养灯显示为橘红色（图 5-24）时，必须及时换油。

目前，某些高端乘用车（如奔驰、宝马 E60、奥迪 Q7 等）具备以机油保养灯颜色提示换油时机的功能，而大部分普通车辆仍然按照定期换油原则进行机油保养作业。

下面以奔驰（Benz）C200 乘用车为例，介绍换油流程。

1. 换油流程

1）先将车走热，使发动机冷却液温度达到正常值（即达到"水温正常"）。然后将发动机熄火，打开机油加注口盖（图 5-25）。

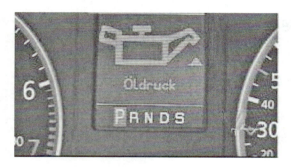

图 5-24　机油保养灯显示为橘红色

图 5-25　打开机油加注口盖

2）用举升机将车辆升起至适合高度，并拆下车底的防护罩（图 5-26 和图 5-27，画圈处为连接螺钉穿过的位置）。

图 5-26　车底前部防护罩

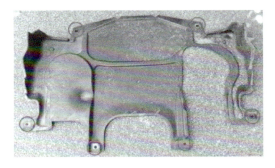

图 5-27　车底后部防护罩

3）找到位于发动机油底壳底部的油底壳螺塞（亦称放油螺塞，图 5-28）。如果油底壳螺塞附近有污泥和脏物，可事先用清洗剂做必要的清洁，确保油底壳螺塞周围干净、清洁、无污物。

4）准备好油盆和套筒扳手。将油盆置于油底壳下方，用于盛接排放出来的旧机油。先用套筒扳手旋松油底壳螺塞，然后徒手彻底拧下油底壳螺塞。徒手拧下油底壳螺塞后，油底壳内的旧机油会喷泻而出，注入油盆（图 5-29）。最后拧下油底壳螺塞时，动作要快速、机敏，以免被高温旧机油烫伤手臂。

图 5-28　油底壳螺塞

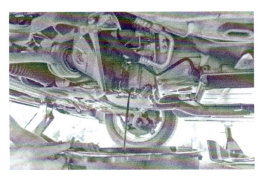

图 5-29　旧机油喷泻而出（注入油盆）（见彩图 1）

5）待旧机油完全排空、不再有油流落下后，可将新的油底壳螺塞及新的油底壳螺塞密封圈徒手拧到油底壳上，最后再用套筒扳手以规定力矩拧紧油底壳螺塞。也可以使用原有的油底壳螺塞，但必须使用新的油底壳螺塞密封圈，否则容易出现密封不严、漏油现象，造成返工、得不偿失。

6）将车从举升机上落下，在发动机舱中找到机油滤清器（图 5-30）。如图 5-31 所示，用套筒扳手旋松机油滤清器壳体。机油滤清器壳体是工程塑料制成的，拆卸时用力要适度，以免因用力过猛而损坏机油滤清器

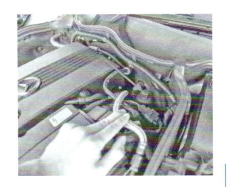

图 5-30　机油滤清器

壳体。

7）旋松机油滤清器壳体后，用手抓住壳体向上拉，从车上拆下机油滤清器壳体及机油滤芯，如图 5-32 所示。机油滤芯上会有残存的旧机油，为避免弄脏车辆，可事先准备好塑料袋或其他容器盛接旧机油。

图 5-31　用套筒扳手旋松机油滤清器壳体

图 5-32　从车上拆下机油滤清器壳体及机油滤芯

8）如图 5-33 所示，从机油滤清器壳体上拆下机油滤芯，然后将机油滤清器壳体上的三个油封（O 形密封圈）拆下（图 5-34、图 5-35、图 5-36）。

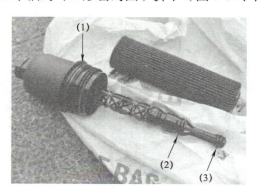

图 5-33　机油滤清器壳体上的三个油封

图 5-34　拆下第 1 个油封

图 5-35　拆下第 2 个油封

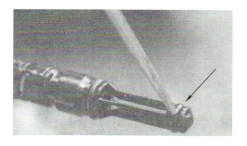

图 5-36　拆下第 3 个油封

9）在新滤芯内部灌入适量的新机油（可缩短换油后发动机第一次起动时的泵油延迟时间，有效降低磨损），然后将新的滤芯装入机油滤清器壳体。将用新机油浸泡过的三个新油封装到机油滤清器壳体上（图 5-37），确保安装到位、密封可靠。

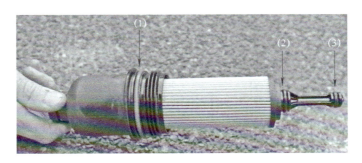

图 5-37 安装新的滤芯和油封（见彩图 2）

10）如图 5-38 所示，将机油滤清器壳体装回原位，并以规定力矩拧紧。该车的机油滤清器壳体是工程塑料制品，强度有限，若拧紧力矩过大，可能会造成壳体损坏。同时，过大的拧紧力矩也会损伤油封，导致漏油。

11）如图 5-39 所示，将符合车辆要求的新机油（5.5L，黏度为 SAE 5W-40、质量等级为 API SN 级的全合成润滑油）加入发动机。

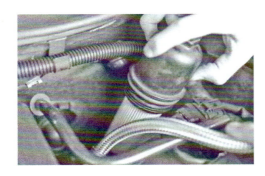

图 5-38 将机油滤清器壳体装回原位

图 5-39 将符合车辆要求的新机油加入发动机

12）将点火开关置于"ON"位，观察仪表板上的机油量显示值。随着新机油注入并充实润滑系统，仪表板上的机油量显示值会逐渐变化（新机油在逐渐充满整个润滑系统）。当机油量显示值为 5.2L（图 5-40）时，即说明机油加注量基本合适。

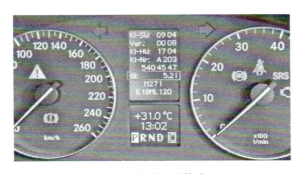

图 5-40 机油量显示值为 5.2L

13）将机油加注口盖装复，起动发动机，试驾行驶 10min，查听发动机运转声音是否正常，仪表板上的各种警告灯是否全部熄灭。若有问题，则做相应处理。

发动机运转一段时间后，仪表板上的机油量显示值会有所下降。可视情补充机油，直至热车状态下，仪表板上的机油量显示值稳定在 5.2L 不变为止。若最终稳定值高于 5.2L，说明新机油加注量过多；若最终稳定值低于 5.2L，说明新机油加注量过少，可视情调整。

14）将发动机熄火，再次用举升机升起车辆，仔细观察油底壳螺塞周围及油底壳与发动机机体的连接处是否有机油泄漏，并做相应处理。

15）确保各处无机油泄漏后，装复车底前、后防护罩。将车辆落地，连接检测仪，完成机油保养灯归零、设置下次保养时间（或里程），并做全车电控系统检测。至此，机油更换（机油保养）作业告竣。

2. 注意事项

（1）热车/开盖放油　为确保放油干净、彻底，应在热车状态下放油。应该指出，在放出旧机油之前，先将机油加注口盖打开是非常必要的。打开机油加注口盖，可确保旧机油放出时，润滑系统内外气压平衡，机油油流能顺畅排出，无间断和冲击现象，也有利于排净旧机油。机油加注口盖（图 5-41）均安装在气门室罩上，其上印有机油壶图标，易于识别。

图 5-41　常见的机油加注口盖形式

（2）不以颜色论品质　如图 5-29、图 5-42 和图 5-43 所示，从油底壳里放出来的旧机油，基本上都是黑色的。但不能因为机油颜色变黑，就认为机油很脏、已经严重变质了。这是因为，目前生产的机油，特别是在稠化机油中，均加有清净分散剂，其作用是将粘附在活塞环、活塞环槽等处的漆膜、积炭清洗下来并将其分散到机油中去，以避免高温沉积物的生成。由于有漆膜、积炭被分散到机油中，机油颜色变黑也就在所难免了。

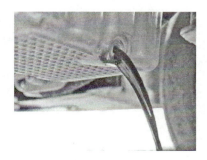

图 5-42　从油底壳里放出来的黑色旧机油（1）　　　图 5-43　从油底壳里放出来的黑色旧机油（2）

一般来说，加入新机油后的车辆行驶 500km 后，机油的颜色就会变黑。而此时机油品

质正处于"青春年少、如日中天"的良好状态。因此，不能单纯地以颜色变化来判断机油品质的优劣，即不以颜色论品质。

（3）能换滤芯则不换总成　机油滤清器（Oil Filter）俗称机油格/机油隔，用于滤除机油中的灰尘、金属磨屑、碳沉淀物和煤烟颗粒等杂质，以保护发动机。更换机油时，必须同步更换机油滤清器或清洗机油滤清器。否则，旧机油滤清器滤网中积存的磨屑、胶质和脏物会使新机油品质迅速恶化，换机油的作用就大打折扣了。

机油滤清器主要由壳体、滤芯、内部旁通阀等组成。有的机油滤清器是一体化结构（图 5-44），只能更换整个总成；而有的滤清器则可以单独更换滤芯，其壳体可以继续使用（图 5-45）。能单独更换滤芯就更换滤芯，而不必更换总成，以降低维护成本，

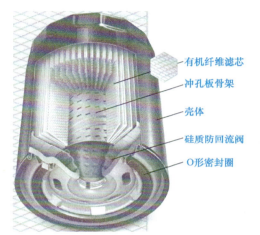

有机纤维滤芯
冲孔板骨架
壳体
硅质防回流阀
O形密封圈

图 5-44　机油滤清器是一体化结构

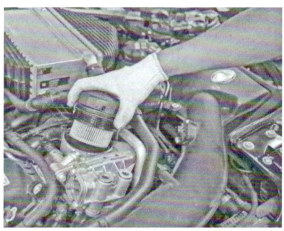

图 5-45　可以单独更换滤芯的滤清器（见彩图 3）

（4）规范安装　安装新滤清器之前，应先向滤芯内灌入适量的新机油（图 5-46），以便换油后第一次起动发动机时，机油能迅速充满整个润滑系统、快速实现可靠的润滑；同时，将少许新机油涂抹到滤清器的油封（图 5-47）上，或事先用新机油浸润油封，使之处于膨润状态，更有利于实现可靠的密封。

图 5-46　向滤芯内灌入适量的新机油

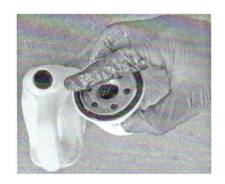

图 5-47　将少许新机油涂抹到滤清器的油封上

拆装机油滤清器时，需要用到专用工具，常用的机油滤清器扳手有夹持式（图 5-48）、手铐式（图 5-49）、闷盖式（图 5-50）、链条式、皮带式等多种。

图 5-48　夹持式扳手

图 5-49　手铐式扳手

图 5-50　闷盖式扳手

机油滤清器的拧紧力矩多为 20N·m，具体数值以技术说明书为准。

（5）检查机油加注量　加注完毕后，拔出机油尺（图 5-51），擦拭干净后将机油尺再次插入发动机中，检查机油加注量。机油尺上有最大和最小两个刻度（图 5-52），热车后机油油位在最大和最小刻度之间即为合适。

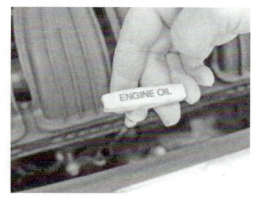

图 5-51　机油尺（见彩图 4）

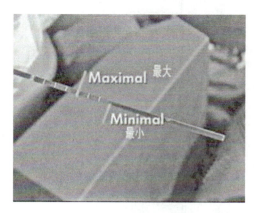

图 5-52　机油尺上的最大和最小刻度（见彩图 5）

　　注意，上述检查应在冷车和热车状态下各检验一次，确保机油加注量不多不少，符合要求。

　　关于确保发动机的可靠润滑和发动机润滑油的使用，可以总结为三句话——合理选油是前提、正确用油是保障、规范换油是关键。

思考与实训

1. 选择题

1）目前，国际上对发动机润滑油使用性能的分类方法主要有 ____。

A．API 使用性能分类法　　　　B．ACEA 使用性能分类法

C．SAE 黏度分类法　　　　　　D．ILSAC 使用性能分类法

2）在 ____ 状态下，摩擦系数最小，摩擦功耗最少，是一种理想的摩擦状态。

A．干摩擦　　　　　　　　　　B．流体摩擦

C．边界摩擦　　　　　　　　　D．混合摩擦

3）发动机润滑油的使用性能评定指标有 ____、酸值、碱值和中和值以及残炭、硫酸盐灰分、泡沫性等。

A．低温动力黏度　　　　　　　B．黏度指数

C．边界泵送温度　　　　　　　D．倾点

2. 问答题

1）发动机润滑油的主要作用有哪些？

2）国外是如何对发动机润滑油进行分类的？

3）我国是如何对发动机润滑油进行分类的？

3. 实操题

1）在实验室利用教学车辆演练机油保养（更换机油）作业项目。

2）分别蘸取少量用过的旧机油和未经使用的新机油，在手指之间捻搓，感受新、旧机油在外观、黏度上的差异，用鼻子仔细嗅闻并感受新、旧机油在气味上的差异，以加深印象。

3）分别蘸取少量用过的旧机油和未经使用的新机油，用舌尖仔细品味新、旧机油在味觉上的差异，以加深印象。

第 6 章

车辆齿轮油

6.1　车辆齿轮油的使用性能与评定试验

6.1.1　车辆齿轮油的使用性能

齿轮油是以石油基础油或合成润滑油为主，加入极压抗磨剂和油性剂后调制而成的一种润滑油，用于各种齿轮传动装置的润滑，以防止齿面磨损、擦伤、烧结等，延长齿轮使用寿命，提高传动效率，降低摩擦功耗。

车辆齿轮油和其他润滑油一样，主要功能是减少车辆传动齿轮（图 6-1）及轴承的摩擦与磨损，加强摩擦表面的散热，防止机件发生腐蚀和锈蚀。

图 6-1　车辆传动齿轮

车辆齿轮油用于车辆传统机械式手动变速器（而非行星齿轮式自动变速器 AT 和无级变速器 CVT）、分动器、驱动桥及转向器的齿轮传动机构、轴承及轴的润滑。车辆齿轮传动机构在工作过程中承受的载荷很大，因而对车辆齿轮油的使用性能要求也很高。

机械式手动变速器（图 6-2）齿轮的工作条件相对而言比较和缓，但采用（准）双曲面齿轮传动的（准）双曲面齿轮驱动桥（图 6-3），其工作过程中齿面接触压力极高，啮合齿面间相对滑动速度大，齿轮油工作温度一般高达 120 ~ 130℃，最高可达 180℃，所以（准）双曲面齿轮传动的工作条件极为苛刻，对车辆齿轮油使用性能要求非常高，须使用加有高活性极压抗磨剂的齿轮油。

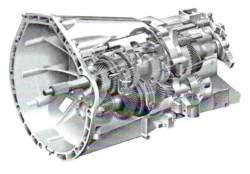

图 6-2　机械式手动变速器

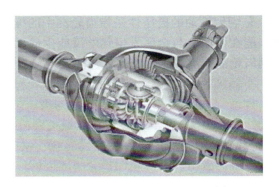

图 6-3　（准）双曲面齿轮驱动桥

为确保齿轮传动机构的正常工作，使齿轮得到良好润滑，除了要求车辆齿轮油具有较好的热稳定性、氧化安定性、防腐防锈性、抗泡沫性、贮存稳定性之外，还应具备以下性能：

1）良好的润滑性和极压性。

2）良好的低温操作性和黏温性能。

1. 润滑性和极压性

（1）车辆齿轮油的润滑性　车辆齿轮油应具有合适的运动黏度，黏度不能过低，以保证形成油膜，实现流体润滑状态。黏度是齿轮油的重要使用性能指标之一，对油膜的形成影响很大。一般而言，高黏度的齿轮油可有效防止齿轮及轴承损伤，减少机械运转噪声并减少漏油；低黏度的齿轮油在提高机械效率、加强冷却和清洗污物等方面有明显的优势。为带走摩擦产生的热量和能够在低温时迅速供油，齿轮油的黏度又不能过大。

（2）车辆齿轮油的极压性　车辆传动装置中的齿轮在工作过程中受力非常复杂，特别是（准）双曲面齿轮，两齿轴线在空中交错，齿长方向是弧形，齿面载荷可高达 1.7GPa，冲击载荷可高达 2.8GPa，且齿面要以很高的速度滑移，产生强烈的摩擦，使得齿面局部温度骤升，很容易出现烧结、熔焊（胶合）等损伤，如图 6-4 ~ 图 6-7 所示。

图 6-4　斜齿圆柱齿轮的胶合损伤（脱皮）

图 6-5　斜齿圆柱齿轮的胶合损伤（撕裂）

图 6-6　直齿圆柱齿轮的胶合损伤（撕裂）　图 6-7　螺旋锥齿轮的胶合损伤（烧结、熔焊、撕裂）

车辆齿轮油的极压性是指齿轮油中的极压抗磨剂在高压、高速、高温的苛刻工作条件下，能在齿面上与金属发生化学反应生成反应膜，防止齿面发生擦伤或烧结的性能，亦称车辆齿轮油的承载能力或抗胶合性。

车辆齿轮多在混合润滑和边界润滑状态下工作，所承受的压力、齿面间滑移速度和局部温度都很高，所以对车辆齿轮油的极压抗磨性要求很高，尤以（准）双曲面齿轮为甚。因此，对齿轮油来说，极压性是其最主要的基本性能。

一般由油性添加剂形成的边界油膜，在极压条件下会从吸附状态变为自由运动状态而从摩擦表面脱附，不再起保护金属表面的作用。因此，提高车辆齿轮油的极压性要依靠添加极压抗磨剂来实现，以有效防止在高负荷条件下的齿面擦伤及胶合。

极压抗磨剂主要是含有化学性能活泼的硫、磷、氯元素的有机化合物。当齿面在高压下接触时，表面间的凹凸相啮合，将产生局部高温，此时齿轮油中的极压抗磨剂与金属表面发生化学反应，形成剪切强度小、熔点低的薄膜（氯化铁、硫化铁、磷酸铁薄膜），把金属表面隔开，阻止金属间发生胶合。

2. 低温操作性和黏温性能

车辆齿轮油在低温下应能保持必要的流动性，以保证轴承和齿轮等零件的润滑。车辆齿轮油的工作温度范围较宽，因此不但要求车辆齿轮油低温流动性好，而且还要求高温时黏度不能太低，即车辆齿轮油应具有良好的黏温性能。各种齿轮油的黏度均随着温度的升高而下降，其下降的幅度越小，则齿轮油的黏温性能越好。

为了保证车辆齿轮油具有良好的低温操作性，除规定了倾点和黏度指数等指标外，还特别引入了"成沟点"和"表观黏度达到150Pa·s时的温度"这两个指标。

成沟点是指在规定的试验条件下，试油成沟的最高温度。把容器内的试验油样在规定温度下放置18h，然后用金属片把试油切成一条沟，10s后观察试油的流动情况。若10s内试油流回并完全覆盖试油容器底部，则报告试油不成沟；反之则报告试油成沟。

大量测试试验证明，对于双曲面齿轮式主减速器，当车辆齿轮油的表观黏度小于150Pa·s时，车辆起步后，车辆齿轮油能在15s内流进小齿轮轴承内部而确保其正常润滑，这个黏度（表观黏度150Pa·s）是满足车辆低温起步润滑的极限黏度。因此，各国车辆齿轮油规格中均规定了"黏度达到150Pa·s时的最高温度"这一指标。"黏度达到150Pa·s时的最高温度"是车辆齿轮油SAE黏度分类的重要依据之一。

6.1.2 车辆齿轮油使用性能的评定试验

车辆齿轮油使用性能的评定方法有模拟试验法和台架试验法两类。模拟试验法有四球机试验法、梯姆肯（Timken）试验机法、FZG齿轮试验机法、SAE试验机法等多种；台架试验法有CRC L-37、CRC L-42、CRC L-33和CRC L-60等多种。

1. 四球机试验法

四球机试验法是在四球极压试验机（图6-8）上测定润滑剂承载能力和极压性的一种方法。按照GB/T 12583—1998《润滑剂极压性能测定法（四球法）》，在四球极压试验机上按等边四面体排列着4个专用的试验钢球（试验钢球直径为12.7mm，采用优质铬合金钢制造，硬度为64～66HRC），上球（动球）以1760r/min±40r/min的转速旋转，下面3个钢球用油盆固定在一起，通过杠杆或液压系统由下而上对钢球施加负荷（载荷）。

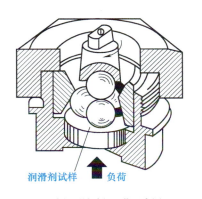

润滑剂试样　负荷

a) 四球极压试验机工作示意图

b) 四球极压试验机实物照片

图 6-8　四球极压试验机

在试验过程中，4 个钢球的接触点都浸没在试油里，试油温度为 18 ~ 35℃。

然后起动加载机构，按照试验规程对钢球逐级施加载荷。每一级载荷每次试验时间为 10s，试验后测量油盒内任意一个钢球的磨痕直径。

按照试验规程反复试验，直到求出表征润滑剂承载能力的指标，如最大无卡咬负荷 P_B、烧结负荷 P_D 等。

在四球法试验中，由不同负荷下钢球的平均磨痕直径所做出的一条曲线，叫做磨损–负荷曲线（Wear-Load Curve），如图 6-9 所示。

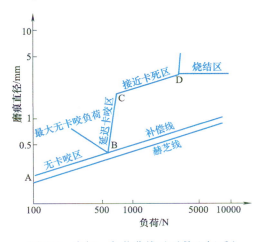

图 6-9　磨损–负荷曲线（对数坐标系）

在图 6-9 中，曲线 AB 段表示摩擦面间的润滑剂油膜没有破裂，是吸附膜在发挥润滑功能，机械设备能正常工作，曲线 AB 段称为无卡咬区。

在试验条件下试验钢球不发生卡咬的最大负荷 P_B 称为试油的最大无卡咬负荷（Last Non-seizure Load）。试油的最大无卡咬负荷 P_B 表征油膜强度的大小，在该负荷下摩擦表面间能保持完整的油膜，试油能提供可靠的润滑。

曲线 BC 段称为延迟卡咬区。在 BC 段，外加载荷超过试油的最大无卡咬负荷后，试油油膜开始破裂，试验钢球间的磨损增大；但此时摩擦表面间温升还不太高，还不足以使

润滑油中的极压抗磨添加剂发挥作用。

外加载荷超过点 C 以后，摩擦面间的局部温度已升高到足以使润滑油中的极压抗磨添加剂的活性元素与摩擦表面作用而生成反应膜，因而仍能在更高的负荷下工作。机械设备在延迟卡咬区工作时，起润滑作用的主要是润滑油中的极压抗磨添加剂。

曲线 CD 段为接近卡死区。当外加载荷超过点 D 后，载荷超过了反应膜所能承受的最大限值，摩擦表面间金属直接接触，并在高温下迅速出现烧结现象（即动球与下面的三个静球烧结到一起），机械设备将无法正常工作。

在试验条件下，使钢球发生烧结的最小负荷 P_D 称为烧结负荷，亦称烧结点（Weld Point），烧结负荷表征润滑剂的极限工作能力。

图 6-9 中的赫芝线和补偿线是试验中确定外加载荷的依据。赫芝线（Hertz Line）在双对数坐标纸上是一条直线，表征在静负荷条件下，外加静载荷与弹性变形所形成的凹入面直径之间的关系。

补偿线（Compensation Line）在双对数坐标纸上也是一条直线，表征在存在润滑剂而又不发生卡咬的条件下，下球（静球）的磨痕直径与所加负荷（外加载荷）之间的关系。

2. 台架试验法

在四球极压试验机上进行的车辆齿轮油极压性评定试验属于一种简单的模拟试验，与齿轮油的实际工作条件有较大的差距。在四球极压试验机上，动球与静球之间是点接触，而在实际的车辆传动机构中，传动齿轮之间是线接触，对于（准）双曲面齿轮来说，还存在很大的相对滑动。因此，车辆齿轮油在四球极压试验机上测定的极压性并不能真实地反映油品的实际性能，只能在一定程度上近似地反映试油的极压性。

鉴于其试验周期短、用油量小、试验成本低等优点，在四球极压试验机上进行车辆齿轮油极压性评定试验还是得到了较为广泛的应用。

但对于使用性能要求较高的车辆齿轮油，必须采用专用的汽车驱动桥传动装置在试验台上进行台架试验，尽可能真实地再现车辆传动机构及车辆齿轮油的实际工作条件，才能对车辆齿轮油的极压性予以准确评定。

美国石油协会（API）规定，符合 API GL-5 质量标准的车辆齿轮油必须通过四个台架试验，即 CRC L-37 高转矩试验、CRC L-42 高速冲击试验、CRC L-33 抗腐性和防锈性试验和 CRC L-60 热氧化安定性试验。

这四项台架试验的测试条件是非常苛刻的，而且其性能指标之间还存在相互制约性。对于同一种试油，当其中某一项性能指标测试结果非常好时，往往另外一些性能指标会较差。因此，只有基础油品质量好、添加剂配方科学的试油才能通过这四项台架试验。也就是说，能够通过这四项台架试验测试的试油，其油品的综合性能和质量品质是有保障的。

6.2 车辆齿轮油的分类与规格

6.2.1 车辆齿轮油的分类

目前世界上广泛采用美国汽车工程学会（SAE）的车辆齿轮油黏度分类法和美国石油协会（API）的车辆齿轮油使用性能分类法对车辆齿轮油进行分类。

1. SAE 车辆齿轮油黏度分类法

SAE J306 所规定的黏度特性评价条件非常接近车辆的实际工况——低温条件下齿轮油的流动性、高温条件下油膜的承载力、长时间剪切变形条件（相当于在使用工况下，齿轮齿面之间快速滑动）下齿轮油黏度的稳定性，等等。

因此，SAE J306 标准获得了全世界的普遍认可和广泛采用，几乎所有汽车制造商都按 SAE J306 标准推荐机械传动变速器、驱动桥和分动器用齿轮油。

现行的 SAE J306—2019 车辆齿轮油黏度分类法（Automotive Gear Lubricant Viscosity Classification）将车辆齿轮油分为含有尾缀字母 W 和不含尾缀字母 W 两种黏度等级系列。黏度等级代号由一组数字和字母 W（70W、75W、80W、85W）或一组数字（65、70、75、80、85、90、110、140、190 和 250）组成，共 14 种，详见表 6-1。

表 6-1　SAE 车辆齿轮油黏度分类（SAE J306—2019）

黏度等级	黏度达到 150Pa·s 时的最高温度 /℃	100℃时的运动黏度 / (mm²/s)	
		最低	最高
70W	−55	3.8	—
75W	−40	3.8	—
80W	−26	8.5	—
85W	−12	11.0	—
65	—	3.8	5.0
70	—	5.0	6.5
75	—	6.5	8.5
80	—	8.5	11.0
85	—	11.0	13.5
90	—	13.5	18.5
110	—	18.5	24.0
140	—	24.0	32.5
190	—	32.5	41.0
250	—	41.0	—

含有尾缀字母 W 的是冬用齿轮油，是根据齿轮油黏度达到 150Pa·s 时的最高温度和 100℃时的最低运动黏度划分的。不带尾缀 W 的是夏用齿轮油，是以 100℃时的运动黏度范围划分的。

能同时满足冬用和夏用黏度要求的齿轮油是四季通用齿轮油。四季通用齿轮油具有更加优化的黏度特性和更加宽广的使用温度范围。

需要指出的是，车辆齿轮油的黏度等级不同于发动机润滑油的黏度等级。当车辆齿轮油与发动机润滑油有相同的黏度特性时，根据两种黏度分类法规定的黏度等级却相差很大。例如，SAE 70W 的车辆齿轮油与 SAE 10W 的发动机润滑油具有相同的黏度，SAE 90 的车辆齿轮油与 SAE 40、SAE 50 的发动机润滑油黏度特性相当，但其黏度等级不同。

2．API 车辆齿轮油使用性能分类

美国石油协会（API）的车辆齿轮油使用性能分类法在世界范围内被广泛使用，该方法根据齿轮的形式和负荷情况对车辆齿轮油进行质量等级分类，详见表 6-2。

表 6-2　车辆齿轮油质量等级分类（API 使用性能分类法）

分　类	使 用 说 明	用 途
GL-4	在低速高转矩、高速低转矩下工作的各种齿轮，特别是客车和其他各种车用准双曲面齿轮和螺旋锥齿轮规定用 GL-4 级齿轮油。GL-4 级齿轮油的抗擦伤性能等于或优于 CRC RGO-105 参考油	手动变速器、弧齿锥齿轮和使用条件不太苛刻的准双曲面齿轮和螺旋锥齿轮 GL-4 级齿轮油的质量标准相当于美国军用标准 MIL-L-2105
GL-5	在高速冲击载荷、低速高转矩、高速低转矩下工作的各种齿轮，特别是客车和其他各种车用准双曲面齿轮规定用 GL-5 级齿轮油。GL-5 级齿轮油的抗擦伤性能等于或优于 CRC RCO-110 参考油	工作条件缓和或苛刻的准双曲面齿轮及其他各种齿轮、手动变速器 GL-5 级齿轮油的质量标准相当于美国军用标准 MIL-L-2105D、MIL-PRF-2105E 和 SAE J2360
MT-1	具有良好的热稳定性，可有效防止磨损，并有利于保护油封等密封件。保护功能优于 GL-4 和 GL-5 级齿轮油	适用于装备手动变速器（无同步器）的重负荷货车和大型公交车
SAE J2360	SAE J2360 标准即为原来的 MIL-PRF-2105E 标准，综合了 MIL-L-2105D 和 MT-1 级齿轮油的性能要求，包含 GL-5、MT-1 和 MIL-PRF-2105E 所规定的所有最新的驱动桥和变速器测试要求，必须通过严格的行车试验以证明性能能够得到保证	性能水平相当于 MIL-PRF-2105E，适用于各种结构形式的汽车驱动桥

3．我国车辆齿轮油的分类

（1）我国车辆齿轮油黏度分类　我国的车辆齿轮油黏度分类国家标准是 GB/T 17477—2012《汽车齿轮润滑剂黏度分类》，该标准与 SAE J306—2019 基本一致，只是少了 65、70、75 三个黏度等级。

（2）我国车辆齿轮油的使用性能分类　GB/T 28767—2012《车辆齿轮油分类》按照使用性能将车辆齿轮油分为普通车辆齿轮油（GL-3）、中负荷车辆齿轮油（GL-4）、重负荷车辆齿轮油（GL-5）和非同步手动变速器齿轮油（MT-1）四个质量等级。

由于普通车辆齿轮油（GL-3）性能较差，已经被淘汰，而非同步手动变速器齿轮油（MT-1）需求量和产量均极少（近于有价无市），因此，目前我国只有中负荷车辆齿轮油（GL-4）和重负荷车辆齿轮油（GL-5）两个油品等级，分别与 API 的 GL-4、GL-5 相对应。

6.2.2　车辆齿轮油的规格

我国车辆齿轮油分为中负荷车辆齿轮油（GL-4）和重负荷车辆齿轮油（GL-5）两种规格。

1．中负荷车辆齿轮油（GL-4）

中负荷车辆齿轮油由精制矿物油加抗氧剂、防锈剂、抗泡剂和极压抗磨剂等制成，适用于在低速高转矩、高速低转矩下工作的手动变速器、螺旋伞齿轮（特别是各种车用准双曲面齿轮）的润滑，以及规定使用 GL-4 质量等级的驱动桥主减速器的润滑。

为充分满足不同地区的使用要求，中负荷车辆齿轮油（图 6-10）分为 80W-90、85W-90 和 90 号三种黏度等级。

2. 重负荷车辆齿轮油（GL-5）

重负荷车辆齿轮油以精制矿物油、合成油或二者的混合油为基础油，加入抗氧剂、防锈剂、抗泡剂和极压剂等制成，适用于在高速冲击负荷、高速低转矩、低速高转矩下工作的各种齿轮（特别是客车和其他车辆的双曲面齿轮）的润滑。

GB 13895—2018《重负荷车辆齿轮油（GL-5）》将重负荷车辆齿轮油（图 6-11）分为 75W-90、80W-90、80W-110、80W-140、85W-90、85W-110、85W-140、90、110 和 140 共十种黏度等级。

图 6-10　中负荷车辆齿轮油（GL-4）　　　　图 6-11　重负荷车辆齿轮油（GL-5）

6.3　车辆齿轮油的选用

车辆齿轮油的选择与发动机润滑油的选择一样，也要按照"选择车辆齿轮油的质量等级→选择车辆齿轮油的黏度等级→选择车辆齿轮油的品牌（生产商）→最终确定与汽车传动机构的润滑要求相适应的车辆齿轮油具体油品"的"四部曲"步骤来进行选择。

6.3.1　质量等级的选择

车辆齿轮油的质量等级应根据齿轮传动机构工作条件的苛刻程度来进行选择，或者按照汽车使用说明书中规定的齿轮油使用性能级别进行选择。

齿轮传动机构的工作条件主要指齿面压力、滑动速度和齿轮油油温等，而这些工作条件又取决于传动机构采用的齿轮类型及其所传功率的大小。

因此，车辆齿轮油的选择，主要考虑工作条件的苛刻程度、齿轮类型及其所传功率的大小。

一般来说，在汽车传动机构中，驱动桥主减速器的工作条件最为苛刻，特别是（准）双曲面齿轮式主减速器工作时不仅负荷重、速度快，而且齿面侧向滑动量大，在重负荷下工作时主要靠齿轮油内的极压抗磨剂来减少摩擦和磨损。所以对（准）双曲面齿轮式主减速器或工作条件苛刻的其他齿轮式主减速器，一定要选择 GL-4 以上的齿轮油。

对于汽车手动机械式变速器，其传动齿轮多为斜齿圆柱齿轮，个别档位采用直齿圆柱齿轮（Ⅰ档齿轮或倒档齿轮），负荷一般低于 2000MPa，转速较高，容易形成流体（轻负荷）或弹性流体（重负荷）润滑膜；各档齿轮交替工作，其工作条件较主减速器齿轮（特别是（准）双曲面齿轮）温和得多，所以普通车辆齿轮油就可以满足其润滑要求。

但为了减少用油级别、方便管理，在汽车各传动装置对齿轮油使用性能要求相差不大的情况下，手动变速器和驱动桥可以选用同一使用性能级别的齿轮油；而对于装备手动机械式变速驱动桥的汽车（如发动机前置前驱汽车），则必须以驱动桥对齿轮油的使用性能要求为依据选择齿轮油的质量等级，即采用"就高不就低"的原则。

此外，汽车转向器多为齿轮齿条式、蜗轮蜗杆式或循环球齿条－齿扇式，齿轮传动部分一般和手动变速器选用同一质量等级的齿轮油。

通常情况下，为保证齿轮的正常润滑，对于中外合资车型及进口汽车，采用机械变速器时宜使用 GL-4 级中负荷车辆齿轮油，而驱动桥必须使用 GL-5 级重负荷车辆齿轮油；对于国产汽车，采用机械变速器时，可使用 GL-4 级中负荷车辆齿轮油，采用（准）双曲面齿轮驱动桥的国产汽车，应使用 GL-5 级重负荷车辆齿轮油。

随着汽车技术的进步，车辆齿轮传动机构工作条件的日趋苛刻，对车辆齿轮油的要求也越来越高，采用高质量等级的车辆齿轮油已经是大势所趋。

6.3.2　黏度等级的选择

车辆齿轮油的黏度等级主要根据最低环境温度（满足车辆的冷车起步润滑要求）和最高工作油温（满足车辆长时间、高负荷工作时的润滑要求），并结合车辆齿轮油换油周期较长等因素来进行选择。

车辆齿轮油的黏度应既能保证低温下的车辆起步，又能满足油温升高后的润滑要求。如前所述，车辆齿轮油以表观黏度 150Pa·s 作为低温流动性极限，所以在 SAE 车辆齿轮油黏度分类中表观黏度达到 150Pa·s 时的最高温度，就是保证低温操作性能的最低温度。

对于重负荷车辆齿轮油（GL-5）而言，黏度等级为 75W、80W 和 85W 的（准）双曲面齿轮油的最低使用温度分别为 -40℃、-26℃、-12℃。即车辆使用地区的最低环境温度不应低于所选齿轮油的上述温度。

车辆齿轮油的黏度等级可按最低环境温度进行选择（普通汽车用户多用此方法，见表 6-3），或按驱动桥小齿轮转速及工作温度来选择 100℃ 运动黏度，进而选择、确定车辆齿轮油的黏度等级（汽车制造商在确定车辆齿轮油的黏度等级时多用此方法）。

表 6-3　车辆齿轮油的黏度等级选择（推荐）

黏度等级	最低环境温度 /℃	适用地区
75W	-40	黑龙江、内蒙古、新疆等冬季严寒地区
80W	-26	长江以北冬季最低气温不低于 -26℃ 的寒冷地区冬用
85W	-12	长江以北及其他地区冬季最低气温不低于 -12℃ 的地区冬用
90	-10	长江流域及其他地区冬季最低气温不低于 -10℃ 的地区全年使用
140	10	南方炎热地区夏用或重负荷车辆使用
80W-90	-26	冬季最低气温在 -26℃ 以上的地区全年使用
85W-90 85W-140	-12	冬季最低气温在 -12℃ 以上的地区全年使用

由于我国幅员辽阔，南北温差很大，汽车用户应按照汽车使用说明书的规定，并结合表 6-3 及车辆主要运行地区的最低气温选择车辆齿轮油的黏度等级。为适当延长换油期，

避免因"换季换油"造成不必要的浪费，在气候条件允许的情况下，应优先选用冬夏通用的多黏度等级的车辆齿轮油。

6.3.3　车辆齿轮油的使用

在车辆齿轮油的使用中，应注意以下事项：

1）质量等级低的齿轮油不能用在对齿轮油使用性能要求较高的车辆上；质量等级高的齿轮油可降级使用，但降级过多则在经济上不合算。

2）车辆齿轮油的黏度应以能保证润滑为宜，尽可能选用合适的多级齿轮油，如果黏度过高，会显著增加燃料消耗。

3）不同等级的车辆齿轮油不能混用。

4）换油时应先将变速器和驱动桥走热，然后趁热放出旧油。

5）加注新油时，应加到与变速器和（或）驱动桥加油口下缘平齐为止，油面不可过低。在车辆使用中要经常检查变速器和驱动桥是否有齿轮油渗漏现象，并及时进行维修，确保各衬垫、油封的完好。

6）应按照规定的指标换油或按期换油。由于车辆齿轮油中加有各种性能优异的添加剂，其质量劣化缓慢，国外汽车制造商推荐的换油周期一般为 50000 ～ 120000km；我国汽车制造商推荐的换油周期多为 40000 ～ 60000km，并结合车辆定期维护进行车辆齿轮油的更换。

6.4　车辆齿轮油的质量劣化与更换

6.4.1　车辆齿轮油的质量劣化

与发动机润滑油类似，车辆齿轮油在使用过程中既有数量上的消耗（尽管消耗量很少），也有品质（质量）、性能上的劣化。当使用到一定时间（里程）后，车辆齿轮油的品质、性能会渐趋劣化，不再胜任润滑任务。为此，必须适时更换新油。

6.4.2　车辆齿轮油的更换

车辆齿轮油换油周期的确定也有定期换油、按质换油和定期换油同时兼顾油品质量三种方法。

定期换油是根据车辆传动系统的结构特性、车辆运行条件和齿轮油的产品质量由汽车制造商推荐的固定的换油周期（时间或里程）。作为车辆用户，只要按照汽车使用说明书的要求定期更换齿轮油就可以了。

但采用定期换油的方法会出现不该换的齿轮油被换了，浪费了油料；或者出现该换油时没有及时更换，使润滑条件无法保证。虽然定期换油不尽合理，但由于定期换油不需要对齿轮油的质量进行鉴定、化验，操作简单、方便，所以目前国内对车辆齿轮油的更换多采用定期换油。

按质换油是确定在用车辆齿轮油更换周期的发展方向。按质换油就是按齿轮油的品质劣化程度来确定换油周期。随着在用润滑油化验技术的进步，按质换油正在逐步取代定期换油。但是按质换油必须配备一定数量、具有检测化验能力的技术人员和必要的化验设备。

我国目前在车辆齿轮油方面只有普通车辆齿轮油的换油指标（SH/T 0475—1992），见表6-4。

表 6-4　普通车辆齿轮油换油指标（SH/T 0475—1992）

项　目		换油指标	试验方法
100℃运动黏度变化率 /%	超过	−10 ~ +20	GB/T 265
水分 /%	大于	1.0	GB/T 260
酸值增加值 /（mgKOH/g）	大于	0.5	GB/T 9030
戊烷不溶物（%）	大于	2.0	GB/T 8926
铁含量[①]（%）	大于	0.5	SH/T 0197

① 铁含量测定方法允许采用原子吸收光谱法。

SH/T 0475—1992（2003）《普通车辆齿轮油换油指标》规定了普通车辆齿轮油在使用过程中的换油要求，适用于普通车辆齿轮油在驱动桥渐开线齿轮润滑过程中的质量监控。当使用中油品有一项指标达到换油指标时应更换新油。

执行本标准要求汽车驱动桥技术状况良好，主动和从动齿轮的装配间隙符合检修公差，不漏油，并在使用过程中对油品的性质进行定期监测。

SH/T 0475—1992（2003）《普通车辆齿轮油换油指标》推荐的普通车辆齿轮油换油里程为 45000km。

6.4.3　车辆齿轮油的换油设备

汽车变速器和驱动桥的齿轮油加油口由于设计位置比较难以接近，在车辆齿轮油的更换过程中，往往是放掉旧油比较容易而加注新油很困难。采用如图 6-12 所示的齿轮油注油机，可以大大减轻劳动强度，提高工作效率。

a）移动式手动注油机　　　　　b）移动式气动注油机

图 6-12　齿轮油注油机

常见的齿轮油注油机分为手动注油机（汽车修理厂用）和自动注油机（汽车制造厂用）两大类，自动注油机按照驱动方式的不同，又分为气动注油机和电动注油机两种。

齿轮油注油机的操作机构按照人机工程学原理设计，使用轻巧省力，搬移方便。根据

实际使用情况，可配置带丝杆的施压装置，使用更加方便，运用自如。图 6-13 所示为使用注油机进行润滑油加注作业的情形。

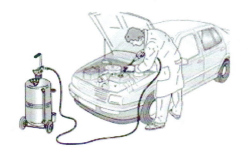

a）加注发动机润滑油

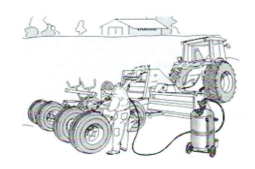

b）加注后桥齿轮油

图 6-13　使用注油机进行润滑油加注作业

思考与实训

1. 选择题

1）为确保齿轮传动机构的正常工作，使齿轮得到良好润滑，除了要求车辆齿轮油具有较好的热稳定性、氧化安定性、防腐防锈性、抗泡沫性、贮存稳定性之外，还应具备 ____。

A. 良好的润滑性　　　　　　　　　B. 良好的低温操作性

C. 良好的极压性　　　　　　　　　D. 良好的黏温性能

2）为了保证车辆齿轮油具有良好的低温操作性，除规定了倾点和黏度指数等指标外，还特别引入了 ____ 和 ____ 这两个指标。

A. 凝点　　　　　　　　　　　　　B. 闪点

C. 成沟点　　　　　　　　　　　　D. 表观黏度达到 150Pa·s 时的温度

2. 问答题

1）SAE 是如何对车辆齿轮油的黏度进行分类的？

2）API 是如何对车辆齿轮油的使用性能进行分类的？

3）我国是如何对车辆齿轮油进行分类的？

3. 实操题

1）分别蘸取少量用过的旧齿轮油和未经使用的新齿轮油，在手指之间捻搓，感受新、旧油品在外观、黏度上的差异；用鼻子仔细嗅闻并感受新、旧油品在气味上的差异；用舌尖仔细品味新、旧油品在味觉上的差异，以加深印象。

2）在实验室利用教学车辆演练齿轮油保养（更换齿轮油）作业项目。

第7章

车用润滑脂

【学习目标】
- 了解车用润滑脂的作用和使用性能指标。
- 熟悉车用润滑脂的分类和规格。
- 掌握车用润滑脂的更换方法。

7.1 润滑脂的组成与使用特点

7.1.1 润滑脂的组成

润滑脂（lubricating grease，俗称黏油或干油，图 7-1）是将稠化剂分散于基础油中所形成的一种稳定的固态或半固态润滑剂产品，其中可以加入旨在改善润滑脂某种特性的添加剂及填料。润滑脂在常温下可附着于垂直表面不流失，并能在敞开或密封不良的摩擦部位执行润滑任务，具有其他液体润滑剂不可替代的特点。因此，在汽车和工程机械上的许多部位都使用润滑脂作为润滑材料。

润滑脂主要由稠化剂、基础油、添加剂三部分组成。如图 7-2 所示，一般润滑脂中稠化剂的质量分数为 10% ~ 15%，基础油的质量分数为 80% ~ 85%，添加剂及填料的质量分数为 5% ~ 10%。

图 7-1　润滑脂

1. 基础油

基础油是润滑脂分散体系中的分散介质，它对润滑脂的性能有较大影响。一般润滑脂多采用中等黏度及高黏度的石油润滑油作为基础油，也有一些润滑脂为适应在苛刻条件下工作的机械的润滑及密封需要，采用合成润滑油作为基础油，如酯类油、硅油、聚 α - 烯烃油等。

2. 稠化剂

稠化剂（亦称增稠剂）是润滑脂的重要组分。稠化剂分散在基础油中并形成润滑脂的结构骨架，使基础油被吸附和固定在结构骨架中。

稠化剂吸附基础油的作用与海绵吸附水分的情形相类似（图 7-3）。在润滑脂中，稠化剂形成的小孔内充满基础油的颗粒，当有外载荷时，外载荷的作用力使基础油从稠化剂中

释放出来并提供润滑作用；当外载荷的作用力消失后基础油会被重新吸收到稠化剂中。

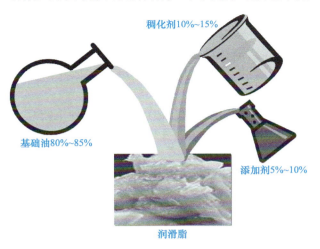

图 7-2　润滑脂的组成

图 7-3　稠化剂吸附基础油的作用与
海绵吸附水分的情形相类似

　　润滑脂的抗水性及耐热性主要由稠化剂所决定。用于制备润滑脂的稠化剂有金属皂基稠化剂（即脂肪酸金属盐）、无机类稠化剂（膨润土、硅胶、石墨等）、有机类稠化剂（如芳基脲、酰胺等）和烃基稠化剂（地蜡、石蜡、石油脂等）四大类。

　　皂基稠化剂分为单皂基（如钙基脂）、混合皂基（如钙钠基脂）、复合皂基（如复合钙基脂）三种。目前，90% 以上的润滑脂是用皂基稠化剂制成的。

3. 添加剂及填料

　　一类添加剂是润滑脂所特有的，叫胶溶剂，它能使油皂结合更加稳定，如甘油与水等。钙基润滑脂中一旦失去水，其结构就完全被破坏，不能成脂，如甘油在钠基润滑脂中可以调节脂的稠度。

　　另一类添加剂和润滑油中的添加剂一样，如抗氧剂、抗磨剂、极压剂、结构改进剂和防锈剂等，但用量一般较润滑油中为多。有时，为了提高润滑脂抵抗流动和增强润滑的能力，常添加一些石墨、二硫化钼和碳黑等作为填料。

7.1.2　润滑脂的使用特点

1. 润滑脂润滑的优、缺点

　　与润滑油相比，润滑脂有以下优点：

　　1）与可变黏度的润滑油相比，润滑脂抗碾压能力更强，在重负荷及冲击负荷作用下，具有良好的润滑能力和阻尼减振能力。

　　2）由于稠化剂结构体系的吸收作用，润滑脂的蒸发速度较慢。因此，在缺油状态下，特别是在高温和长周期运行中，润滑脂较润滑油有更好的润滑特性。

　　3）用润滑脂润滑通常只需将少量润滑脂涂于被润滑表面即可，可大大节约油品的用量。因而，使用周期长，不需经常补充、更换，而且对金属部件具有一定的防锈作用，大大降低了维护费用。

4）润滑脂能形成具有一定密封作用的脂圈，可防止固体或液体污染物侵入摩擦副，有利于在潮湿和多尘环境中使用。

5）润滑脂能牢固地黏附在被润滑表面上，即使在倾斜甚至垂直表面上也不会流失。在外力作用下，它能发生形变，像油一样流动，可以简化设备的设计与维护。

6）由于润滑脂黏附性好，不易流失，所以在停机后再起动时仍可保持良好的润滑状态。

7）与可变黏度的润滑油相比，润滑脂的适用温度范围较宽，适用的工作条件也较宽。

润滑脂润滑的缺点主要是：

1）冷却、散热性能差。

2）润滑脂的黏滞性大，导致运转阻力大、流动性差、冷却和清洗作用差。同时，一旦固体杂质混入后也不易清除，会形成磨料磨损。

3）加脂、换脂比较困难，不如使用润滑油润滑方便。

2. 润滑脂的适用场合

具有以下要求之一的场合，适于采用润滑脂进行润滑。

1）要求润滑剂必须保持在被润滑部位上，而被润滑部位又没有或不方便设置储存润滑剂的储油箱或储油池。

2）要求润滑剂不但具有润滑功能，还必须具有密封作用，以防止机械杂质和水分进入被润滑部位。

3）被润滑部位的转速不太高时，宜采用润滑脂润滑。被润滑部位的转速（线速度）一般用轴承的 dn 值来表征。

$$轴承的\ dn\ 值 = d \cdot n \qquad\qquad (7\text{-}1)$$

式中，轴承的 dn 值为轴承线速度，单位是 mm·r/min；d 为轴承内径，单位是 mm；n 为轴承转速，单位是 r/min。

对于内径小于 65mm 的球轴承：dn 值 <300000 时，宜采用润滑脂润滑；dn 值 >300000 时，宜采用润滑油润滑。

对于内径小于 50mm 的滚子轴承：dn 值 <150000 时，宜采用润滑脂润滑；dn 值 >150000 时，宜采用润滑油润滑。

汽车及工程机械上采用润滑脂润滑的部位见表 7-1。

表 7-1 汽车及工程机械上采用润滑脂润滑的部位

用 脂 系 统	用 脂 部 位
发动机系统	发电机轴承、起动机轴承、加速踏板（油门）轴及拉索、离合器踏板轴及拉索、制动踏板轴及拉索、各种风扇轴承、冷却液泵轴承、各种张紧轮轴承等
底盘系统	轮毂轴承、转向系统的各种拉杆球头销、万向节、传动轴花键、钢板弹簧及吊耳、变速器输出轴、离合器花键毂、离合器分离轴承、气压制动空气压缩机轴承等
车身系统	天窗电动机及减速齿轮、刮水器电动机及减速齿轮、电动后视镜电动机及减速齿轮、玻璃升降器电动机及举升机构、电动座椅电动机及减速齿轮（含座椅滑轨）、电动天线电动机及减速齿轮、电动车门锁电动机及拉索、车门铰链、空调风门执行器转轴等
电气系统	各种组合开关、继电器开关、电器触点、分电器轴等

7.2　润滑脂的使用性能指标

为确保汽车及工程机械的可靠润滑，车用润滑脂应具有适当的稠度、良好的高低温性能、极压性能、抗磨性能以及良好的抗水、防腐、防锈和安定性。

7.2.1　稠度

润滑脂在规定的剪切力或剪切速率下，保持其体系结构的完整性而不发生变形的能力称为润滑脂的稠度。

稠度（Consistency）表征润滑脂在所润滑部位上的保持能力和密封性能。同时，也是反映润滑脂泵送性能的重要指标。

某些被润滑部位（亦称润滑点）之所以要使用润滑脂，就是因为润滑脂有一定的稠度，从而使其具有一定的抵抗流失的能力。润滑脂的稠度不同，其所适用的机械转速、负荷和环境温度等工作条件也不同。因此，稠度是润滑脂的一个重要性能指标。

润滑脂的稠度等级用锥入度来表征。润滑脂的锥入度（Cone Penetration）是指规定重量的标准锥体（图 7-4）在规定时间、温度条件下，锥入（穿入）润滑脂试样的深度，以 0.1mm 为单位。

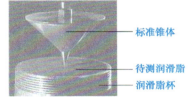

图 7-4　标准锥体

锥入度反映了润滑脂在低剪切速率条件下的变形性能和流动性能。锥入度值越高，说明润滑脂越软，即润滑脂的稠度等级越低，越易于变形和流动；锥入度值越低，说明润滑脂越硬，即润滑脂的稠度等级越高，越不易于变形和流动。如图 7-5 所示，稠度等级高的润滑脂较稠度等级低的润滑脂更能保持形状而不产生流动和变形。

图 7-5　稠度等级高的润滑脂（左）与稠度等级低的润滑脂（右）的比较

由此可见，锥入度可有效表示润滑脂的稠度，是选用润滑脂的重要依据。我国用锥入度范围来划分润滑脂的稠度牌号。

7.2.2　高温性能

温度对于润滑脂的流动性具有很大影响，温度升高，润滑脂变软，使得润滑脂附着性能降低而易于流失。

　　另外，在较高温度条件下还易使润滑脂的蒸发损失增大，氧化变质与凝缩分油现象严重。

　　润滑脂失效大多是凝胶的萎缩和基础油的蒸发损失所致，即润滑脂失效过程的快慢与其使用温度有关。高温性能好的润滑脂可以在较高的使用温度下保持其附着性能，其变质失效过程也较缓慢。

　　润滑脂的高温性能可用滴点、蒸发度和轴承漏失量等指标进行评定。

1. 滴点

　　润滑脂的滴点是指基础油从增稠剂中释放出来且无法被增稠剂再吸收时的温度。润滑脂滴点的高低主要取决于稠化剂的种类与含量。

　　如图7-6所示，测量滴点时，在润滑脂杯的内表面涂一层薄薄的润滑脂膜，然后逐渐将杯子加热。从润滑脂杯中滴出第一滴油时所对应的温度即为该润滑脂的滴点。

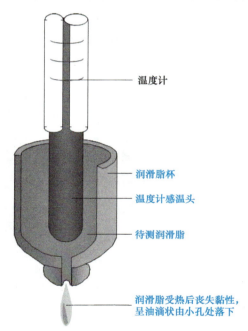

温度计

润滑脂杯

温度计感温头

待测润滑脂

润滑脂受热后丧失黏性，呈油滴状由小孔处落下

图 7-6　润滑脂滴点测定示意图

　　润滑脂的滴点可大致反映其使用温度的上限。显然，润滑脂达到滴点时已丧失对金属表面的黏附能力。一般来说，润滑脂应在滴点以下 20 ~ 30℃或更低的温度条件下使用。

2. 蒸发度

　　润滑脂的蒸发度是指润滑脂在规定条件下蒸发后，润滑脂的损失量所占的质量百分数。

　　润滑脂的蒸发度主要取决于所采用的基础油的种类、馏分组成和相对分子质量。高温、宽温度条件下使用的润滑脂，其蒸发度的测定尤为重要，蒸发度可以定性地表征润滑脂的使用温度上限。

　　润滑脂基础油的蒸发损失会使润滑脂中的皂基稠化剂含量相对增大，导致润滑脂的稠

度发生变化，使用中会造成内摩擦增大，影响润滑脂的使用寿命。因此，润滑脂的蒸发度可以在一定程度上反映润滑脂的高温使用性能。

3. 轴承漏失量

由于高温和轴承旋转使润滑脂或油从填充于轴承内部的润滑脂中分离或溢出的质量，称为润滑脂的轴承漏失量。显然，润滑脂的轴承漏失量越大，说明润滑脂的高温工作性能越差。

7.2.3　低温性能

汽车及工程机械在低温环境下工作时，在工作机构的起步阶段，摩擦副的温度与环境温度近乎一致，都处于低温状态。此时，润滑脂在润滑性能方面的表现称为润滑脂的低温性能。

润滑脂的低温性能可用强度极限、相似黏度和低温转矩三个指标加以评定。

1. 强度极限

使半固态的润滑脂产生流动所需要的最小作用力，称为润滑脂的强度极限，亦称润滑脂的剪切强度极限（或极限剪应力）。

润滑脂的强度极限反映润滑脂结构骨架的强度，其强度极限的大小主要受稠化剂（种类、含量）、添加剂及生产工艺的影响。

强度极限对润滑脂的使用有较大的意义。由于润滑脂具有一定的强度极限，所以润滑脂用于不密封的摩擦部件中不会流失；在垂直的摩擦表面上使用的润滑脂，如所受的剪应力大于其强度极限时，润滑脂就会滑落；在高速旋转的机械中使用的润滑脂，如果强度极限过小，润滑脂就会被离心力甩出。

此外，润滑脂的高低温性能也和强度极限有关。在高温下，润滑脂的强度极限会减小，如果能在高温条件下保持适当的强度极限，润滑脂就不易滑落。如果强度极限变得过小，则使用温度上限就会降低。

在低温条件下使用的润滑脂，强度极限不应过大。如果强度极限过大，就会引起机械的起动（起步）困难或消耗过多的动力。

因此，润滑脂在高温下使用时，要求其强度极限不能小于某一数值；而在低温下使用时，要求其强度极限不能大于某一数值。大部分润滑脂在其使用温度范围内的强度极限在 98 ~ 2940Pa 之间。

2. 相似黏度

润滑脂在所受剪应力超过其强度极限时，就会产生流动。润滑脂流动时也会出现内部摩擦，润滑脂的内部摩擦特性是用相似黏度来表征的。

在一定温度下，润滑脂的黏度是剪切速率的函数，即润滑脂的黏度随着剪切速率的变化而变化，这种黏度称为相似黏度，单位为 Pa·s。

润滑脂的相似黏度随着剪切速率的增高而降低。但当剪切速率超过某一临界值时，润滑脂的相似黏度会保持在接近其基础油的黏度而不再变化。润滑脂的相似黏度与剪切速率的变化规律称为黏度 - 速度特性。

润滑脂的相似黏度直接影响设备起动阶段的能量损失。一般可以根据低温条件下润滑脂相似黏度的允许值来确定润滑脂的低温使用极限。

汽车运行材料

3. 低温转矩

低温转矩是指润滑脂在低温下工作时对运动体（如球轴承）转动产生的阻力矩。润滑脂的低温转矩除与基础油的低温黏度有关之外，还与润滑脂的强度极限有关。

低温转矩是评价润滑脂低温性能的一个重要指标，一般将用9.8N·cm的转矩使轴承在1min内转动一周时的最低温度，作为润滑脂的最低使用温度限值。

7.2.4 极压性与抗磨性

对负荷较大、运转条件苛刻的设备采用润滑脂润滑时，在润滑脂中都加入一定的极压添加剂和抗磨添加剂，以提高润滑脂的极压抗磨性能。

润滑脂的极压抗磨性能不好，会导致设备的严重磨损、早期损坏。

1. 极压性

在执行润滑任务过程中，润滑脂承受负荷的能力称为润滑脂的极压性。润滑脂的极压性与涂敷在摩擦副金属表面的脂膜强度有关。脂膜强度越高，润滑脂的极压性就越好。

2. 抗磨性

润滑脂通过保持在运动部件表面间的油膜，防止金属间因相互接触而磨损的能力称为润滑脂的抗磨性。

润滑脂的稠化剂本身就是油性剂，具有很好的抗磨性。

在苛刻条件下使用的润滑脂，一般都添加有二硫化钼、石墨等减磨剂和极压剂，因而具有比普通润滑脂更强的抗磨性。因此，这种润滑脂也被称为极压型润滑脂。

7.2.5 抗水性

润滑脂的抗水性表征润滑脂在大气湿度条件下的吸水性能。为确保润滑脂的润滑性能并有利于贮存，要求润滑脂应具有良好的抗水性。

由于汽车和工程机械在使用过程中，底盘各摩擦点难免与水接触，因而，对车用润滑脂的抗水性要求更高。

7.2.6 防腐性

防腐性表征润滑脂阻止与其相接触金属被腐蚀的能力。

润滑脂的稠化剂和基础油本身是不会腐蚀金属的。使润滑脂产生腐蚀性的原因很多，主要是氧化产生酸性物质所致。一般而言，过多的游离有机酸、碱都会引起腐蚀。

7.2.7 胶体安定性

润滑脂在长期储存过程中，可能会因胶体分解而出现皂油分离（俗称分油或泛油，图7-7）现象，直接导致润滑脂稠度改变，性能劣化。

胶体安定性表征润滑脂在储存和使用时避免胶体分解，防止液体润滑油析出的能力。

图7-7 皂油分离（分油或泛油）

润滑脂的胶体安定性越好，说明其发生皂油分离的倾向性越小，润滑脂的储存期越长。

7.2.8　氧化安定性

氧化安定性表征润滑脂在贮存与使用过程中抵抗大气的作用而保持其性质不发生永久变化的能力。

润滑脂的氧化与其组分（稠化剂、添加剂及基础油）有关。润滑脂中的稠化剂和基础油在贮存或长期处于高温的情况下很容易被氧化，进而产生腐蚀性产物、胶质和破坏润滑脂结构的物质，这些物质均易引起金属部件的腐蚀并降低润滑脂的使用寿命。

由于润滑脂中的金属（特别是锂皂）或其他化合物对基础油的氧化具有促进作用，故润滑脂的氧化安定性在很大程度上取决于基础油的氧化安定性，且其氧化安定性要较其基础油差。因此，为提高润滑脂的氧化安定性，在生产过程中普遍加入抗氧剂。

7.2.9　机械安定性

机械安定性（亦称剪切安定性）表征润滑脂在机械工作条件下抵抗稠度变化的能力。

机械安定性差的润滑脂，使用中容易变稀甚至流失，影响润滑脂的使用寿命。因此，要求车用润滑脂应具有良好的机械安定性。

7.3　润滑脂的分类与使用

7.3.1　润滑脂的分类

1. 润滑脂的分类

润滑脂的分类可以从不同角度进行。

按稠化剂类型不同，可分为皂基润滑脂（如钙基润滑脂、锂基润滑脂）、无机润滑脂（如膨润土润滑脂）、有机类稠化剂（如聚脲润滑脂）和烃基润滑脂（如石油脂）四大类。

按用途不同，可分为减磨润滑脂、防护润滑脂和密封润滑脂等。

按应用场合不同，可分为汽车轮毂润滑脂、铁道机车润滑脂、宽温度航空润滑脂、阻尼润滑脂等。

尽管润滑脂种类繁多，性能各异，但从汽车的维护和使用的角度看，应用最为广泛的，唯有汽车通用锂基润滑脂一种。

2. 汽车通用锂基润滑脂

汽车通用锂基润滑脂（图 7-8）是由 12- 羟基硬脂酸锂皂稠化低凝点矿物油，并加入防锈剂和抗氧剂而制得的润滑脂。

GB/T 5671—2014《汽车通用锂基润滑脂》按照工作锥入度将产品分为 2 号和 3 号两个规格。3 号脂略硬，多用于手工涂抹；2 号脂略软，多用于机器加注（也可手工涂抹）。但两者的使用性能并无差别。

汽车通用锂基润滑脂适用于 −30 ～ 120℃范围内汽车轮毂轴承、底盘、冷却液泵等摩擦部位的润滑，也可用于坦克的负重轮和引导轮轴承的润滑。

汽车通用锂基润滑脂具有良好的综合性能，属于通用锂基润滑脂系列中专门为汽车润

滑而开发的品种，润滑效果好，使用寿命长（比传统的钙基脂和复合钙基脂延长换油周期二倍以上，更换周期能够达到 90 天，20000km 左右，使润滑和维护费用降低 40% 以上），可充分满足我国广大地区的使用要求。

图 7-8　汽车通用锂基润滑脂（空毂润滑）（见彩图 6）

因此，目前国产新车和进口汽车普遍推荐使用汽车通用锂基润滑脂。

7.3.2　润滑脂的使用

使用汽车通用锂基润滑脂时应事先洗净轴承，待轴承干燥后将润滑脂填充到轴承内滚道和滚动体之间，以保证良好的润滑。

为了充分发挥润滑脂性能，使用中还应注意以下事项：

1. 适量注脂

为方便注脂，在汽车及工程机械上采用润滑脂润滑的部位（即润滑点，图 7-9 ~ 图 7-12），都装有润滑脂注脂嘴（学名为压注油杯，俗称黄油嘴，图 7-13）。

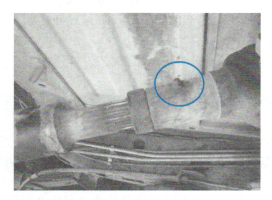

图 7-9　传动轴花键注脂嘴（图中画蓝圈处）

图 7-10　转向横拉杆球头销及转向节臂注脂嘴（图中画蓝圈处）

注脂时，先将注脂枪（俗称黄油枪，图 7-14）的枪尖对准润滑点的注脂嘴，将注脂嘴内的钢球压下（打开注脂通道），然后压动红色压把，即可将润滑脂注入注脂嘴。待润滑点的开放部位旧脂完全被挤出，并有新脂溢出时，该润滑点的注脂工作即告完成。

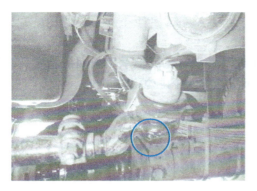

图 7-11 转向横拉杆球头销注脂嘴
（图中画蓝圈处）

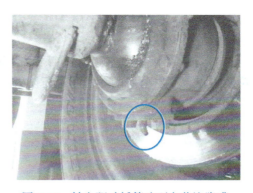

图 7-12 转向驱动桥等速万向节注脂嘴
（图中画蓝圈处）

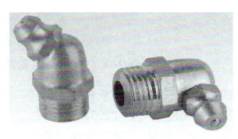

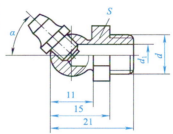

图 7-13 接头式压注油杯实物及结构图

α—注脂嘴倾斜角；S—注脂嘴六角壳体；d—外径；d₁—内径

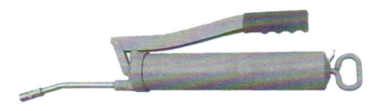

图 7-14 注脂枪（俗称黄油枪）

需要注意的是，润滑脂的一次加入量不宜过多，否则会使机件运转阻力增加，工作温度升高，并造成润滑脂的浪费。

2. 适时换脂

严格按照汽车及工程机械使用说明书的规定适时换脂。

国产汽车通用锂基润滑脂的换脂周期一般为 90 天或 20000km，以先到者为准。

换脂时，注脂量以新脂能将旧脂完全顶出为度。若注脂过少，会使润滑点内新脂和旧脂并存，新脂会很快被污染，失去换脂的意义和作用。

3. 倡导"空毂润滑"

轮毂轴承是汽车及工程机械的"用脂大户"，以前曾盛行"满毂润滑"的做法。所谓"满毂润滑"，即指将轮毂轴承填满润滑脂之后，将轮毂内腔也填满润滑脂。

"满毂润滑"将轮毂空腔填满润滑脂的做法，多余的润滑脂不会参与轴承的润滑工作，相反会导致轴承运转阻力增大，散热不良。温度升高后会进一步加速润滑脂变质，受热膨胀后还会挤压油封，导致油封漏油，流淌至制动摩擦片（刹车片）上，造成制动失灵甚至制动摩擦片着火燃烧。

如图 7-8 和图 7-15、图 7-16 所示，"空毂润滑"是指将轮毂轴承填满润滑脂之后，仅在轮毂内腔涂一层薄薄的润滑脂进行防锈即可，而不将轮毂内腔填满润滑脂。

图 7-15　空毂润滑（轮毂外侧）（见彩图 7）　　　　图 7-16　空毂润滑（轮毂内侧）

对于大型商用车而言，采用"空毂润滑"时，平均每个轮毂的用脂量只有 150 ~ 250g，而采用"满毂润滑"时，平均每个轮毂的用脂量可达 1000g 左右。

"空毂润滑"既能确保轮毂轴承的可靠润滑，又能避免"满毂润滑"的弊端。同时，还能大量节约润滑脂的使用量，降低车辆维护费用，提高车辆的运行经济性。为此，应大力倡导"空毂润滑"，摒弃"满毂润滑"。

4.　不同种类的润滑脂不得混用

由各种不同稠化剂制得的润滑脂不能互相混用，否则可能破坏其胶体结构而失去原有的性能。换用新润滑脂时，须将旧的润滑脂擦干净，否则会加速新润滑脂的氧化变质。

另外，润滑脂一般也不能与润滑油混用。

5.　妥善贮存润滑脂

润滑脂一旦混入杂质便很难除去，因此，在保存、分装和使用润滑脂过程中，要严格防止灰、沙和水分等外界杂质污染，容器和注脂工具必须干燥清洁，尽可能减少润滑脂与空气接触；作业场所要清洁无风沙；轴承及注脂口在加脂前必须洗干净；作业完毕，盛脂容器和加注器管口应立即加盖或封帽。

7.3.3　注脂设备及底盘集中润滑系统

1.　润滑脂加注设备

在给各个用脂部位（润滑点）加注润滑脂时，使用专用的润滑脂加注设备可以收到事半功倍的效果，而且润滑脂损失量小，经济性好。

图 7-14 所示的手动注脂枪适合于润滑点数量少、作业量不大的场合使用。图 7-17 所示的气动润滑脂加注机适用于换油中心、车间生产线、冶金、造纸、电子、电力、港口、工程机

图 7-17　气动润滑脂加注机

械、汽车、机械设备、轮船、农用车辆等场合润滑脂的泵送和加注。也广泛用于汽车零部件行业中门锁、制动器、刮水器、座椅导轨等部位加脂，轴承行业中压盖前加脂，微型电机行业装配线的减速齿轮加脂，电动工具行业中齿轮副装配加脂，等等。

2. 底盘集中润滑系统

大型商用汽车（客运汽车、货车）以及大型工程机械、石油行业的特种作业车辆等，在底盘的不同部位分布有 20 ～ 40 个需要经常润滑的摩擦副。这么多的润滑点依靠人工注脂、换脂，不仅费时费力，而且也很难做到及时、可靠。为确保对这些润滑点实施适时、高效的注脂和换脂，底盘集中润滑系统应运而生。

（1）作用　底盘集中润滑系统通过集中润滑泵、分配器、管路以及各种管接头将零散分布的润滑点（持续旋转的传动轴花键毂等润滑点除外）连成一个完整的封闭系统，在车辆运行过程中，通过控制器对摩擦副进行定时、定量的供脂，以保证这些摩擦副始终保持良好的润滑状态，从而达到"延长车辆使用寿命，提高车辆运营效益"的目的。

简而言之，底盘集中润滑系统就是控制集中润滑泵，通过定量分配器对润滑点进行定时、定量的注脂，以替代传统的人工手动注脂。底盘集中润滑系统可在车辆行驶过程中完成注脂、换脂作业，设备（指车辆或工作机构）不需要停机。因而，可完全避免设备的注脂、换脂停工损失。

（2）组成　底盘集中润滑系统的组成及润滑点的分布如图 7-18 所示、系统示意图如图 7-19 所示。

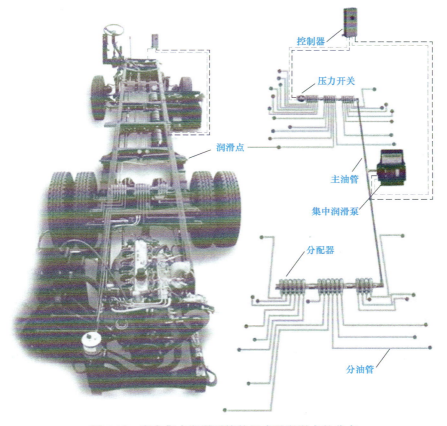

图 7-18　底盘集中润滑系统的组成及润滑点的分布

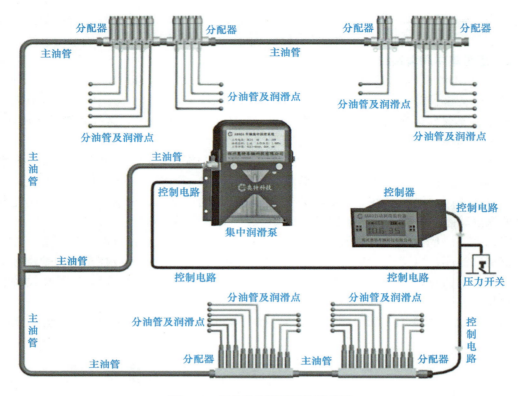

图 7-19　底盘集中润滑系统示意图

1）集中润滑泵。集中润滑泵（润滑脂泵）是整个系统的送脂设备，负责将润滑脂从储脂箱中泵出并加压后输出。

2）控制器。控制器是整个系统的控制核心，负责控制系统的间歇时间和工作时间并接收压力传感器传来的反馈信号。

3）分配器。润滑脂经分配器定量后送至各个润滑点，确保各润滑点可以得到适量的润滑脂，不会出现加脂不足或加脂过量的现象。

4）压力开关。压力开关（压力传感器）负责检测系统主油路的压力，并将系统工作是否正常的信息反馈给控制器。

5）其他附件。主要包括主油管、分油管、电缆及各种管接头等，负责将各部件连成一个封闭的润滑系统。

（3）应用实例　底盘集中润滑系统在大型工程机械上的应用实例如图 7-20 ~ 图 7-24 所示。

图 7-20　电动集中润滑泵及控制器

第 7 章　车用润滑脂

图 7-21　主分配器

图 7-22　子分配器

图 7-23　润滑点（前钢板弹簧吊耳）

图 7-24　润滑点（后钢板弹簧吊耳）

思考与实训

1. 选择题

1）尽管润滑脂种类繁多，性能各异，但从汽车的维护和使用的角度看，应用最为广泛的，唯有汽车通用 ____ 润滑脂一种。

A. 钙基　　　　　B. 钠基　　　　　　C. 锂基　　　　　　D. 钙钠基

2）润滑脂的稠度等级用 ____ 来表征。

A. 滴点　　　　　B. 蒸发度　　　　　C. 锥入度　　　　　D. 轴承漏失量

2. 问答题

1）润滑脂的使用性能指标有哪些？

2）何谓"空毂润滑"，其优点何在？

3. 实操题

在实验室利用教学车辆演练润滑脂保养（更换汽车通用锂基润滑脂）作业项目。

第 8 章

车用传动油

【学习目标】
- 了解车用传动油工作特性。
- 熟悉车用传动油的分类与规格。
- 掌握车用传动油的正确选择与使用方法。

以液体作为传动介质进行动力传递的过程称为液体传动，相应的传动介质称为传动油液，简称传动油。

通常将利用液体压力能进行动力传递的液体传动称为液压传动，相应的传动介质称为液压传动油液，亦称液压传动油，简称液压油；将利用液体动能进行动力传递的液体传动称为液力传动，相应的传动介质称为液力传动油液，亦称液力传动油，简称液力油。

在传动原理上，液压传动基于帕斯卡定律，以液体的压力能来传递动力；液力传动基于欧拉方程，以液体动量矩的变化来传递动力。

8.1 液力传动油

8.1.1 液力传动油的工作特点与性能要求

配备液力自动变速器的乘用车和工况变化比较大的大型客车、重型货车和铲产车、挖掘机等工程机械上广泛采用液力偶合器或液力变矩器。液力偶合器和液力变矩器都是依据流体动力学原理实现动力传递的，统称为液力传动装置，其工作介质是液力传动油（Power Transmission Fluid，PTF）。

在汽车液力自动变速器内用于动力传递的液力传动油也称为自动变速器油（Automatic Transmission Fluid，ATF。图 8-1）。

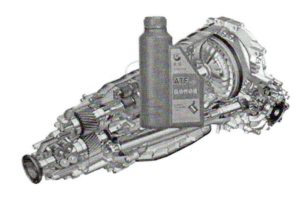

图 8-1 自动变速器油（ATF）

1. 液力传动油的工作特点

液力传动油主要用作液力变矩器和液力偶合器的工作介质。现代汽车液力自动变速器主要由液力变矩器（图 8-2）、湿式离合器、湿式制动器、行星齿轮传动机构、调速器和电子液压控制系统等组成。液力自动变速器结构的复杂性要求液力传动油具有多方面的性能。

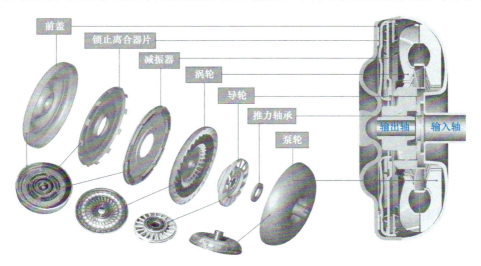

前盖 / 锁止离合器片 / 减振器 / 涡轮 / 导轮 / 推力轴承 / 泵轮 / 输出轴 / 输入轴

图 8-2　液力变矩器

除了作为液力变矩器的工作介质以外，液力传动油还须满足行星齿轮传动机构的抗烧结性能及抗磨性能；作为液压介质则要求液力传动油具有良好的低温流动性；作为湿式离合器、湿式制动器传递动力的工作介质则要求液力传动油能适应离合器和制动器材质的摩擦特性、功率损失适当、温升不高，具有较好的清净分散性。

除此之外，为延长使用寿命，还要求液力传动油具有良好的热氧化安定性、抗泡沫性、防锈性以及与橡胶密封件的适应性等。

由此可见，在液力自动变速器中，液力传动油"位高爵显、身兼数职"，其品质优良与否对液力自动变速器的正常工作有着极为显著的影响。

2. 液力传动油的作用

液力传动油的主要作用如下：

（1）传递动力　液力传动油在液力变矩器内部的泵轮、导轮和涡轮叶片所形成的螺旋空间内循环流动（其运动轨迹称为循环圆，如图 8-3 所示），将发动机传来的动力传送到行星齿轮传动机构。在传递动力过程中，根据外界负荷的大小自动调节输出转矩和转速，若外界负荷剧烈变化，则对发动机起保护作用。

（2）液压控制　根据电子控制系统的指令，以液压控制方式实现对湿式离合器、湿式制动器以及各种背压阀、缓冲阀的控制，实现自动变速器档位的变换（亦即行星齿轮组工作状态的切换），并提高换档品质。

（3）散发热量　自动变速器工作过程中产生的大量挤压热量、冲击热量、摩擦热量需要借助液力传动油的循环流动进行散发。由于液力自动变速器传递功率大、结构紧凑、散热困难，为确保散热效果，汽车液力自动变速器一般都设有 ATF 散热器。ATF 散热器或置于发动机冷却液散热器（俗称水箱）内，或单独布置。

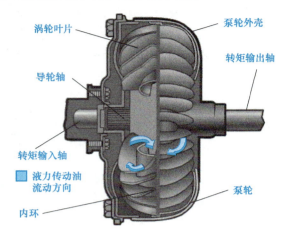

涡轮叶片　泵轮外壳　转矩输出轴　导轮轴　转矩输入轴　液力传动油流动方向　内环　泵轮

图 8-3　液力传动油在液力变矩器内部的循环流动（循环圆）

（4）润滑密封　液力自动变速器内部运动件之间的润滑、减磨、密封、防腐、防锈、保护作用均由 ATF 承担。

3. 对液力传动油的性能要求

如前所述，在液力自动变速器中，液力传动油"位高爵显、身兼数职"，其品质优良与否对液力自动变速器的正常工作有着极为显著的影响。为确保液力自动变速器能正常工作，对液力传动油有如下性能要求：

（1）适宜的黏度和低温性能　液力传动油的使用温度为 −40 ~ 170℃，范围很宽，又因液力自动变速器对液力传动油的黏度极为敏感，所以黏度是液力传动油的重要性能指标之一。不同种类的液力自动变速器所需要的液力传动油黏度也不尽相同，因此不能随意地更换汽车所使用的液力传动油规格，以避免由于液力传动油黏度与液力自动变速器的黏度要求不适应，导致出现不良反应。

当使用的液力传动油黏度偏大（过稠）时，不仅影响液力变矩器的工作效率，而且可能造成车辆低温起步困难；当使用的液力传动油黏度偏小（过稀）时，会导致液压系统的泄漏增加。特别是液力自动变速器在高温条件下工作时，铝制阀体的膨胀量大，黏度偏小的液力传动油可能引起换档不正常。

（2）良好的热氧化安定性　在液力自动变速器工作时，液力传动油的工作温度可达 70 ~ 170℃，流速可达 20m/s，并且不断与有色金属、空气相接触，液力传动油氧化变质的诱因很多。因此，要求液力传动油具有良好的热氧化安定性。

液力传动油的热氧化安定性在使用中非常重要。与发动机润滑油一样，热氧化安定性直接决定着液力传动油的使用寿命。因为液力传动油的工作温度很高，如果热氧化安定性不好，将导致油泥、漆膜、积炭及沉淀物的快速形成，从而造成离合器和制动器打滑、换档拖滞、控制系统失灵等故障发生。

（3）良好的抗泡沫性　液力传动油在工作中如果产生大量的泡沫，将对液力自动变速器产生严重的不利影响。

目前，在汽车液力自动变速器中，其液力变矩器、行星齿轮变速机构和液压控制机构

是由同一油路系统供油的。因此，液力传动油既是变矩器传递动力的介质，又是行星齿轮变速机构的润滑冷却的介质，同时也是液压控制机构的自动控制介质。

液力传动油产生的泡沫会导致液力变矩器传递功率下降，泡沫的可压缩性导致液压系统压力波动和油压下降，严重时可使供油中断。液力传动油中混入大量空气，劣化了润滑性能。同时，这些气泡在压缩过程中，温度升高，又加速了油品老化，影响了油品使用寿命，且导致机件早期磨损，形成恶性循环。

（4）良好的润滑性能 在系统工作时，系统内的轴承、行星齿轮等摩擦副需用液力传动油进行润滑，因此要求液力传动油具有良好的润滑性能。

只有良好的润滑性能才能保证系统中各齿轮传动、离合器和制动器工作效能以及自动变速器使用寿命的需要。

（5）良好的摩擦特性 液力传动油的摩擦特性直接影响液力自动变速器的换档品质（换档性能），是保证齿轮传动机构工作平顺的关键，并能降低噪声，延长使用寿命。

一般要求液力传动油应具有相匹配的静摩擦系数和动摩擦系数。动摩擦系数对起动转矩的大小有影响，如果动摩擦系数过小，换档时间就会延长；如果动摩擦系数过大，换档的最后阶段就会引起转矩急剧增大，发出尖叫，使换档品质劣化。具体来说，对液力传动油的摩擦特性要求如下：

1）动摩擦系数尽可能要高。

2）静摩擦系数尽可能比实际使用需要高。

3）静摩擦系数与动摩擦系数之比小于1.0。

4）在苛刻条件下经过1000次湿式离合器接合后，其摩擦性能不变。

5）在全部操作温度范围内，液力传动油的摩擦特性保持恒定不变。

总之，希望液力传动油应具有良好的、匹配的动摩擦特性和静摩擦特性，但实际上很难达到理想状态。

通用汽车公司和福特汽车公司对液力传动油摩擦特性的要求是不同的。通用汽车公司希望液力传动油有较大的动摩擦系数和较小的静摩擦系数。因此，在通用汽车公司提出的液力传动油标准中，都添加有摩擦改进剂，以使其具有良好的换档品质。

而福特汽车公司希望液力传动油有较大的静摩擦系数和较小的动摩擦系数。因此，在福特汽车公司提出的液力传动油标准中，要求液力传动油不添加摩擦改进剂，以使其具有良好的耐久性。

（6）良好的配伍性 目前，液力自动变速器中多使用丁腈橡胶、丙烯橡胶、硅橡胶类油封，要求液力传动油不能使其有太明显的膨胀或收缩，也不能使之硬化变质，即要求液力传动油与系统中橡胶密封材料之间应具有良好的配伍性。

液力传动油的基础油及添加剂对橡胶密封材料的配伍性都有明显的影响，一般石蜡基基础油会使橡胶产生收缩倾向，环烷基基础油会使橡胶产生膨胀倾向。通常用这两种基础油进行调合，以获得所需要的、适宜的膨胀特性。

（7）良好的防腐防锈性能 在液力自动变速器的传动装置和ATF散热器中装有铜质接头、黄铜轴瓦、黄铜滤清器及止推垫圈等部件，这些部件中均含有大量的有色金属。因此，液力传动油必须保证不会引起铜腐蚀和其他金属生锈。

（8）良好的储存安定性能 液力传动油应能保证在一定温度范围内和一定时间内保持

均相，不发生分解和离析现象，具有良好的储存安定性能。

（9）尽可能大的比重　随着现代液力自动变速器技术的发展，其整体尺寸不断减小，但同时又要求其传递的动力（功率）日益增大。从这个意义上说，液力传动油的比重越大越好。

8.1.2　液力传动油的分类与规格

1. 国外液力传动油的分类

在 ISO6743/A 分类标准中，把液力传动系统工作介质分为 HA 油（适用于自动传动装置）和 HN 油（适用于功率转换器）两类。

美国材料试验学会（ASTM）和美国石油协会（API）的分类方案是将液力传动油分为 PTF-1、PTF-2 和 PTF-3 三类，详见表 8-1。

表 8-1　国外液力传动油的分类

分　类	相应的规格	应用范畴
PTF-1	通用汽车公司 GM Dexron 系列； 福特汽车公司 Ford M_2C_{33}-F、New Mercon 系列； 克莱斯勒 Chrysler MS-4228	乘用车、轻型货车的液力自动变速器
PTF-2	通用汽车公司 Truck、Coach 系列； 阿里森 Allison C-2、C-3、C-4 系列； 卡特彼勒公司 Caterpillar TO-3、TO-4 系列、SAE J1285-80	履带车、农业用车、越野车的液力自动变速器
PTF-3	约翰·迪尔公司 John-deer J-20A、J-120B、J-14B、JDT-303 系列； 福特汽车公司 Ford $M_2C_{41}A$； 麦赛 - 福格森 Massey Ferguson M-1135	农业与建筑、工程机械的液力自动变速器

PTF-1 类液力传动油主要用于乘用车和轻型货车的液力传动系统。其特点是低温起动性好，对液力传动油的低温黏度及黏温性有很高的要求。

典型的 PTF-1 类液力传动油是美国通用汽车公司 GM Dexron（德士龙）系列（Dexron Ⅱ、Dexron Ⅱ E、Dexron Ⅲ、Dexron Ⅲ（H）、Dexron-Ⅵ等）、福特汽车公司的 F 型油（Ford M_2C_{33}-F）和 New Mercon 系列。

PTF-2 类液力传动油主要用于重负荷的液力传动系统，如重型货车、大型客车、越野车和工程机械的自动变速器。其特点是适于在重负荷下工作，对极压抗磨性的要求很高。

典型的 PTF-2 类液力传动油是通用汽车公司的 Truck、Coach 系列，阿里森（Allison）公司的 C-2、C-3、C-4 系列和卡特彼勒公司的 Caterpillar TO-3、TO-4 系列。

PTF-3 类液力传动油是随着全液压拖拉机的发展而发展起来的，主要用于液力传动系统、差速器和驱动桥齿轮的润滑，同时也是液压转向、液压制动、分动器和液压悬架系统的工作介质。典型的 PTF-3 类液力传动油是约翰·迪尔 John-deer J-20A、J-120B、J-14B、JDT-303 系列。约翰·迪尔是全球最大的拖拉机制造商，在推动全液压拖拉机发展方面一直走在世界前列。

此外，还有福特 Ford $M_2C_{41}A$、麦赛 - 福格森（Massey-Ferguson）M-1135 等。

PTF-3 类液力传动油适于在中低速下运转的拖拉机及野外作业的工程机械液力传动系统和液力自动变速器中使用，其极压抗磨性和负荷承载能力比 PTF-2 类液力传动油更强。

2. 国外车用液力传动油的规格

（1）Dexron 系列 ATF　目前，在全球范围内极具影响力的 PTF-1 类车用液力传动油的质量标准和规格是美国通用汽车公司的 Dexron（德士龙）系列 ATF 标准。

当今世界上应用最为广泛的 ATF 质量标准 Dexron Ⅲ 颁布于 1994 年。该标准是专门为 1995 年以后生产的汽车液力自动变速器制订的，其主要目的是改善自动变速器的换档平顺性和低温操作性能。

目前，最新的 Dexron 系列 ATF 标准是颁布于 2005 年的 Dexron Ⅵ。Dexron Ⅵ是专门为通用汽车公司 2006 年后生产的六速汽车液力自动变速器制订的。

Dexron Ⅵ 标准是由通用汽车公司（汽车液力自动变速器制造商）、Petro Canada（润滑油制造商）、Afton Chemical（高效润滑油添加剂制造商）联合推出的。

使用 Dexron Ⅵ 型 ATF 具有如下优点：

1）可将通用汽车公司生产的六档液力自动变速器的换油周期延长至 400000km。

2）对于推荐使用旧标准 Dexron Ⅱ（美国早已不再生产符合 Dexron Ⅱ 标准的 ATF）和 Dexron Ⅲ型 ATF 的变速器，使用 Dexron Ⅵ型 ATF 后可加倍延长其换油周期。

3）高温黏度低，节油效果显著。

4）传动系统的使用寿命显著延长。

5）转矩传递效率显著提高。

6）热氧化安定性和抗磨效果极佳。

7）正常及低温工况下，换档更加快捷、顺畅，确保变速器的良好摩擦特性。

（2）Mercon 系列 ATF　福特汽车公司于 1967 年推出 Type F 系列 ATF 标准，用于采用铜基摩擦片的液力自动变速器。当时日本丰田汽车公司也以此为 ATF 标准。此后，又陆续推出 Type CJ、Type H 系列 ATF 标准，但目前均已废止。

Mercon 标准是福特汽车公司于 1987 年推出的 ATF 标准，可替代早期的 ATF，但不用于替代 Type F 型 ATF。

符合福特 Mercon 标准的 ATF 主要用于 1997 年之前生产的无铜基摩擦片的液力自动变速器，福特 Mercon 标准已于 1998 年废止。

符合福特 Mercon Ⅴ标准的 ATF 主要用于 1998 年之后生产的液力自动变速器，并可兼容 1997 年之前的早期液力自动变速器。由于 Mercon Ⅴ标准仅仅改进了 ATF 的低温流动性能，而高温黏度没有变化，所以 Mercon Ⅴ标准可以视为 Mercon 标准的升级版。

2005 年之后，福特汽车公司陆续推出了 Mercon SP 标准和 Mercon LV 标准。目前，Mercon SP 标准和 Mercon LV 标准正在推广普及之中。符合 Mercon SP 标准和 Mercon LV 标准的 ATF，其黏度指数有所提升，但无法与早期生产的变速器兼容。

（3）适用于无级变速器 CVT 的液力传动油　近年来，金属带（链）式无级变速器（Continuously Variable Transmission，CVT）的装车率日渐增多。由于 CVT 传动方式的特殊性，任何一种现有的 ATF 都不能代替，必须使用原厂指定的 CVT 专门用油（Continuously Variable Transmission Fluid，CVTF）。

奥迪 01J 型无级自动变速器 CVT 必须使用经过奥迪汽车公司认证的 G 052 190（−A2）型 ATF，而丰田、日产、三菱等日系汽车制造商生产的无级变速器必须使用原厂认证的，由新日本石油公司生产的 ENEOS（亿能新）CVTF Super-X 型无级变速器 CVT 专用

液力传动油。

目前，市场上供应的车用液力传动油种类繁多，性能各异，其规格型号的发展沿革和性能差异见表 8-2。

表 8-2　部分汽车制造商及石油公司的 ATF 型号

序　号	型　号	说　明
1	Type A	通用汽车公司于 1949 年在全球首先制订的 ATF 标准
2	Type F	福特汽车公司于 1967 年制订的 ATF 型号，用于铜基摩擦片。当时日本丰田也是以此型号为标准
3	Type CJ	专门用于福特汽车公司 C6 自动变速器的 ATF
4	Type H	福特汽车公司的一种专业 ATF，现在已经停产
5	Mercon	福特汽车公司于 1987 年制订的 ATF 标准，可替代早期的 ATF，但不用于替代 Type F 型 ATF
6	Mercon V	福特汽车公司于 1997 年制订的 ATF 标准，现在很多福特汽车都使用这个型号的 ATF
7	Mercon Ⅵ /SP/LV	福特汽车公司最新的 ATF 标准，目前只用于少数新型 5 速或 6 速自动变速器
8	Dexron	美国通用汽车公司于 1967 年制订的 ATF 标准，也是全球最具影响力的 ATF 标准
9	Dexron Ⅱ	美国通用汽车公司的第二代 ATF 标准，在黏度和抗氧化方面有所改进，可以替代早期的 Dexron 型 ATF
10	Dexron Ⅱ E	美国通用汽车公司的改良型 ATF，主要用于电控自动变速器
11	Dexron Ⅲ	美国通用汽车公司的第三代 ATF，适用于早期的电控自动变速器，也是全球使用最为广泛的 ATF
12	Dexron Ⅲ（H）	2003 年，美国通用汽车公司在 Dexron Ⅲ 基础上推出的改良型高效抗磨型 ATF，正在逐步取代 Dexron Ⅲ 型 ATF
13	Dexron Ⅵ	美国通用汽车公司于 2006 年推出的最新型 ATF，主要用于 6 速或 7 速电控自动变速器，代表着未来 ATF 的发展方向。Dexron Ⅵ 型 ATF 可以替代 Dexron Ⅲ 型 ATF，但价格较高
14	Chrysler 7176	克莱斯勒汽车公司早期推出的 ATF 标准，主要用于发动机前置、前轮驱动的自动变速驱动桥
15	Chrysler 7176D（ATF+2）	克莱斯勒汽车公司于 1997 年推出的改良型 ATF 标准
16	Chrysler 7176E（ATF+3）	克莱斯勒汽车公司推出的高品质 ATF 标准，适用于 1999 年以前生产的自动变速器，但不可用于替代 Dexron 型 ATF 和福特 Mercon 型 ATF
17	Chrysler（ATF+4）	克莱斯勒汽车公司于 1998 年推出的 ATF 标准，可以替代 Chrysler ATF + 3 型 ATF，但不适用于 1999 年以前生产的 41TE/AE 自动变速器
18	Chrysler（ATF+5）	克莱斯勒汽车公司于 2002 年推出的、最新的 ATF 标准，目前只用于少数 6 速或 7 速自动变速器
19	BMW LT71141 or LA2634	宝马车系认证的 ATF 标准

（续）

序　号	型　号	说　明
20	Genuine Honda ZL ATF	本田车系认证的 ATF 标准
21	Mitsubishi Diamond SP-Ⅱ & SP-Ⅲ	三菱车系认证的 ATF 标准
22	Nissan Matic-J/D/K	英菲尼迪、现代、日产车系认证的 ATF 标准
23	Toyota Type T、T-Ⅲ & T-Ⅳ	丰田车系认证的 ATF 标准
24	Toyota Type WS	丰田和雷克萨斯（凌志）车系认证的、最新的 ATF 标准
25	ESSO Type LT 71141（G 052 162 A2）	适用于奥迪、大众系列自动变速器的 ATF
26	Shell LA2634	适用于 5HP30 自动变速器的 ATF
27	Texaco ETL 7045E/8072B	适用于 GM 5L40E 自动变速器的 ATF
28	Shell M 1375 # 83220142516/Fuchs 3353	适用于 6HP26 自动变速器以及欧洲车系 5、6、7 速自动变速器的 ATF
29	Shell 3403	适用于克莱斯勒 300/NAG1 自动变速器的 ATF
30	Mercedes-Benz MB#0019892 10310	奔驰车系认证的 ATF 标准
31	Saab T-Ⅳ # 3309	SAAB 车系认证的 ATF 标准
32	Volvo T-Ⅳ # 1161540-8	沃尔沃车系认证的 ATF 标准
33	CVT ATF	由于 CVT 传动方式的特殊性，任何一种普通 ATF 都不能代替，必须使用原厂指定的 CVT 专门用油。奥迪 01J 型无级自动变速器 CVT 必须使用经过奥迪汽车公司认证的 G 052 190（－A2）型 ATF
34	Autotec HFM ATF	高效、抗磨型自动变速器专用油，广泛适用于目前 4 速或 5 速的各种型号的自动变速器，可以替代 Dexron Ⅲ /H/ Ⅴ、Mercon Ⅴ 等多种型号的 ATF，是目前市场上性价比最高的 ATF 品牌
35	Autotec Ⅵ ATF	综合性能最优的自动变速器专用油，是目前全球性能最好的 ATF，可以替代 Dexron Ⅵ、Mercon SP 和 Toyota WS，适用于 5、6、7 速的最新型自动变速器，代表着当今全球 ATF 的最高水平

3. 我国液力传动油的分类

到目前为止，我国液力传动油的详细分类尚无国家标准，现有产品按中国石油化工总公司企业标准分为 6 号液力传动油、8 号液力传动油和一种拖拉机传动、液压两用油（68 号）。

8 号液力传动油是以润滑油馏分经脱蜡、深度精制并加入增黏、降凝、抗氧、防腐、防锈、油性、抗磨、抗泡等多种添加剂后调制而成的，外观为红色透明液体，适用于各种装备自动变速器的汽车。8 号液力传动油（图 8-4）的技术指标接近 API 的 PTF-1 级液力传动油的技术指标。

6 号液力传动油是以深度精制的石油馏分，加入抗氧、抗磨、防锈、降凝、抗泡等添加剂后调制而成的，主要用于内燃机车、重负荷货车、履带车、越野车等大型车辆的液力变矩器和液力偶合器，还可用于工程机械的液力传动系统。

6号液力传动油（图8-5）的技术指标接近API的PTF-2级液力传动油的技术指标。

图 8-4　8号液力传动油　　　　　　　图 8-5　6号液力传动油

8.1.3　液力传动油的选择与使用

选择液力传动油时，应根据所使用的液力传动系统的结构特点，结合液力传动油类型进行选择。

1. 液力传动油的选择原则

液力自动变速器的工作特点要求液力传动油必须具有较高的品质。液力自动变速器油的型号很多，各国的用油规定也不同，一般应按汽车使用说明书的规定选用。

常见车型自动变速器型号与加油标准见表8-3。

表 8-3　常见车型自动变速器型号与加油标准

车　系	自动变速器型号	原厂要求的ATF型号	ATF加注量
捷达、宝来	01M		5.3L
桑塔纳/帕萨特1.8/2.0、领驭2.0	01N	G 052 162 A2	5.5L
帕萨特/领驭1.8T、奥迪A6 1.8T/2.4/2.8	01V（ZF5HP-19FL）		10.5L
奥迪A4 1.8T、A6 2.4/2.8、A6L 2.0T/2.4	01J	G 052 180 A2	7.5L
波罗	001	G 052 990 A2	5.7L
途安/新波罗/新宝来/速腾/迈腾	09G	G 052 025 A2	7.0L（新）
奥迪TT/迈腾	DSG 02E	G 052 182	7.2L
别克新世纪/君威/GL8/陆尊	4T65E	Dexron Ⅲ/Dexron Ⅵ	大修9.5L，干燥12.7L

（续）

车　系	自动变速器型号	原厂要求的 ATF 型号	ATF 加注量
别克君越	4T45E	Dexron Ⅵ	大修 9.0L，干燥 12.2L
别克新君越	6T40/6T45		大修 8 ~ 9L
别克赛欧	AF13（AW60-40LE/SN）	Dexron Ⅲ /texamatic 7045E	6L
别克凯越 1.8	ZF4HP16	ESSO LT 71141/Total ATF H50235	6.9L
雪佛兰景程	ZF4HP16	ESSO LT 71141/ISU H50235	6.9L
别克凯越 1.6	AW81-40LE	T- Ⅳ（SHGM 零件号 93730314（4L）/93730313（1L））	5.6L
雪佛兰乐骋	AW81-40LE	ISU Dexron Ⅲ /EDSM8026B	5.8L
别克新凯越	AW50-40LN	Dexron Ⅲ（Texaco ETL-7045E）/ JWS-3309	6.9L
别克林荫大道	5L40E	Dexron Ⅵ	8.9L
凯迪拉克 CTS	5L40E	Dexron Ⅲ	8.5L
长安福特蒙迪欧 2.0	CD4E	ESP-M2C166-H	7.5L
长安福特蒙迪欧 2.5	JF506E（5F31J）	WSS-M2C922-A1	—
长安福特蒙迪欧致胜	AWF21	WSS-M2C922-A	7.0L
长安福特福克斯	4F27E	WSS-M2C202-B	6.7L
东风本田雅阁 2.0/2.3（CF9/CG5）	BAXA/MAXA	HONDA ATF Premidm/Dexron Ⅱ / Dexron Ⅲ	6.2L
东风本田雅阁 3.0（CG1）	B7XA	HONDA ATF Premidm/ Dexron Ⅱ / Dexron Ⅲ	—
东风本田雅阁 2.0/2.4（CM4/CM5）	BCLA/DCLA	ATF-Z1	6.5L
东风本田雅阁 3.0（CM6）	BAYA	ATF-Z1	7.2L
东风本田飞度 CVT	SERA	ATF-Z1	—
东风本田奥德赛（RB1/K24A6）	DFKA（5AT）	ATF-Z1	大修 6.5L，保养 2.9L
东风本田 CR-V（RD5/K20A4）	MRVA（4 速 4 驱）	ATF-Z1	大修 7.5L，保养 3.1L
东风日产风神蓝鸟	RE4F03A	Dexron	7.0L
东风日产骐达 / 颐达（HR16DE）	RE4F03A	NISSAN Matic D ATF/ Dexron Ⅲ / Dexron	7.7L
东风日产阳光 N16	RE4F03A	纯正日产 ATF 或同类产品	7.0L
东风日产骏逸（MR18DE）	RE4F03A	NISSAN Matic D ATF/ Dexron Ⅲ / Mercon	7.9L
东风日产骊威（HR16DE）/ 轩逸（MR20DE）	RE4F03A	NISSAN Matic D ATF/ Dexron Ⅲ / Mercon	7.7L

（续）

车　　系	自动变速器型号	原厂要求的 ATF 型号	ATF 加注量
东风日产风度 A33（VQ20DE/VQ30DE）	RE4F04B/RE4F04W	纯正日产 ATF 或同类产品 /Dexron Ⅲ / Mercon	9.4L
东风日产天籁（VQ23DE/VQ35DE）	RE4F04B/RE4F04W	东风日产 NISSAN ATF/ Dexron Ⅲ / Mercon	8.9L
东风日产逍客 /ALTIMA（QR25DE）/ 轩逸（MR20DE）	RE0F10A	NISSAN CVT fluid NS-2	2WD8.3L 4WD9.3L
丰田佳美 2.0/2.4（ACV3）/大霸王（ACR）	U241E	T-Ⅳ	—
丰田凯美瑞 200（ACV41/1AZ-FE）	U241E	ATF WS	8.6L
丰田凯美瑞 240（ACV40/2AZ-FE）	U250E	ATF WS	8.0L
丰田新皇冠（3GR-FE）/锐志 / 雷克萨斯 GRS190（3GR-FE/3.0）	A760E	ATF WS	7.6L
丰田锐志	A960E	ATF WS	—
马自达 M6	FN4A-EL	M-3/ATF M-Ⅴ	7.2L
海马福美来	FN4A-EL	ATF M-Ⅲ	7.2L
北京现代索纳塔 / 伊兰特 1.8	F4A42	Diamond ATF SP-Ⅲ /SK ATF SP-Ⅲ	7.8L
北京现代伊兰特 1.6	A4AF3	Diamond ATF SP-Ⅲ	—
富康 / 爱丽舍 / 雷诺 /标致	AL4（DPO）	—	—
上汽荣威 750	55-51SN	JWS-3309（T-Ⅳ）	—
奇瑞风云	4HP14		
奇瑞旗云	VT1F	ESSO CVT Fluid EZL 799	大修 5.5L，保养 4.5L
奇瑞东方之子	F4A42-2	Genuine Diamond ATF SP-Ⅲ	7.8L
奇瑞新东方之子	AL3（DPO）	—	—
中华尊驰 1.8T	ZF4HP20	—	—
一汽奔腾	FS5A-EL	ATF M-Ⅴ	8.14L

　　我国兰州炼油厂、上海炼油厂等炼油企业生产的液力传动油，按 100℃运动黏度分为 6 号、8 号两种规格，其中 6 号液力传动油用于内燃机车或货车的液力自动变速器，8 号液力传动油用于各种乘用车、轻型客车的液力自动变速器。

　　目前，美国生产的自动变速器油产销量都比较大，主要有通用汽车公司的 Dexron Ⅲ（图 8-6）、Dexron Ⅵ 型 ATF（图 8-7）和福特汽车公司的 Mercon Ⅴ、Mercon Ⅵ、Mercon SP（图 8-8）、Mercon LV 型 ATF 等。

图 8-6　Dexron Ⅲ 型 ATF

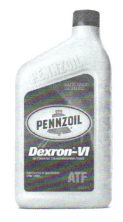

图 8-7　Dexron Ⅵ 型 ATF

图 8-8　Mercon SP 型 ATF

选择使用国外进口的 ATF，在油品质量上固然有保障，但其价格很高，经济上并不合算。目前，我国已经有 5 家润滑油制造商通过了美国通用汽车公司的 Dexron Ⅵ 型 ATF 品质认证，并获得了 Dexron Ⅵ 型 ATF 生产许可证，其具体信息见表 8-4。

表 8-4　获得通用汽车公司 Dexron® Ⅵ 型 ATF 认证的国内润滑油制造商

序　　号	认证油品型号	润滑油制造商	认证许可证编号
1	Dexron® Ⅵ 型 ATF	中石化润滑油公司	J-60006
2		济南零公里润滑油公司	J-60361
3		壳牌统一石化公司	J-60352
4		天津出光润滑油有限公司	J-60337
5		沈阳喜马化工有限公司	J-60367

选择使用这些国内厂家生产的 ATF，既可以保证 ATF 的高品质，又可以大幅度降低汽车维护保养费用，可谓一举两得。

目前，市场上常见的 ATF 品牌繁多，如美孚、壳牌、埃索、加士多、BP、AC Delco 等等，基本都属于 Dexron/Mercon 这一类型，亦即都是按照美国通用汽车公司的 Dexron 技术标准和福特汽车公司的 Mercon 技术标准生产的。

实际上，每一款自动变速器的设计都有不同的技术要求，即便是同一款自动变速器，当将其配置在不同车型上时，自动变速器的转矩、功率、转速等都会有所不同，相应地，对 ATF 的技术要求也会有所不同。

因此，汽车制造商都会在其汽车使用说明书中明确规定使用何种型号、品牌的 ATF，或明确规定使用哪家代工生产商（OEM）的 ATF 产品。作为汽车用户，只要按照汽车使用说明书的具体规定选择 ATF 即可。

ATF 不仅仅起润滑和冷却作用，更重要的是有效地传递发动机和自动变速器之间的转矩，所以 ATF 油质的好坏或品种、型号选择的正确与否将直接影响到汽车发动机的功率损失、自动变速器的正常工作以及自动变速器的使用寿命，同时还会影响汽车的乘坐舒适性和驾驶乐趣。

例如，雷克萨斯（Lexus）400原厂要求使用的是高效、抗磨型HFM-ATF（Highly Friction Modified ATF），如果使用普通的Dexron Ⅲ型ATF，就会对自动变速器的换档品质产生显著影响。

普通的Dexron Ⅲ型ATF与HFM-ATF最根本的区别是其摩擦性能不同，HFM-ATF有着更加细腻的润滑油分子以及较高的抗剪切能力，在半离合状态下或在接合的一瞬间，作用在摩擦材料表面的油膜能起到非常理想的滑磨作用，能有效缓冲接合瞬间的强大冲击，使离合器或制动器的接合更加平顺，换档更加畅顺。

同时，细腻的润滑油分子还可以大大减少滑阀卡滞现象，使阀体工作更加顺畅。对于滑阀的运动感受而言，使用Dexron Ⅲ型ATF犹如光脚走在碎石路上，生硬、硌脚，难于行走；而使用HFM-ATF则犹如光脚走在沙质细腻的沙滩上，舒适、惬意，行动自如。这就是为什么Dexron Ⅲ型ATF几乎可以用于任何一款自动变速器，但使用效果却截然不同的原因。

使用低品质或假冒的ATF，后果是十分严重的。低品质或假冒的ATF，抗高温能力很差，容易产生油品氧化，生成油泥和油渣，堵塞滤网，降低变速器工作油压，影响换档品质；容易产生气泡，造成油压不稳，同时损伤摩擦材料、橡胶密封件和金属零部件，最终导致自动变速器无法正常工作。

使用低品质或劣质的ATF，给自动变速器带来的危害往往是致命的。通常，使用合格ATF的自动变速器，可以正常工作10万千米以上，而使用劣质ATF的自动变速器，往往只行驶几万千米就会因磨损加剧等原因导致自动变速器大修。

2. 液力传动油使用注意事项

1）液力传动油是一种专用油品，为与其他车用油品相区别，并便于检查泄漏，ATF一般都加有染色剂，外观为红色透明液体，无明显的气味。

ATF绝对不能与其他车用油品混用，同牌号不同厂家生产的ATF也不宜混兑使用，以免造成油品变质（不同厂家生产的ATF，其添加剂配方可能不同）。

2）注意保持ATF油温正常。长时间重载低速行驶，将使ATF油温上升，加速ATF的氧化变质，生成沉积物和积炭，阻塞细小的通孔和油液循环管路，这将使自动变速器进一步过热，最终导致变速器损坏。

3）经常检查ATF油面高度。检查方法如下：将车辆停在平整路面上，发动机保持怠速运转，使ATF处于正常工作温度下（车辆在长途行驶或拖带挂车后，要在怠速运行30min后检查），此时ATF油面高度应在ATF油尺上下刻度线之间。

需要注意的是，液力自动变速器的ATF油尺（图8-9）一般都有冷态（油温低于80℃）和热态（油温在80～150℃之间）两个标尺。检查ATF油面高度时，应以热态标尺为准，冷态标尺仅供参考。

如果油量过多，应及时排出多余的ATF油，以免造成搅油损失和其他不良后果；油量不足时应及时添加；如果油面下降过快，则说明变速器可能存在漏油现象，应及时予以排除。

4）经常检查自动变速器壳体上的通气管（亦称气压平衡管）是否畅通，以防被污泥堵塞，不利于变速器内气压平衡。为了确保ATF走热之后，变速器内外的气压仍能维持平衡，在液力自动变速器壳体上都设有通气管（图8-10和图8-11）。

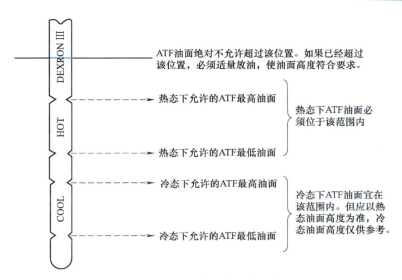

ATF油面绝对不允许超过该位置。如果已经超过该位置，必须适量放油，使油面高度符合要求。

热态下允许的ATF最高油面

热态下ATF油面必须位于该范围内

热态下允许的ATF最低油面

冷态下允许的ATF最高油面

冷态下ATF油面宜在该范围内。但应以热态油面高度为准，冷态油面高度仅供参考。

冷态下允许的ATF最低油面

图 8-9　ATF 油尺及油面高度检查

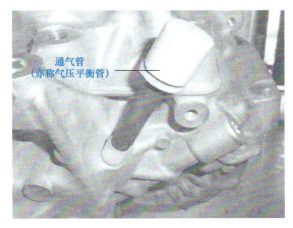

图 8-10　雪铁龙 C5 自动变速器的通气管（仰视）　　图 8-11　雪铁龙 C5 自动变速器的通气管（侧视）

大量的维修经验表明，很多变速器漏油故障都是因为通气管被油泥堵塞而引发的，应引起驾修人员的高度重视。

5）按车辆使用说明书的规定，定期更换 ATF 和滤清器（或清洗滤网），同时拆洗自动变速器油底壳，并更换其密封垫。通常每行驶 10000km 应检查油面，每行驶 40000km 应更换 ATF。

6）在检查油面和换油时，应注意观察油液状况。可在手指上涂上少许油液，用手指捻压油液，感觉是否有渣粒存在，并从油尺上嗅闻油液气味，通过对油液的外观检查，可对 ATF 的品质做出初步判断。

8.1.4　液力传动油的检查与更换

1. 液力传动油的检查

（1）油面高度的检查　自动变速器的生产厂不同，ATF 油面高度的检查条件也不同，

ATF 油尺的刻度标准也不完全相同。

检查时一般都要求：ATF 处于热态（油温为80℃左右），汽车停放在水平路面上并拉紧驻车制动器，发动机怠速运转。

踩下制动踏板，将自动变速器的变速杆在各档位轮换停留几秒，使油液充满液力变矩器和所有执行元件，然后将发动机熄火，将变速杆拨至停车档（P）位置（图 8-12）。

此时抽出 ATF 油尺，用干净的抹布擦净后重新插入，再拔出检查，ATF 油面高度应在油尺上规定的热态（HOT）上限刻度和下限刻度之间（图 8-9）。

（2）油质的检查　正常的 ATF 清澈纯净，呈红色，且无异味。如果使用不当，则容易导致油液变质。因此，必须加强对油液品质的检查。

图 8-12　将变速杆拨至停车档（P）位置

从油质变化中还可以了解自动变速器具体的损坏情况。

可用检测仪器检查 ATF 油液品质。如无检测设备时，可从外观上加以判断，用手指捻一捻油液，感觉油品的黏度及是否有杂质，用鼻子闻一闻油品是否有焦糊味。

ATF 的污浊度可以直接由油品颜色的变化上观察出来，其颜色变化规律一般为：鲜红→浅褐→深褐→暗红→黑。油液品质越差则颜色越深、越暗。

图 8-13 所示的 ATF 呈现深褐色，发黑，发暗，已经不能继续使用；图 8-14 所示的ATF 浑浊不清、颜色发白，说明水分已进入油中，必须及时更换同牌号的新油。

图 8-13　废油的颜色（ATF 呈现深褐色，发黑）（见彩图 8）

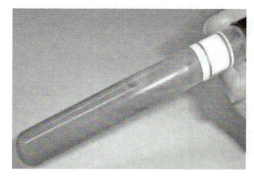

图 8-14　混入水分的 ATF（浑浊不清、颜色发白）（见彩图 9）

ATF 油液品质的变化与其故障原因的对应关系见表 8-5。

（3）油温的检查　油温是影响自动变速器和 ATF 使用寿命的一个重要因素。油温过高会使 ATF 黏度下降，品质劣化，产生油膏、沉淀物和积炭，堵塞油道，阻滞控制滑阀，降低润滑、冷却效果，破坏密封件等，最终导致故障。

表 8-5　ATF 油液品质的变化与其故障原因的对应关系

ATF 油液品质的变化	故 障 原 因
外观呈鲜亮、透明的红色，无明显异味	正常
颜色发白、浑浊	水分已进入油中（可能是通过 ATF 冷却器进水）
颜色发黑、发稠，油尺上有胶质油膏	ATF 因油温过高或使用时间过长而变质
外观呈深褐色、棕色	油液使用时间过长 长期高负荷运转，或某些部件打滑、损坏，引起 ATF 过热
油液中出现固体残渣	离合器片、制动片和单向离合器磨损严重
ATF 中有金属磨屑	说明有金属传动机件出现严重磨损或损伤
油液有焦糊味	ATF 油面过低，油温过高 ATF 冷却器、滤清器或管路堵塞 摩擦材料有烧蚀现象

ATF 油量过少、液力变矩器卡滞、离合器与制动器打滑或分离不彻底、单向离合器打滑、ATF 冷却器及管路堵塞等故障都可能导致油温异常升高。

因此，驾车时必须按规定正确操纵自动变速器，保证自动变速器技术状况良好。行车途中应注意检查自动变速器壳体的温度是否正常，若发现壳体温度过高，应立即停车检修。

发现油温过高时，应首先检查油面高度是否合适。若油面高度合适但仍过热，则需要检查 ATF 冷却器及管路是否堵塞。若 ATF 循环正常，无堵塞或泄漏现象，则可更换 ATF；若换油仍不能奏效，则需对自动变速器进行全面检修。

2. 液力传动油的更换

ATF 都有一定的使用期限，当达到这个期限时，油品就不能很好起到润滑作用，所以应按照汽车使用说明书的规定定期更换。上海大众、一汽大众、福特、本田、雪铁龙车系一般每 6 万千米更换 ATF；丰田车系一般每 4 万千米更换 ATF；个别高端车型的 ATF 换油周期可长达 12 万千米，甚至可以永久使用，终身无须更换。具体换油周期应以汽车使用说明书的规定为准。

（1）ATF 的常规更换　换油时，应先放掉旧油。在放油前应先驾驶车辆一段时间，使 ATF 预热到正常工作温度（70 ~ 80℃），以便降低 ATF 的黏度（以利油内杂质和沉淀物随旧油一起排出），然后停车熄火，将汽车停放在水平路面（或举升机）上，变速杆拨至驻车档（P）位置，并拉紧驻车制动器。

拆下自动变速器油底壳上的放油螺塞，将油底壳内的油液放净，视情况拆下油底壳，彻底清洗油底壳和滤清器滤网，并将 ATF 冷却器冲洗干净，然后再将油底壳和放油螺塞装好。

加油时，先从自动变速器加油口注入规定牌号的 ATF 至规定的油面高度（因加入的是新油，温度较低，油面高度应在油尺刻度线的冷态下允许的液面范围内附近）。然后起动发动机，在发动机怠速运转条件下，移动变速杆经所有档位后回到驻车档（P）位置，此时 ATF 的温度已经升高如果油面低于热态下允许的最低油面高度规定值，则应继续加油至规定的油面高度。

最后，行车至 ATF 达到正常工作温度，再次检查热态时 ATF 油面高度，并调整至规定值。

ATF 油量的多少，对自动变速器的使用性能和使用寿命均有较大影响。因此，加入自动变速器的 ATF 油量必须符合标准。

若油面低于标准，油泵会吸入空气，空气混入 ATF 后，会导致系统主油压过低，使各控制滑阀和执行元件动作失准，操纵失灵，从而出现换档滞后、离合器和制动器打滑等故障。

油面过低时，还会导致离合器、制动器的摩擦材料早期磨损，同时加速 ATF 的氧化变质。此外，由于运动件得不到充分、可靠的润滑，还有可能因过热而引发运动件卡滞及产生异常噪声。

当油面过高时，在增大搅油损失的同时，会由于机械搅拌而产生大量的泡沫，这些泡沫进入液压控制系统后，会引发操纵失灵，换档滞后等问题。

如果控制阀体浸没于自动变速器油中，则液压管路中的离合器、制动器的泄油口会被自动变速器油阻塞，导致阀体背压增大、系统主油压过高，施加于离合器、制动器的油压就不能完全释放或释放速度太慢，使离合器、制动器动作迟缓，从而出现换档冲击、换档提前等故障。

在坡路上行驶时，过多的 ATF 在油底壳中晃动，可能从加油管处往外窜油，遇明火后容易引发火灾。

（2）ATF 的彻底更换　采用传统的 ATF 换油方法进行换油时，会在液力变矩器、行星齿轮变速器和 ATF 冷却器及管路中残留大量的旧油，无法彻底将旧油放净。新油加入以后，会立即被系统内的旧油污染，未被排出的沉积物还会严重影响系统的工作性能。

为达到彻底换油的目的，可使用 ATF 等量自动换油机彻底清除旧油，保证 100% 更换自动变速器中的 ATF。

ATF 等量自动换油机（图 8-15）是一种全自动的 ATF 换油设备，可方便、快捷地完成变速器的免拆清洗和新旧 ATF 的等量交换。使用中无须区别自动变速器与 ATF 冷却器管路间的油流方向，亦无须区分进油管和回油管，设备即能自动切换进、出油。另外，还可以加入自动变速器保护剂和止漏剂，为自动变速器提供全面的呵护。

操作方法如下：

1）需要换油时，将 ATF 等量自动换油机连上电源，使用配套的接头将自动换油机和自动变速器冷却器管路相接。

2）加入自动变速器清洗剂（图 8-16），在发动机怠速状态下，踩住制动踏板（刹车），逐一更换自动变速器的各个档位，使自动变速器清洗剂在变速器油路内做充分的循环，以清除有害物质。

3）利用 ATF 等量自动换油机彻底抽出旧油（脏油），注入等量的新油即可。

注入新油时，可在新油中兑入适量的自动变速器保护剂（图 8-17），添加比例以保护剂占 5%（体积分数），新油占 95% 为宜。对于老旧车辆的自动变速器，最好再加入一瓶自动变速器止漏剂，以恢复变速器密封件的弹性，延迟油封老化，防止 ATF 渗漏。

利用 ATF 等量自动换油机换油并结合自动变速器清洗剂、保护剂和止漏剂的使用，可以把变速器系统内的漆膜、油泥、磨屑、残渣等沉积物完全排出自动变速器，避免污染新油，且能有效恢复各部油封和密封垫的弹性，增强密封性能，防止 ATF 渗漏，大大延长 ATF 和自动变速器的使用寿命。

图 8-15   ATF 等量自动换油机　　　图 8-16   自动变速器清洗剂　　图 8-17   自动变速器保护剂

8.2   液压传动油

自卸汽车、汽车起重机（图 8-18）、铲车、挖掘机等各种专用车辆及工程机械上的液压系统使用液压油作为工作介质。在其液压系统中，油液的流速很低，但工作压力却很高，属于静压传动范畴。

图 8-18   徐工集团汽车起重机

静压传动系统工作的可靠性和使用寿命，在很大程度上取决于液压油的性能和使用方式。

8.2.1   对液压油的使用性能要求

1. 良好的不可压缩性

为可靠传递动力和运动，要求液压油应具有并保持良好的不可压缩性。通常情况下，

液压油在外力作用下是不容易改变其体积的，即液压油是不可压缩的。但空气混入后会影响其不可压缩性。

2. 良好的流动性

液压油的流动性直接影响能量的传递效果。为保证液压油在工作过程中具有良好的流动性，要求液压油应具有适宜的黏度和良好的黏温性能。

黏度偏高，会使系统压力降和功率损失增加；黏度过高，则系统在寒冷气候条件下难于起动，并可能产生气穴腐蚀；黏度偏低，液压泵的内部泄漏会增大，容积效率会降低；黏度过低，则会使系统压力下降，油温升高，磨损增加，甚至造成系统控制失灵。因此，液压系统要求液压油必须具有适宜的黏度。

3. 良好的润滑性和抗磨性

在液压系统中，液压泵和大功率的液压马达是主要运动部件。在起动和停车时往往可能处于边界润滑状态。在这种情况下，若液压油的润滑性不良，抗磨性差，则会发生粘着磨损、磨料磨损和疲劳磨损，造成液压泵和液压马达性能降低，寿命缩短，系统产生故障。因此，在抗磨、低温液压油中常常添加一定量的抗磨和极压添加剂，以提高油品的抗磨性和抗极压性能，满足润滑要求。

4. 良好的稳定性

液压油的稳定性是保证液压系统长期、安全、稳定运行的一个极为重要的因素。稳定性包括热稳定性、氧化安定性、抗腐蚀性、防锈性、剪切稳定性、抗乳化性、水解安定性、低温稳定性和储存稳定性等。

液压油稳定性中的任何一项性能不能满足要求，在使用中都可能发生问题。液压油的热稳定性差会使系统出现某些阀芯粘结、油泥堵塞和铜腐蚀；液压油的氧化安定性差，油品使用寿命就会大大缩短；液压油的抗腐蚀性和防锈性不合格会使系统出现锈蚀、腐蚀轴承、加速磨料磨损等。因此，要求液压油应具有良好的稳定性。

5. 良好的适应性

液压油的适应性是指液压油对与其接触的各种金属材料、非金属材料（如橡胶、涂料、塑料等）无侵蚀作用。反过来，这些材料也不会使液压油污染变质，能彼此适应、和谐相处。

液压油的适应性差会产生金属腐蚀、涂料溶解、橡胶的过分膨胀等不良现象。同时，也会加快油品的污染变质，缩短油品使用寿命，甚至造成系统运行故障。因此，要求液压油必须与系统的各种材料相适应。

6. 良好的抗燃性

对于在高温热源和明火附近作业的液压系统（如炼钢厂的电炉液压系统、高速线材机液压系统、热连轧厂的卷板机液压系统等），如果发生管路破裂、系统泄漏，会使液压油与高温热源和明火接触，导致火灾的发生。因此，为安全起见，对这种特殊场合使用的液压油提出了抗燃性要求。

7. 良好的环保性

废弃不用的液压油应易于处理、污染少、毒性小，具有良好的环保性。一般来说，矿物油型液压油属于无毒油品，也易于处理。环保性较差的是抗燃液压油。目前，国外正在发展可生物降解的液压油。

8. 良好的可滤性

大量的工业和移动设备的液压系统现场使用经验表明，抗磨液压油，特别是被少量水污染后的抗磨液压油很难过滤，容易造成液压泵及其他部件也被污染，导致系统磨损显著增加。

此外，在某些非常精密的液压伺服系统中，阀芯尖锐的刃口易被液压油中的磨蚀颗粒所伤害，导致精度下降、控制失灵。因此，近年来对液压油提出了可滤性要求。

8.2.2　液压油的产品标准与分类

1. 液压油的分类

现行国家标准 GB/T 7631.2—2003《润滑剂、工业用油和相关产品（L 类）的分类第 2 部分：H 组（液压系统）》将液压油划归到 L 类的 H 组中。其中，L 类属于润滑剂和有关产品，L 为润滑剂的英文 Lubricants 的首字母；H 组属于液压系统，H 为液压系统的英文 Hydraulic Systems 的首字母。

2. 液压油的黏度等级

现行国家标准 GB/T 3141—1994《工业液体润滑剂　ISO 黏度分类》等效采用国际标准 ISO 的分类，对液压油的黏度等级做出了明确的规定。

GB/T 3141—1994 按照液压油 40℃ 运动黏度的中间点黏度数值，将液压油划分为 20 个黏度等级，常用的 10 ～ 150 各级中间点运动黏度及运动黏度范围详见表 8-6。

表 8-6　液压油的黏度等级（摘自 GB/T 3141—1994）

ISO 黏度等级	中间点运动黏度（40℃）（mm²/s）	运动黏度范围（40℃）（mm²/s）	
		最　小	最　大
10	10	9.0	11.0
15	15	13.5	16.5
22	22	19.8	24.2
32	32	28.8	35.2
46	46	41.4	50.6
68	68	61.2	74.8
100	100	90.0	110
150	150	135	165

3. 液压油的产品标记

现行国家标准 GB 11118.1—2011《液压油（L-HL、L-HM、L-HV、L-HS、L-HG）》将国产液压油分为 L-HL 抗氧防锈液压油、L-HM 抗磨液压油（高压、普通，图 8-19）、L-HV 低温液压油（图 8-20）、L-HS 超低温液压油和 L-HG 液压导轨油五个品种。

GB 11118.1—2011 规定，我国液压油的产品标记由品种代号、黏度等级、产品名称和执行标准号四部分组成，如 L-HL46 抗氧防锈液压油 GB 11118.1、L-HM46 抗磨液压油（高压）GB 11118.1、L-HV68 低温液压油 GB 11118.1 等。

图 8-19　L-HM 抗磨液压油

图 8-20　L-HV 低温液压油

我国液压油产品标记示例：

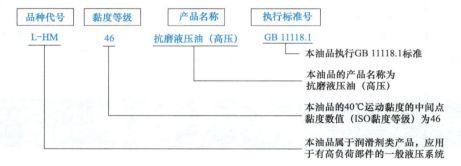

国产液压油类别及适用场合见表 8-7。

表 8-7　国产液压油类别及适用场合（GB 11118.1—2011）

品 种 代 号	黏 度 级 别	产品特性及适用场合
L-HL	具 有 15、22、32、46、68、100、150 七个黏度级别	属于抗氧防锈液压油，适用于要求换油周期较长的轻负荷机械的油浴式非循环润滑系统
L-HM	L-HM（高压）液压油具有 32、46、68、100 四个黏度级别	属于抗磨液压油，L-HM（高压）液压油适用于高温、高速和高负荷的叶片泵和柱塞泵的液压系统、车辆和工业机械的液压系统，压力范围为 21 ~ 35MPa
	L-HM（普通）液压油具有 22、32、46、68、100、150 六个黏度级别	属于抗磨液压油，L-HM（普通）液压油适用于高负荷液压系统及车辆的液压系统，压力范围为 14 ~ 21MPa
L-HV	具有 10、15、22、32、46、68、100 七个黏度级别	属于低温液压油，适用于露天、寒区及温度变化大的地区的设备、车辆的液压系统
L-HS	具 有 10、15、22、32、46 五个黏度级别	属于超低温液压油，适用于严寒地区及温度变化大的地区的设备及车辆的液压系统
L-HG	具有 32、46、68、100 四个黏度级别	属于液压导轨油，适用于液压及导轨为一个油路系统的精密机床，可使机床在低速下将振动或间断滑动（黏-滑）减为最小

8.2.3 液压油的选择与使用

1. 液压油的选择

对于用户而言，应优先按照液压设备使用说明书的规定选择和使用液压油。对于液压设备开发、制造商而言，液压油的选择，应从液压设备的工作压力、工作温度、工作环境、液压系统及元件结构和材质、液压系统的运行经济性等几个方面进行综合考虑，参照表8-8进行。

表8-8 各种液压泵选用的液压油

设 备 类 型	系统压力	系统温度	液压油类型	黏 度 等 级
叶片泵	< 7MPa	5 ~ 40℃	HM 型液压油（普通）	32、46
	> 7MPa	40 ~ 80℃	HM 型液压油（高压）	46、68
	< 7MPa	5 ~ 40℃	HM 型液压油（普通）	46、68
	> 7MPa	40 ~ 80℃	HM 型液压油（高压）	68、100
螺杆泵	—	5 ~ 40℃	HL 型液压油	32、46
	—	40 ~ 80℃	HL 型液压油	46、68
齿轮泵	—	5 ~ 40℃	HL 型液压油，中高压以上时用 HM 型液压油（高压）	32、46、68
	—	40 ~ 80℃	HL 型液压油，中高压以上时用 HM 型液压油（高压）	100
径向柱塞泵	—	5 ~ 40℃	HL 型液压油，中高压以上时用 HM 型液压油（高压）	32、46
	—	40 ~ 80℃	HL 型液压油，中高压以上时用 HM 型液压油（高压）	68、100
轴向柱塞泵	—	5 ~ 40℃	HL 型液压油，中高压以上时用 HM 型液压油（高压）	32、46
	—	40 ~ 80℃	HL 型液压油，中高压以上时用 HM 型液压油（高压）	68、100

2. 液压油的合理使用

1）液压油不能随意混用。如已确定选用某一牌号的液压油则必须单独使用。未经液压设备制造厂家同意或没有科学依据时，不得随意与不同黏度牌号的液压油，或是同一黏度牌号但不是同一厂家的液压油混用，更不得与其他类别的液压油混用。

2）注意确保液压系统的密封良好。液压系统必须保持密封良好，防止液压油泄漏，同时防止外界各种灰尘、杂质、水分混入液压油。

3）油箱内壁不要涂刷油漆，以防止在液压油中产生沉淀物。换油时要彻底清洗油箱，注油时必须过滤。

4）应保证油箱温度不超过液压油允许的范围。一般液压系统的油箱温度最好控制在65℃以下，机床液压系统的油箱温度则应控制在55℃以下，否则应进行冷却。

5）定期检查油液质量，按照换油指标及时更换液压油。

3. 液压油的质量监控

液压油的质量监控可参照 SH/T 0476—1992《L-HL 液压油换油指标》、NB/SH/T 0599—2013《L-HM 液压油换油指标》进行，为节省篇幅，在此不做赘述。

4. 液压油的更换

当液压油因使用时间过长而变质需要更换时，宜采用"以新油顶旧油"的换油方法彻底更换液压油。

1）更换液压设备油箱中的液压油。先将油箱中的液压油放掉（用油盆接好，不可随意弃置，以免污染环境），并拆卸总油管。然后仔细清洗油箱及液压油滤网。可先用清洁的化学清洗剂清洗，待晾干后，取用新液压油冲洗，待完全放出冲洗油后再加入新的液压油。

2）起动发动机并怠速运转，使液压泵开始工作，分别操纵各工作机构。靠新液压油将系统各回路的旧油逐一排出（排出的旧油不得流回液压油箱），直至总回油管有新油流出后，再停止液压泵的工作。

需要注意的是，在各个回路换油的同时，要不断向液压油箱中补充新的液压油，以防油箱内新油存量不足，造成液压泵吸空。

3）待所有回路均换油完毕后，再将总回油管与油箱连接，将各元件置于初始工作状态，向油箱中补充新液压油至规定油位即可。

采用上述"以新油顶旧油"的换油方法，虽然费时费力，且消耗了一定量的新液压油，但却可以将液压系统内的旧油全部换成新油，实现液压油的彻底更换，可确保液压设备在下一个换油周期内正常工作。

那种认为"只需将油箱内的旧油放光、加满新油即可"的看法是错误的，因为此时液压油管和液控阀中还残留有许多旧油，液压设备工作时新旧油混合使用会加快新油变质的速度。

8.3　动力转向油

8.3.1　液压动力转向系统

目前，绝大部分商用车和部分乘用车都采用液压动力转向系统（亦称液压助力转向系统，图 8-21），使得车辆的转向操作极为轻便。

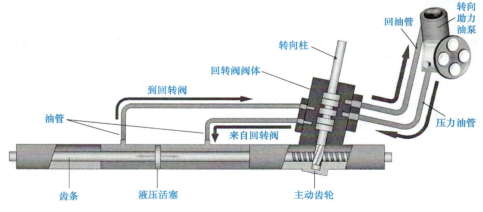

图 8-21　液压助力转向系统

液压助力转向系统又可以分为机械液压助力转向系统和电控液压助力转向系统两大类，但都是使用工作油液作为传动介质的。

8.3.2　液压动力转向系统工作油液

长期以来，商用车及重型汽车一般采用 L-HV 或 L-HS 液压油作为液压动力转向系统

工作油液（最低气温在 – 10℃以上的地区，可全年使用 46 号 L-HV 液压油；最低气温在 –20 ～ –10℃的地区，可全年使用 32 号 L-HS 液压油；最低气温在 –35 ～ –20℃的地区，可全年使用 22 号 L-HS 液压油），而乘用车一般采用自动变速器油（ATF）作为液压动力转向系统工作油液，但目前有采用动力转向机专门用油的趋势。

采用动力转向机专门用油可减少磨损、防止氧化起泡、降低工作温度、保护油封及管路，使转向机构操作轻便、顺滑。动力转向机专门用油含有去污添加剂的成分，可以有效清洁整个系统。

市场上常见的几种动力转向机专门用油如图 8-22 所示。

图 8-22　常见的几种动力转向机专门用油

8.3.3　动力转向油的检查与更换

1. 动力转向油的检查

图 8-23 所示是汽车动力转向系统半透明储油罐。检查时，油位应在正常范围之内，即油位应在 MIN 和 MAX 之间。且发动机运转与熄火时，油面高度差不应大于 5mm。

图 8-24 所示为自身带有油尺的汽车动力转向系统储油罐。检查时，油位应在正常范围之内，即油位应在 MIN 和 MAX 之间。

图 8-23　汽车动力转向系统半透明储油罐（见彩图 10）

图 8-24　自身带有油尺的汽车动力转向系统储油罐（见彩图 11）

2. 动力转向油的更换

为确保动力转向系统工作正常，一般要求车辆每行驶两年，即更换动力转向油。

1）制作排油延长管。如图8-25所示，找一根长度适宜的、与汽车动力转向系统储油罐的排油管内径相同的橡胶管，一端接一个金属管接头，另一端接一个汽油滤清器（采用已经用过的废品即可，不必使用新件。亦可使用其他重物）。

金属管接头用于连接储油罐的排油管，汽油滤清器或其他重物用于确保将旧油引入废油桶，以免旧油乱喷乱溅。

2）用ATF抽油机或医用注射器抽空储油罐内的旧动力转向油（图8-26）。

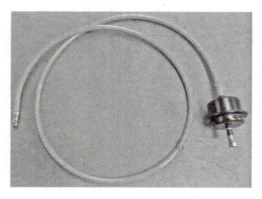

图 8-25　排油延长管

图 8-26　抽空储油罐内的旧动力转向油

3）如图8-27所示，拆下动力转向油的排油管。将排油延长管的金属接头接到来自转向器的排油橡胶管上（图8-28），将排油延长管带有汽油滤清器或其他重物的一端插入废油桶（图8-29）。

图 8-27　拆下动力转向油的排油管

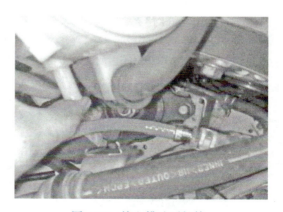

图 8-28　接上排油延长管

需要注意的是，汽车动力转向油储油罐上有两根油管，其中一根是进油管（较粗），一根是排油管（较细），要注意区分，不要弄错。

4）如图8-28和图8-30所示，一人用拇指堵住储油罐的排油管管口，向储油罐内注入新油。同时，另一人起动发动机，挂入N位，反复将汽车转向盘打到左右极限位置，排出旧油。

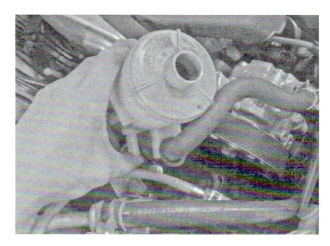

图 8-29 将排油延长管的另一端插入废油桶　　　图 8-30 堵住储油罐的排油管管口

在换油过程中，要一边排油一边注入新油，确保动力转向油泵不致抽空。直至排油延长管中不再有旧油流出为止。

5）将发动机熄火，拆下排油延长管，恢复动力转向系统的管路连接，将新油补充至规定的油面高度。

6）起动发动机，进行 S 形行车路试。再次检查并调整油面高度至规定值（图 8-31）即可。

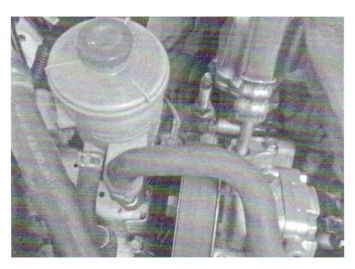

图 8-31 检查并调整油面高度至规定值

思考与实训

1. 选择题

1）美国通用汽车公司生产的汽车自动变速器，适宜选用 ____ 系列 ATF。

A. Dexron　　　　　　　　　B. Allison

  C. Mercon   D. Caterpillar

2）美国福特汽车公司生产的汽车自动变速器，适宜选用 ＿＿＿ 系列 ATF。

  A. Dexron   B. Allison

  C. Mercon   D. Caterpillar

2. 问答题

1）对液力传动油有哪些性能要求？

2）对液压传动油有哪些性能要求？

3. 实操题

1）分别蘸取少量用过的旧传动油（ATF、动力转向油）和未经使用的新传动油（ATF、动力转向油），在手指之间捻搓，感受新、旧油品在外观、黏度上的差异；用鼻子仔细嗅闻并感受新、旧油品在气味上的差异；用舌尖仔细品味新、旧油品在味觉上的差异，以加深印象（请勿吞咽，并及时漱口）。

2）在实验室利用教学车辆演练 ATF 保养（更换 ATF）作业项目。

第9章

汽车制动液

【学习目标】

- 了解汽车制动液的使用性能指标。
- 熟悉汽车制动液的分类和规格。
- 掌握汽车制动液的选择和更换方法。

9.1　制动液的使用性能与分类

9.1.1　制动液的作用

在乘用车和轻型汽车上广泛采用液压行车制动系统（图9-1）。汽车制动液（Brake Fluid）又名机动车辆制动液、机动车制动液、刹车油或刹车液，是用于汽车液压制动系统中传递制动压力，使车轮制动器实现制动作用的一种功能性液体。

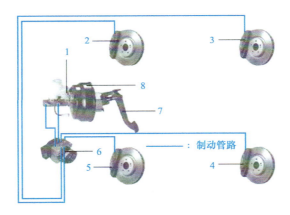

图9-1　乘用车液压行车制动系统示意图

1—制动主缸及制动液储液罐　2—右前车轮制动轮缸及制动器　3—右后车轮制动轮缸及制动器
4—左后车轮制动轮缸及制动器　5—左前车轮制动轮缸及制动器
6—ABS液压制动力调节单元（含ABS液压泵及ABS控制电脑）　7—制动踏板　8—真空助力器

汽车制动液的作用主要体现在以下几个方面：

1. 传递制动压力

在液压行车制动系统中，制动压力靠制动液进行传递，借以驱动制动装置（制动轮缸或制动卡钳）工作。一般乘用车的制动压力为2MPa左右，大型重负荷、高速商用车的制动压力可达4～5MPa，甚至更高。

2．协助散热

制动装置工作时，摩擦部件（制动鼓与制动蹄，或制动盘与制动衬块）之间会产生大量的热，导致摩擦部件及其周围相关机件的温度迅速上升。

例如，当车辆以 95km/h 的初速度紧急制动时，摩擦部件的温度会快速升高到 230℃。车辆初速度越高、车辆载荷越大、制动强度越大，则摩擦部件的温度就越高，甚至能达到红热状态（图 9-2）。

图 9-2　高强度制动导致制动盘达到红热状态

尽管大部分摩擦热是由铸铁制动鼓或制动盘吸收并通过行车迎面风散失的，但此时制动液在一定程度上也起到散热、降温作用。

3．防腐防锈

在液压行车制动系统中，制动液具有防锈、防腐的作用，可提高制动系统金属零部件的使用寿命。

4．润滑减磨

在液压行车制动系统工作时，制动主缸（亦称制动总泵）、制动轮缸（亦称制动分泵）中的活塞（含活塞皮碗）与缸体内壁之间，主要依靠制动液实现润滑作用，以减少摩擦阻力，延缓磨损。

9.1.2　制动液的使用性能

对汽车制动液的使用性能要求是：黏温性好，凝固点低，低温流动性好；沸点高，高温下不产生气阻；使用过程中品质变化小，不会引起金属件和橡胶件的腐蚀和变质。

1．高温抗气阻性

现代汽车的行驶速度很快，相应地，汽车制动液的工作温度范围也很宽。

汽车在平路上行驶时，制动液的温度一般在 100 ~ 130℃ 之间。而行驶于多坡道山间道路（如湖南、湖北、贵州、四川等地）的汽车，由于其制动频繁，制动液温度可高达150℃以上。如使用沸点低的制动液，在高温时会由于制动液的蒸发而产生气阻，即使踩下制动踏板也不能使制动液压力上升，容易引发制动系统失灵，导致恶性事故发生。

另外，制动液在遇潮吸水后会使其沸点下降，因而引发气阻现象。

因此，高温抗气阻性是对制动液使用性能的主要要求之一。

为了保证行车安全，要求制动液具有良好的高温抗气阻性，即具有高沸点、低挥发性，高温时不易产生气阻。

评定汽车制动液高温抗气阻性的指标是干平衡回流沸点、湿平衡回流沸点和蒸发性。

（1）干平衡回流沸点　干平衡回流沸点（Dry Equilibrium Reflux Boiling Point，DERBP）简称平衡回流沸点（ERBP），亦称干沸点，是指在没有吸收水分的情况下，制动液在冷凝回流系统内及大气平衡条件下测得的制动液试样的沸腾温度。

干平衡回流沸点主要反映组成制动液产品的各种原料组分的沸点高低。干平衡回流沸点高，是制动液具有良好的高温性能的前提条件之一。但并不是干平衡回流沸点高的制动液就一定具有良好的高温性能，只有在干平衡回流沸点和湿平衡回流沸点都高的情况下，制动液才具有良好的高温性能。

（2）湿平衡回流沸点　湿平衡回流沸点（Wet Equilibrium Reflux Boiling Point，WERBP）亦称湿沸点，是指在规定的试验条件下，加入一定量水分后测得的平衡回流沸点。湿平衡回流沸点是衡量制动液吸收一定水分情况下的耐高温性能指标。湿平衡回流沸点越高，在使用过程中的耐高温性能就越好。由于合成制动液在贮存和使用过程中，容易吸收空气中的水分，因此湿平衡回流沸点相对于干平衡回流沸点而言，更能反映制动液在实际使用过程中的耐高温性能。

一般情况下，如果制动液的干平衡回流沸点高，湿平衡回流沸点也应该较高，但二者之间并不呈线性关系，对于类别、组分不同的制动液，其干平衡回流沸点与湿平衡回流沸点指标相差较大。

（3）蒸发性　制动液的蒸发性是表征制动液在一定温度条件下蒸发损失大小的指标，该指标对于制动液的润滑性能、使用寿命和保证制动液在较高温度条件下使用时，制动系统正常、可靠工作都具有重要意义，是制动液的一项重要高温性能指标。

2. 运动黏度和润滑性

汽车制动液在其使用温度范围内应具有良好的流动性。同时，为了确保制动液压缸和活塞橡胶皮碗之间能保持良好的密封和可靠的润滑，防止在高温条件下的制动液渗漏，还要求制动液应具有良好的润滑性。

因此，要求汽车制动液应具有良好的低温流动性，而且制动液黏度的变化受温度变化的影响小，即黏温性能较好。

汽车制动液运动黏度和润滑性的评价指标是 -40℃条件下的最大运动黏度和100℃条件下的最小运动黏度。

3. 金属腐蚀性和防锈性

（1）金属腐蚀性　汽车液压制动系统的缸体、活塞、导管、回位弹簧和阀门等主要采用钢、铸铁、铜、铝、锌及其他合金制成，要求制动液不会引起金属腐蚀，以防产生制动失灵。

另外，当制动液渗进橡胶分子的间隙中时，会从橡胶中析出一部分组分，这些析出物对金属的腐蚀作用也要限制。

（2）防锈性　为了确保汽车液压制动系统能够正常工作，要求制动液对金属的腐蚀性越小越好。同时，制动液自身也应具备一定的防锈性能，以期在长期使用过程中，液压制动系统的金属零部件不会生锈。

4. 橡胶适应性

汽车制动液能够与汽车液压系统中的橡胶制品和谐相处，而不使之产生溶胀、软化或

硬化等不良现象的能力，称为制动液的橡胶适应性，亦称橡胶相容性。

为了保证制动液不发生渗漏并可靠传递制动能量，在汽车制动系统中使用了许多橡胶零部件（如皮碗、软管、油封等），这些橡胶件长期浸泡在制动液中。为了保证它们正常工作，要求制动液应具有良好的橡胶适应能力，对与其接触的橡胶零件不会造成显著的溶胀、软化或硬化等不良影响，否则将不能形成液压而导致制动系统失效。

5. 液体稳定性

汽车制动液应具有优异的高温稳定性和化学稳定性，即制动液在高温和与相容液体混合后平衡回流沸点的变化要小，保证制动液在贮存和使用过程中不应有分层、变质等现象，不形成沉淀物，并且不引起制动系统金属零件的生锈、腐蚀等。

6. 容水性和液体相容性

（1）制动液的容水性　汽车制动液能够与水分和谐相处，而不产生分离和沉淀的能力，称为制动液的容水性。

制动液在使用过程中会逐渐吸收空气中的水分，当水分不能被制动液溶解时，这部分水会积存在制动管路的凹部，对金属产生腐蚀，并在低温时冻结成冰、高温时汽化而产生气阻。水分进入制动液之后，对车辆制动系统有百害而无一利。因此，要求制动液能把这部分水分溶解，且制动液不能因为有水分进入而变质。

（2）制动液的液体相容性　汽车制动液能够与 HZY3、HZY4 相容性试验液体国家标准样品和谐相处，而不产生分层、沉淀以及透明度劣化的能力，称为制动液的液体相容性。

液体相容性主要用于评定制动液与其他同类型的制动液混合后，是否分层、沉淀，以考察制动液产品之间的物理和化学相容性。虽然同一厂家（品牌）、不同牌号的制动液产品之间，其液体相容性试验均能符合要求，但不同厂家（品牌）、不同牌号的制动液产品仍应避免混合使用，以防产品混合使用后因改变制动液的组成而对制动液的使用性能产生不利影响。

7. 抗氧化性和 pH

（1）制动液的抗氧化性　汽车制动液自身具有的抵抗氧化、变质的能力称为制动液的抗氧化性。抗氧化性越好，制动液越不易氧化、变质，贮存期和使用期就越长。制动液的抗氧化性主要与制动液的化学组成和使用条件有关。

汽车液压制动系统中零部件的腐蚀多由制动液氧化、变质而引起。因此，要求制动液应具有良好的抗氧化性。

（2）制动液的 pH　制动液在贮存和使用过程中会发生氧化，生成一定量的酸性物质。为了使其具有适宜的中和酸性物质的能力，减小对金属的腐蚀，制动液应具有一定的碱性和储备碱度，一般要求制动液的 pH 范围是 7.0 ～ 11.5。

8. 行程模拟性能

在行程模拟试验中，汽车制动液所表现出来的润滑性能和材料适应性能，称为制动液的行程模拟性能。

行程模拟试验是利用制动系统模拟装置，评定制动液的润滑性能和材料适应性能的一种试验方法。与理化性能和使用性能试验的试验条件相比，行程模拟试验的试验条件更接近于制动液的实际使用条件。因此，其试验结果更能说明制动液的实际使用性能，且行程模拟试验简便易行，试验时间短、费用低，试验结果的重复性也好。因此，制动液行程模拟试验是制动液性能检验中最重要的实际使用性能试验。

9.1.3　制动液的分类

按照基础油的不同，汽车制动液分为醇型、矿物油型和合成型三种类型。其中醇型制动液和矿物油型制动液已经被淘汰，目前汽车上使用的均为合成型制动液。

合成型制动液为人工合成的制动液，是由聚醚、水溶性聚酯和硅油等为主体，加入润滑剂和添加剂配制而成的。合成型制动液使用性能良好，工作温度可高达200℃以上。合成型制动液对橡胶和金属的腐蚀作用均很小，特别适合于高速、大功率、重负荷和制动频繁的车辆使用。因此，合成型制动液是目前使用范围最广、使用量最多的汽车制动液。

合成型制动液又分为醇醚型、酯型和硅油型三大类，使用最多的是醇醚型和酯型。

1. 醇醚型合成制动液

醇醚型合成制动液主要由低聚乙二醇或丙二醇，并加入润滑剂、稀释剂、防锈剂、橡胶抑制剂等配制而成。醇醚型合成制动液是目前各国使用最为普遍的一种制动液，多数产品属于DOT3级，个别产品能够达到DOT4级的技术要求。

醇醚型合成制动液的耐高温、耐低温性能优于醇型和矿物油型制动液，但其吸水性强，吸潮后易导致沸点降低，高温状态下的制动性能难以保证。因此，醇醚型合成制动液的发展受到较大限制，有被硼酸酯型合成制动液和硅油型合成制动液取代的趋势。

2. 酯型合成制动液

酯型合成制动液又分为羧酸酯型和硼酸酯型两种，用量最大的是硼酸酯型合成制动液。

硼酸酯是由低聚乙二醇或丙二醇通过和硼酸的酯化反应得到的。硼酸酯型合成制动液是以硼酸酯为主体，用醇醚作稀释剂，加入少量防锈剂、润滑剂、抗氧剂等添加剂后配制而成的。

硼酸酯的沸点比低聚乙二醇或丙二醇更高，所以硼酸酯型合成制动液的制动性能更好。硼酸酯还具有较强的抗湿能力，它能分解所吸收的水分，从而减缓了由于吸水而导致的沸点下降的问题。因此，国外亦将硼酸酯型合成制动液称为"水不敏感型"制动液。

常见的DOT4、超级DOT4、DOT5.1级合成制动液多属于硼酸酯型合成制动液。

3. 硅油型合成制动液

硅油型合成制动液组成比较简单，主要由硅氧烷或硅酯基础油及少量添加剂组成。硅油型合成制动液又分为硅酮型和硅酯型两种。

与醇醚硼酸酯型制动液相比，硅酮型制动液的主要优点是高、低温性能特别优异，是一种全天候的制动液，润滑性、防腐蚀性、防锈性能也很好，不吸湿，使用寿命长；缺点是成本高昂，且与醇醚硼酸酯型制动液不相容。到目前为止，硅酮型制动液主要在美国军用车辆及少数特种车辆（赛车）上使用，其他国家的车辆很少使用。

为了在保持硅酮型制动液优异高温性能的基础上，进一步解决与硼酸酯型制动液的相容性问题，20世纪80年代，化学工业界又开发了硅酯型制动液。硅酯的化学结构、物理特性不同于硅酮，其结构与硼酸酯类似，因此，硅酯型制动液能与醇醚硼酸酯型制动液相容。但目前硅酯型制动液还处于试验应用阶段（在客车上进行应用试验），其使用性能还有待评估。

DOT3、DOT4、超级DOT4、DOT5、DOT5.1等合成制动液的主要性能指标对比见表9-1。这些制动液产品的其他性能指标，如金属防腐蚀性、橡胶皮碗相容性、抗氧化性、蒸发性、液体稳定性等则基本相同。

表 9-1　几种典型合成制动液的主要性能指标对比

序　号	项　目	干平衡回流沸点 /℃	湿平衡回流沸点 /℃	运动黏度（-40℃）/（mm²/s）
1	DOT3 指标	> 205	> 140	< 1500
2	DOT4 指标	> 230	> 155	< 1800
3	超级 DOT4 认可值	> 260	> 180	< 1800
4	超级 DOT4 典型值	270	185	1350
5	DOT5 指标	> 260	> 180	< 900
6	硅酮型 DOT5 典型值①	> 310	> 310	250
7	DOT5.1 指标	> 260	> 180	< 900
8	硼酸酯 DOT5.1 典型值	265	185	850
9	硅酮型制动液典型值	310	260	1350

① 硅酮型制动液没有真实的沸点。

9.2　汽车制动液标准

9.2.1　国外汽车制动液标准

1. 美国 SAE 标准

美国汽车工程师学会 SAE 在其 J 系列标准中，将汽车制动液分为 J1703、J1704 和 J1705 三类。

2. 美国 DOT 标准

美国联邦政府运输部（Department of Transportation，DOT）在其制定的联邦机动车辆安全标准 FMVSS（Federal Motor Vehicle Safety Standards）中，将制动液分为 DOT3（醇醚型）、DOT4/ 超级 DOT4（酯型）、DOT5（硅酮型）和 DOT5.1（硼酸酯型）四类。

3. 日本 JIS K 标准

在日本工业标准（Japan Industrial Standard）的 JIS K 2233 中，将制动液分为 BF-3、BF-4、BF-5 和 BF-6 四类。

4. 国际标准化组织 ISO 标准

在国际标准化组织 ISO(International Standardization Organization）的 ISO 4925 标准中，将制动液分为 Class3、Class4、Class5.1 和 Class6（专门为在高寒地区行驶的、装备 ABS、EBD、ESP 系统的车辆研发）四类。

9.2.2　我国汽车制动液标准

我国现行的汽车制动液国家标准 GB 12981—2012《机动车辆制动液》将汽车制动液分为 HZY3、HZY4、HZY5、HZY6 共四个规格（级别）。我国汽车制动液规格与国外汽车制动液规格的对应关系见表 9-2。

表 9-2　我国汽车制动液规格与国外汽车制动液规格的对应关系

序号	质量标准	质量级别				
		醇醚型	酯　型	硼酸酯型	硅酮型	硼酸酯型
1	美国 FMVSS No.116	DOT3	DOT4/ 超级 DOT4	DOT5.1	DOT5	—
2	国际标准化组织 ISO4925	Class3	Class4	Class5.1	—	Class6
3	JIS K 2233	BF-3	BF-4	BF-5	—	BF-6
4	美国 SAE J 系列	J1703	J1704	—	J1705	
5	中国 GB 12981—2012（现行）	HZY3	HZY4	HZY5	—	HZY6

　　GB 12981—2012《机动车辆制动液》规定了用于机动车辆液压制动系统和液压离合器系统的非石油基制动液的技术要求和试验方法，对制动液产品的检验规则、产品标志、包装、运输和贮存等事项也做出了明确的规定。制动液产品系列代号由符号（HZY）和标记（阿拉伯数字）两部分组成，其中 H、Z、Y 分别为"合成""制动"和"液体"第一个汉字的汉语拼音首字母，阿拉伯数字作为区别本系列各标准的标记。

　　GB 12981—2012《机动车辆制动液》按照制动液产品的使用工况温度和运动黏度不同，将制动液产品分为 HZY3、HZY4、HZY5、HZY6 四种规格（级别），分别对应国际标准 ISO 4925：2005 中的 Class3、Class4、Class5.1、Class6 级产品。

　　另外，HZY3（图 9-3）、HZY4（图 9-4）、HZY5（图 9-5）对应于美国交通运输部制动液标准的 DOT3（图 9-6）、DOT4（图 9-7）、DOT5.1（图 9-8）级产品。

图 9-3　HZY3 型制动液

图 9-4　HZY4 型制动液

图 9-5　HZY5 型制动液

图 9-6　DOT3 型制动液

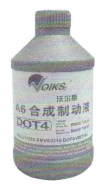

图 9-7　DOT4 型制动液

图 9-8　DOT5.1（硼酸酯）型制动液

GB 12981—2012《机动车辆制动液》规定，制动液产品标记至少应标注：产品级别 + 机动车辆制动液。HZY4 级机动车辆制动液的产品标记方式及释意如下所示：

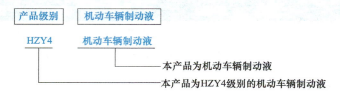

9.3　制动液的选择与使用

正确选择和使用汽车制动液是确保制动系统可靠工作、确保行车安全的重要环节。

9.3.1　制动液的选择

汽车的技术性能不同、类型不同，则其制动系统对制动液产品质量等级的要求也不同。为确保制动液产品能够充分满足汽车制动系统的要求，汽车用户应按照车辆使用说明书的规定或推荐意见选择制动液产品。

若无法买到或不愿意继续使用汽车制造商推荐的制动液产品，拟另行选择、使用汽车制动液时，应遵循以下原则：

1）选用的制动液产品质量等级应等于或高于汽车制造商规定的制动液质量等级。

2）所选用的制动液产品类型应与汽车制造商规定的制动液产品类型相同。

3）尽量选择正规厂家生产的、性能稳定、质量有保证的制动液产品。

4）一定要选择、使用合成制动液。

部分乘用车车型 / 车系原厂装车用制动液规格及更换周期见表 9-3。

表 9-3　部分乘用车车型 / 车系原厂装车用制动液规格及更换周期

车型 / 车系	制动液级别	建议更换周期
大众车系（途安、速腾、迈腾、高尔夫、捷达、宝来、POLO 等）	DOT4	2 年 或 50000 km
宝马车系	DOT4	2 年 或 50000 km
奥迪车系（A3、A4、A6、A6L）	DOT4	2 年 或 50000 km
通用车系（别克、赛欧、雪佛兰、乐驰、spark 等）	DOT4	2 年 或 50000 km
福特车系（福克斯、蒙迪欧、致胜等）	DOT4	2 年 或 50000 km
奇瑞车系（风云、东方之子、瑞虎、QQ3、QQ6 等）	DOT4	2 年 或 50000 km
现代悦动	DOT3/DOT4	2 年 或 50000 km
昌河北斗星	HZY3	2 年 或 40000 km
夏利 N5	DOT3	2 年 或 30000 km

中国汽车工程学会技术规范 SAE-China J2901.4—2010《商用车润滑导则——第 4 部分：特种液的选用》对商用车制动液的选择和使用给出了具体的建议，详见表 9-4。

表 9-4　商用车制动液的选用（SAE-China J2901.4—2010）

商用车类型	制动液类型	建议更换周期
轻型商用车	HZY3、HZY4	2 年 或 100000 km
配备 ABS 的商用车	HZY4、HZY5	2 年 或 100000 km
配备液压离合器、液压制动双系统的商用车	HZY3、HZY4	2 年 或 100000 km
配备 ESP/EBD+ABS 系统的商用车	HZY6	2 年 或 100000 km

9.3.2　制动液的使用

1. 注意事项

制动液在使用时应注意下列事项：

1）经常检查制动液液面高度，必要时进行补充添加。如图 9-9 所示，制动液储液罐内的制动液液面应保持在标定的最低刻度线 MIN 和最高刻度线 MAX 之间。

制动液一般很少发生泄漏，但随着制动摩擦衬块与制动盘或制动蹄片与制动鼓的磨损，制动液液面高度会逐渐下降。当制动液不足时应及时添加。最好在车里储备一瓶原厂装车制动液，以备不时之需。

2）对于装有制动液液面高度报警装置（图 9-10）的车辆，应经常检查报警传感器性能是否良好，并在行车过程中留心观察制动系统警告灯（图 9-11）是否点亮。

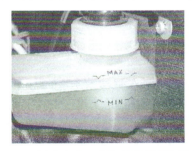

图 9-9　制动液液面应保持在最低刻度线
和最高刻度线之间（见彩图 12）

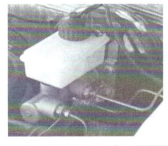

图 9-10　装有制动液液面高度报警装置的
制动液储液罐（见彩图 13）

a）仪表板上的制动系统警告灯（画蓝圈者）

b）制动系统警告灯特写

图 9-11　制动系统警告灯

当拉起驻车制动器（俗称手刹车）手柄时制动系统警告灯应点亮，松开驻车制动器手柄时该灯应熄灭。如果松开驻车制动器手柄后该灯仍然点亮，则表示制动液液面过低，需要及时添加制动液。

3）严禁混加制动液。由于不同类型、品牌制动液产品使用的原料、添加剂和制造工艺不同，混合后会出现浑浊或沉淀现象，降低原制动液的性能，而且沉淀颗粒会堵塞管路造成制动失灵等严重后果。在换用其他品牌制动液产品时一定要用待加入的产品清洗制动系统管路。

4）制动液是清亮透明液体，为易燃品，要远离明火。贮存制动液时，应将其放置在密封容器内保存，不得敞口或露天存放，以防水分混入或吸收潮气。否则，会使制动液沸点下降，从而使制动管路中产生气阻。

5）制动液具有腐蚀性，尽量避免接触皮肤，更不能用嘴吸取制动液。如不慎进入眼睛，应立即用大量清水进行冲洗，直到刺激感消失为止。制动液还会腐蚀车身漆面、轮胎等。为保护环境，须将废液集中送至污水处理中心，切勿随意将废液倾倒在下水道或土壤中。

6）在行车过程中，若发现制动忽轻忽重或制动跑偏时，应对制动系统进行全面的检查。若发现个别制动轮缸皮碗膨胀过大时，则说明制动液质量存在问题，这时应重新选择质量好的制动液予以更换，同时一并更换皮碗。

7）季节、气候转换时，尤其在冬季，若发现制动无力，制动效能下降，则可能是制动液级别不适应冬季气候，应及时更换制动液（以低温黏度偏低为宜）。

8）制动液在使用过程中，由于受到高温、高压和金属或橡胶零件的催化作用等因素的影响，会因氧化变质或吸水而使其质量指标产生衰变和下降。在条件允许的情况下，应经常对制动液进行质量检测，监控其质量劣化程度，并对在用制动液进行适时更换，不可一用到底，以确保安全。

2. 制动液的质量检测

汽车制动液在使用一定的时间后，会出现吸湿（水分混入制动液）、沸点降低、污染及不同程度的氧化变质。应根据气候、环境条件，季节变化及工况变化及时检查其质量性能，适时更换。

在普通驾驶环境下，汽车制造商一般要求每使用两年或 50000km 后就对制动液进行更换，即按期换油（此处的"油"系指刹车油，即制动液。下同）。但实际上，汽车的使用情况千差万别，汽车制动液的劣化情况也差异巨大，采用定期换油这种"一刀切"的模式难免会出现换油过早或换油过迟的问题。换油过早会导致制动液的无谓浪费，而换油过迟又会埋下制动系统失效的安全隐患。

汽车制动液质量劣化与否无法通过外观颜色的变化进行判断，因此，其最佳更换时机（更换周期）较难把握，必须使用专用仪器对在用制动液进行含水量检测、实际沸点检测等，才能准确评估汽车制动液的质量劣化程度，做到"按质换油"或"视情换油"，以期充分延长汽车制动液的使用寿命，做到"人尽其才，物尽其用"。

制动液在长期使用中会收吸空气中的水分，这样就会降低其原本较高的沸点。当制动液的实际沸点降到只比水的沸点稍高一些的时候，制动液就已经严重失效了，在特定的行驶状况下制动系统很容易失灵，造成严重的行车事故。

鉴定制动液能否继续使用，如果采用传统的根据颜色、气味和手感来判别的方法，远远不能满足实际需要。正确的方法是，通过检测制动液的含水量和实际沸点，对制动液的质量劣化程度进行定性或定量分析。

新制动液都具有较高的沸点，但制动液受潮、吸水后，其沸点会显著下降。当沸点下降到一定程度（DOT3 型下降到 140℃；DOT4 型下降到 155℃；DOT5.1 型下降到 180℃）时，制动液就会产生气泡（图 9-12），出现气阻现象，制动效能就会急剧下降，不能完成制动任务。

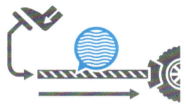

a）制动液沸点高于155℃（无气泡，使用性能正常）　　b）制动液沸点低于155℃（有气泡，使用性能劣化，需更换）

图 9-12　沸点下降对制动液性能的影响

导致制动液吸水的原因很多，如炎热的天气、制动系统使用的频繁程度、制动系统的设计型式、制动系统部件的质量状况、车辆行驶路况以及制动液的类型等。只要吸入的水分达到 2.5%，就需要更换新的制动液了。因此，检测含水量或制动液的实际沸点，是确定制动液是否需要更换的有效方法。

（1）制动液含水量的定性检测　制动液含水量的定性检测，可以使用制动液快速检测笔进行。如图 9-13 所示，制动液快速检测笔上有 3 个 LED 灯，分别为绿色、黄色和红色。只要在笔管内吸入少许制动液，根据检测笔上 LED 灯的显示情况，就可以快速地定性判断制动液的含水量。

图 9-13　制动液快速检测笔

绿色 LED 灯点亮说明制动液含水量低，制动液质量（品质）合格；黄色 LED 灯点亮说明制动液含水量在可接受范围内，制动液质量一般，可以继续使用（不过 6 个月以后需要再检测一次）；红色 LED 灯点亮说明制动液含水量过高，制动液质量已经严重劣化，需要及时更换。

（2）制动液含水量的定量检测　制动液含水量的定量检测，可用制动液检测仪（图9-14）进行。一般参照如下标准判断制动液性能：含水量低于 0.5%，说明制动液正常；含水量在 0.5% ~ 2.5%，制动液可换也可不换；含水量大于 2.5%，制动液必须立即更换。

制动液检测仪的使用方法如下：

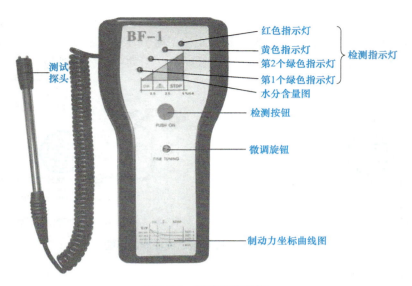

图 9-14 制动液检测仪

1）首先将制动液检测仪的测试探头擦拭干净，然后将测试探头置于干燥空气中或完全插入新的、未曾使用过的与待测制动液同品牌、同型号的制动液中。

2）按下红色检测按钮后，第 1 个绿色指示灯会立即点亮。按下红色检测按钮并保持数秒后，按顺时针方向旋转微调旋钮，直至第 2 个绿色指示灯亮起，再按逆时针方向旋转微调旋钮，旋转到第 2 个绿色指示灯刚刚熄灭为止。

完成上述准备工作后，就可以对制动液的含水量进行定量检测了。

3）检测时，将测试探头完全插入待测制动液中（图 9-15），按下红色检测按钮并保持数秒后，就可以根据检测指示灯的亮灭状态检测出被测制动液的含水量，以此判断被测制动液的质量劣化程度。

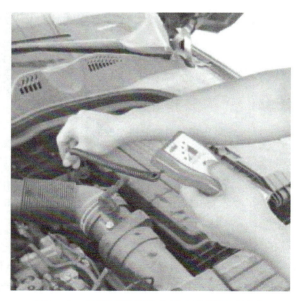

图 9-15 将测试探头完全插入待测制动液中

两个绿色指示灯均亮，说明被测制动液含水量低于 0.5%，被测制动液质量良好，可以继续使用；黄色指示灯亮，说明被测制动液含水量已经高于 0.5%，被测制动液质量不佳，但尚可接受，可选择更换；红色指示灯亮，并伴有蜂鸣器鸣叫声，说明被测制动液含水量已经高于 2.5%，被测制动液的质量已经严重劣化，必须立即更换。

4）检测完毕之后，应及时将测试探头清理干净，并将制动液检测仪妥为保管。

需要指出的是，由于制动液的质量级别或类型（DOT3、DOT4、DOT5、DOT5.1）不同，每次检测之前，都需要执行上述的步骤 1）和步骤 2），以完成检测准备工作。

另外，当制动液检测仪电池电量不足时，检测仪的 4 个指示灯会同时闪烁，并伴有蜂鸣器鸣叫声。此时，应尽快更换电池（也可以直接用汽车蓄电池代替）。

（3）制动液实际沸点的检测　通过检测实际沸点来判定制动液的质量劣化程度，过去只能在专业试验室内通过特定设备才能做得到。近年来开发、研制的便携式制动液安全检测仪在 1min 内就能检测出制动液的实际沸点，并以此判断被测制动液是否符合技术标准，大大提高了检测速度。制动液安全检测仪显示的沸点读数和规格是非常清晰和准确的（图 9-16 和图 9-17），因而，制动液安全检测仪的检测精度也非常高。

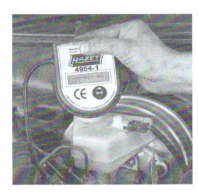　

图 9-16　被测制动液的实际沸点（见彩图 14）　　图 9-17　被测制动液允许的实际沸点下限（见彩图 15）

制动液安全检测仪的使用方法非常简单，只要将测试探头插入制动液储液罐中，接上电源并按下检测开关，在 1min 内，制动液就会被加热到沸点。此时，制动液的实际沸点就会被精确的电子温度计记录下来，并显示在屏幕上。维修人员可以快速、方便地判定制动液的质量劣化程度，且其检测数据还可以长期储存，以备调阅。

3. 制动液的更换

如果在用制动液的含水量已经高于 2.5%，或其实际沸点已经低于被测制动液允许的实际沸点下限，则应立即更换制动液。

制动液的更换作业最好由三个人协同完成：车下一人负责排放制动液，车内一人负责踩制动踏板，发动机舱防火墙处一人负责添加新制动液。

更换制动液之前，先准备一根长约 50cm、内径 6mm 左右的塑料软管和一个有容量标记的透明集液瓶（医用葡萄糖注射液包装瓶即可）。更换制动液时，将塑料软管的一头接在制动轮缸放液口处，另一头插在集液瓶中，以免放出的旧制动液飞溅，同时，也有利于观察制动液的排出量。

制动液的更换和放气作业比较麻烦，需要对各个制动轮缸逐一进行。由于现代汽车液

压制动系统广泛采用交叉布置的 X 形管路设计（即右后轮制动轮缸与左前轮制动轮缸同属一条制动管路，左后轮制动轮缸与右前轮制动轮缸同属一条制动管路），为了避免新、旧制动液混合，制动液的更换和放气作业应按照右后轮制动轮缸→左前轮制动轮缸→左后轮制动轮缸→右前轮制动轮缸的顺序进行。按照这样的顺序进行，既可以避免新、旧制动液混合，又可以充分排出制动管路中的空气，同时，还可以有效减少新制动液的浪费。

下面以右后轮制动轮缸为例，介绍制动液的更换和放气作业过程。

（1）放出旧制动液　将车辆置于地沟上或用举升机举起，起动发动机并保持其怠速运转。拧下制动液储液罐的加液口盖（图 9-18 和图 9-19）。

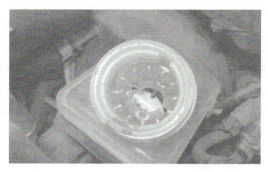

图 9-18　制动液储液罐的加液口盖　　图 9-19　制动液储液罐的加液口（加液口盖已被取下）

一人在车下，摘掉放液口（亦称放气口）上的橡胶防尘帽（图 9-20 和图 9-21），将塑料软管两端分别装在放液口和集液瓶中（图 9-22）。用 10mm 梅花扳手沿逆时针方向松开放液口螺钉，同时车内的人反复踩制动踏板（可事先拔掉熔断器座上的制动灯熔断器，使制动灯在踩制动踏板时不亮，以延长灯泡的使用寿命）。此时，制动液会从放液口处喷出，流入集液瓶中（图 9-23）。

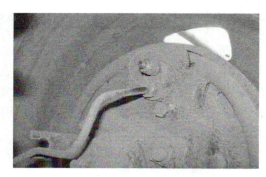

图 9-20　右后轮制动轮缸放液口上的橡胶防尘帽　图 9-21　右后轮制动轮缸放液口（橡胶防尘帽已经摘掉）

（2）添加新制动液　随着旧制动液的排出，制动液储液罐内的制动液液面会逐渐下降，负责添加新制动液的人要视液面下降情况及时添加新制动液（图 9-24），并保持制动液液面不低于储液罐壳体上标记的液面高度下限，以防空气由制动主缸进入制动管路。

待放液口中旧制动液流尽，且有清亮、透明的新制动液流出后，车下的人及时拧紧放液口螺钉。

（3）排出空气（放气）　车内的人反复踩制动踏板到最高点，并踩住制动踏板不要松

开，车下的人松开放液口螺钉，待制动液喷净后再拧紧放液口螺钉，并通知车内的人松开制动踏板。

图 9-22　用塑料软管将放液口和集液瓶连接起来　　图 9-23　旧制动液喷入集液瓶

图 9-24　利用漏斗添加新制动液

将以上操作反复数次，直到由放液口喷出的制动液中无气泡为止。至此，右后轮制动轮缸的制动液更换和放气作业结束。

在放气作业期间，负责添加新制动液的人要及时补充、添加新制动液，以确保储液罐内的制动液液面不低于储液罐壳体上标记的液面高度下限。

右后轮制动轮缸的制动液更换和放气作业完成之后，再按照相同的步骤依次完成左前轮制动轮缸、左后轮制动轮缸和右前轮制动轮缸的制动液更换和放气作业过程。

需要指出的是，在完成制动液更换和放气作业或检查、补充制动液后，应注意及时拧紧储液罐的盖子，尽量缩短制动液与空气接触的时间，以防制动液吸收空气中的水分，降低制动液性能。

（4）道路试验　待所有车轮制动轮缸的制动液更换和放气作业全部完成之后，再对液压制动系统的制动性能进行道路试验。如果发现制动踏板绵软无力，制动不灵敏，则说明有个别制动轮缸放气不彻底，制动管路中仍有空气，需要重新进行放气作业。

思考与实训

1. 选择题

1）评定汽车制动液高温抗气阻性的指标是 ____、____ 和蒸发性。

A．干平衡回流沸点　　　　　　B．凝点

C．湿平衡回流沸点　　　　　　D．闪点

2）按照基础油的不同，汽车制动液分为醇型、矿物油型和合成型三种类型，目前汽车上使用的均为 ＿＿＿ 制动液。

A．醇型　　　　　　　　　　　B．矿物油型

C．合成型　　　　　　　　　　D．DOT 型

2. 问答题

1）汽车制动液的主要使用性能有哪些？

2）我国汽车制动液分为哪四种规格（级别）？

3. 实操题

1）在实验室利用教学车辆演练汽车制动液质量检测作业项目。

2）在实验室利用教学车辆演练汽车制动液的更换和放气作业项目。

第 10 章

发动机冷却液

【学习目标】

- 了解发动机冷却液的使用性能指标。
- 熟悉发动机冷却液的分类和规格。
- 掌握发动机冷却液的选择和更换方法。

10.1　冷却液的作用与使用性能

　　汽车发动机在工作过程中，气缸内的气体温度可达 1700 ~ 1800℃。如果缸体、缸盖、进排气门等高温机件得不到良好、可靠的冷却，发动机将无法正常工作。为确保发动机冷却可靠，除战斗车辆和部分摩托车采用风冷冷却系统外，民用和商用汽车发动机广泛采用强制循环水冷冷却系统（图 10-1），发动机冷却液（Engine Coolant）就是冷却系统中带走高温零部件热量的工作介质。

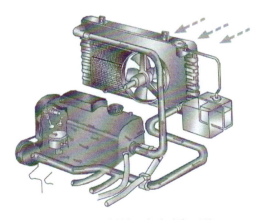

图 10-1　强制循环水冷冷却系统

10.1.1　冷却液的作用

1. 冷却作用

　　冷却是冷却液的基本作用，也是其核心作用。发动机工作时，由于燃料的燃烧以及各运动部件之间的摩擦产生大量的热量，使零件受热。发动机工作过程中的热效率只有30% ~ 40%，其余能量通过废气或发动机以热能的形式散失掉。相关研究表明，一辆装备1.9L 水冷式汽油发动机的汽车以 90km/h 恒定车速、4 档行驶时，其能量分配情况如图 10-2所示。

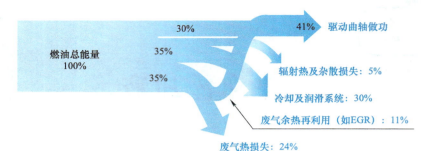

图 10-2　水冷式汽油发动机能量分配情况

发动机的温度取决于发动机的结构和发动机的工作条件。一般发动机正常的工作温度范围见表 10-1。由于发动机气缸盖冷却液套（水套）出液口处的冷却液温度最高，因此，一般用该处的冷却液温度来表征发动机的温度。

表 10-1　发动机正常的工作温度范围

冷却系统形式	冷却液泵形式	发动机正常的工作温度
纵流式冷却系统	由曲轴驱动的机械式冷却液泵	85 ~ 95℃
横流式冷却系统	由发动机控制单元根据发动机热负荷及发动机工况控制、由电动机驱动的电动冷却液泵	经济模式（111℃）
		正常模式（105℃）
		高级模式（95℃）
		高级 + 特性曲线式节温器模式（80℃）

发动机正常工作时，其冷却液应保持适宜的工作温度。冷却液温度过高（过热）或过低（过冷），都不利于发动机的正常工作。

发动机过热会导致充气效率降低，充气量减少，并引发爆燃，造成发动机转矩和功率的损失，而且还会由于零部件受热膨胀，破坏零件间的正常配合间隙，引起轴承和其他运动部件的损坏。

此外，发动机过热还会使润滑油黏度下降，润滑油变稀，润滑效果难于保障。严重时甚至会使润滑油氧化变质或烧焦，阻塞润滑油道，造成活塞烧顶（活塞顶部因温度过高而烧穿）、活塞拉缸（活塞与气缸内壁因高温、润滑不良而粘连在一起，无法运动。但在曲轴回转惯性力作用下仍强制运动，造成缸筒内壁和活塞裙部严重拉伤。图 10-3 和图 10-4）、曲轴抱瓦（曲轴与轴瓦因高温、润滑不良而粘连在一起，无法运动）等恶性事故。

图 10-3　活塞拉缸（缸筒内壁的拉痕）

图 10-4　活塞拉缸（活塞裙部的拉痕）

发动机过冷会导致吸入气缸的空气温度较低，使燃油难于蒸发，可燃混合气浓度不均匀，混合气品质下降，从而造成发动机难于起动、工作粗暴、功率下降、燃油消耗增加等。

此外，发动机过冷还会导致润滑油的黏度增大，润滑油流动阻力增大，造成发动机润滑不良，加剧运动件的磨损，增大机油泵及其他运动件的功率消耗。

2. 防腐作用

为提高散热效率，除连接软管采用橡胶管之外，汽车发动机冷却系统的散热器（水箱）、冷却液泵（水泵）、缸体及缸盖、分水管、节温器等部件多采用黄铜、铝、铸铁、钢等金属制成，如果冷却液对金属有腐蚀作用，容易使发动机冷却系统的金属部件产生腐蚀、锈蚀（图 10-5 ~ 图 10-7），耐压能力下降，甚至造成冷却液渗漏。

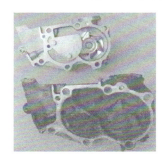
图 10-5　严重锈蚀的冷却液泵

图 10-6　严重锈蚀的节温器

同时，如果腐蚀产物堆积堵塞管道，造成冷却液循环不畅，会引起发动机过热（俗称发动机开锅，图 10-8）甚至毁坏；若腐蚀穿孔，易使冷却液泄漏渗入燃烧室或曲轴箱，引发活塞烧顶、曲轴抱瓦等恶性事故。

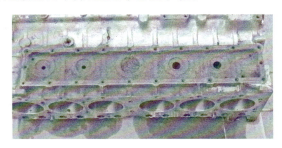
图 10-7　严重锈蚀的气缸盖

图 10-8　发动机过热（开锅）

因此，在发动机冷却液中都加入了适量的防腐蚀添加剂（如硼酸盐、硅酸盐等），以防对冷却系统产生腐蚀。

3. 防冻作用

不含或含较少可溶性钙、镁化合物的软水（Soft Water）具有良好的导热性能和吸热性能，是发动机冷却液的理想组分。但软水的缺点也是显而易见的，软水的冰点较高，在0℃以下就开始结冰并且伴随着体积膨胀。如果环境温度过低，会使散热器、缸体、缸盖冻结、开裂，造成冷却系统失效，甚至冷却液混入发动机机油，破坏润滑功能。

因此，要求冷却液应具有一定的防冻性能，且其防冻性能应与汽车的工作环境温度相适应。一般发动机冷却液中均加入了一些能够降低冰点的物质（如乙二醇和丙二醇）作为防冻剂，以保持冷却系统在低温时不冻结。具有防冻功能的发动机冷却液又称为发动机防冻液或不冻液（Anti-freeze Coolant 或 Anti-freeze Fluid）。

4. 防垢作用

水中的钙、镁离子在高温下与硅酸根离子、碳酸根离子、硫酸根离子、磷酸根离子等反应生成无机盐，形成水垢。在长期使用中，冷却系统的散热器内壁、缸体/缸盖水套内壁、冷却液泵内壁等处也容易形成水垢。

硬水是形成水垢的元凶，平时家里的毛巾老化、变硬以及热水器内壁结垢都是硬水惹的祸。

水垢的传热能力很差，附着在结垢材料容器表面上，犹如一层棉被，能显著降低其热交换能力，容易导致发动机过热。同时，脱落的水垢还会引发冷却液泵的异常磨损、节温器的卡滞、散热器管道的堵塞等问题。

因此，要求冷却液应具有防垢作用。车用发动机冷却液中都是经过软化处理的去离子水或蒸馏水，即软水。

此外，为了提高冷却液对不同水质环境的适应能力，方便就地取材、及时补充冷却液，有些厂家还在冷却液中特意加入了对硬水中的无机盐离子具有配合作用的有机聚合物，以期抑制水垢的生成。

10.1.2 冷却液的使用性能

为保证汽车发动机正常工作并尽可能地延长发动机的使用寿命，要求发动机冷却液应具备以下性能：

1. 冰点低

冰点（Freezing Point）亦称凝固点，是指液态水转变成固态冰时的温度，即水和冰可平衡共存的温度。冰点与压强有关，压强增大，冰点相应降低。

如果汽车在低温环境停放时间过长，而发动机冷却液的冰点又较高，则发动机冷却液就会结冰，体积膨胀变大，冷却系统中的散热器、缸体、缸盖等就会被冻裂，造成损失。

为此，要求发动机冷却液的冰点要尽可能低。在低温、极寒地区，一般要求发动机冷却液的冰点为 −45℃，甚至更低。

2. 沸点高

沸点（Boiling Point）是在发动机冷却系统的压力与外界大气压力相平衡的条件下，冷却液开始沸腾时的温度。冷却液的沸点随冷却系统压力的增大而提高。

冷却液的沸点高，可使冷却液在较高温度下仍不沸腾，散热能力强。由此，可保证汽车在重载、大负荷、高速或在山区、热带夏季正常行车。同时，沸点高的冷却液，其蒸发损失也较少。

因此，要求发动机冷却液应具有较高的沸点。一般高品质的发动机冷却液，要求其沸点为 120℃，甚至更高。

3. 防腐性好

为防止对冷却系统中的金属构件造成腐蚀，要求发动机冷却液具有良好的防腐性能，并保持冷却液呈碱性状态（pH 在 7.5 ~ 11.0 之间为宜）。

4. 抗垢性好

为防止在发动机冷却系统中形成水垢，要求冷却液应具有良好的抑制水垢生成的能力。

5. 抗泡性好

作为流体，冷却液在冷却系统中高速流动、强制循环，很容易产生气泡。冷却液气泡过多，不仅会降低传热效率、引发穴蚀，同时还会增加冷却液的溢流损失。因此，要求冷却液的抗泡性要好。

6. 流动性好

汽车发动机冷却液的低温黏度越小，越有利于冷却液在冷却系统中流动。同时，还可以降低冷却液泵的功率消耗。因此，要求冷却液的低温黏度小，流动性好。

此外，汽车冷却液还应有传热效率高、蒸发损失少、不易损坏橡胶制品、热化学安定性好、热容量大等性能。

10.2　冷却液的组成与分类

10.2.1　冷却液的组成

发动机冷却液由软水、防冻剂和各种添加剂组成。

1. 软水

软水的比热容较大，且具有良好的导热性能、吸热性能和低温流动性能，是发动机冷却液的主要组分。

江河、湖泊、地下水、山泉水属于硬水，含有大量的溶解性物质，如钙、镁、钠、铁、钾等金属阳离子以及硅酸根离子、碳酸根离子、硫酸根离子、磷酸根离子和氯离子等阴离子，会造成冷却系统腐蚀、积垢。

因此，作为发动机冷却液的主要组分的水都是软水，即蒸馏水或去离子水。硬水只能作为应急使用，不宜长期作为冷却液使用。

2. 防冻剂

为进一步降低冷却液的冰点，以适应低温严寒季节的需要，在发动机冷却液中都加入一定量的防冻剂。

目前，比较适宜的防冻剂主要有乙二醇和丙二醇两种。

乙二醇的沸点、黏度比较适中且价格低廉，一直是冷却液最主要的防冻剂，但乙二醇有毒性。近年来，安全无毒的丙二醇防冻剂应用日趋广泛，但丙二醇防冻剂价格略高。

3. 添加剂

在发动机冷却液中，除了软水和防冻剂之外，还有很多具有特定功能的添加剂。

（1）缓蚀剂　缓蚀剂（亦称防锈剂）是冷却液中最主要的添加剂，其主要作用是减缓或防止冷却系统中金属零部件因腐蚀而穿孔，以免造成冷却液渗漏和流失。发动机冷却系统使用了铜、铝、铸铁、钢、焊锡等金属。不同的缓蚀剂对不同的金属有不同的保护效果，因此对于发动机冷却系统，应根据其金属种类来选择合适的缓蚀剂。

目前，汽车发动机冷却液中常用的缓蚀剂分为以下四类：

1）无机化合物缓蚀剂。包括偏硅酸盐、磷酸盐、钨酸盐、硼酸盐、亚硝酸盐、钼酸盐、苯甲酸盐等。这些无机化合物缓蚀剂可使金属表面形成一层致密的钝化膜，起到良好的缓蚀作用。例如，在冷却液中添加 0.03% ~ 0.05% 的偏硅酸钠可防止铝制件的腐蚀。

2）有机化合物缓蚀剂。常用的有机化合物缓蚀剂有三乙醇胺、苯并三氮唑、巯基苯并噻唑、有机磷酸盐等。例如，在冷却液中添加 0.1% ~ 0.5% 的苯并三氮唑即可防止铜制构件的腐蚀。

3）复合配方缓蚀剂。不同成分的金属构件需用不同的缓蚀剂，如亚硝酸钠对钢、铸铁的缓蚀效果好，但会腐蚀焊料；三乙醇胺、磷酸盐、有机磷酸盐虽对黑色金属缓蚀效果好，但会腐蚀黄铜、紫铜等；硅酸盐是金属铝的优良缓蚀剂，但极易水解，形成大量絮状沉淀。

这些单品种缓蚀剂虽成本较低，但难以满足冷却液诸多方面的性能要求。所以一般采用具有协同作用的多种缓蚀物质的复合配方，缓蚀剂总加入量为冷却液原液的 0.5% ~ 5%。

4）环保型配方缓蚀剂。环保型配方缓蚀剂完全采用有机型配方，成分中不含无机盐，能在金属表面形成一层致密而稳定的保护膜。

采用环保型配方缓蚀剂制成的冷却液易于生物降解、低毒，对环境无害，不会对水体、土壤和生态环境造成破坏。同时，还具有通用性好、能适合不同金属材质的发动机、贮存时间长、稳定性好等优点。

（2）缓冲剂　冷却系统中的金属零部件在弱碱条件下容易得到保护，但是冷却液在工作过程中会逐渐酸化，pH 会下降，使缓蚀剂效果降低。因此，冷却液中需要添加缓冲剂（亦称 pH 调节剂），使冷却液的 pH 稳定在 7.5 ~ 11 之间。常用的缓冲剂有硼酸盐、磷酸盐和有机胺类物质。

（3）防垢剂　为了防止冷却系统内水垢的产生，冷却液中还含有一定量的防垢剂。通常使用的防垢剂有配合型和分散型两种。

（4）消泡剂　为了降低冷却液泡沫产生的危害，冷却液中一般都含有一定量的消泡剂。消泡剂通常使用硅酮、醇类和失水甘油醚等。比较好的消泡剂为烷基非离子型表面活性剂。消泡剂的浓度只要在 0.001% ~ 0.1% 之间就能达到理想的消泡效果。

（5）防霉剂　冷却液在工作状态下由于温度较高，微生物难以生存和繁殖，但在贮存过程中可能引起微生物滋长，使冷却液发霉、变质。因此，需要加入微量的杀菌防霉剂，以保证冷却液在 2 ~ 3 年贮存期内不霉变。常用的防霉剂有氯化锌、糖酸、苯甲酸钠等，其中苯甲酸钠的防霉效果比较理想。

（6）着色剂　冷却液在使用过程中，一般都要求加入一定的着色剂，使其具有醒目的颜色，以便与其他液体相区别。这样，在冷却系统发生泄漏时，通过观察冷却系统外部管路，就能够很容易判断出其泄漏的位置。

冷却液着色剂一般有染色剂和 pH 指示剂两种。染色剂是通过染料或颜料的作用使冷却液具有一定的颜色。常用溴甲蓝、酚红、甲基红等原料使冷却液呈现一定指示色，如果颜色超过指示范围，则表明冷却液呈酸性而失去防锈作用。着色剂的浓度（质量）一般在 0.01% ~ 0.05% 之间。

而 pH 指示剂除了具有显色作用外，同时其颜色还会随着冷却液 pH 的变化而变化，这样用户可以根据其颜色的变化大致确定冷却液是否需要更换。

10.2.2　冷却液的分类

除近年来出现的无水型丙二醇冷却液之外，目前，绝大多数车用发动机冷却液都是由软水、防冻剂和各种添加剂组成的。

车用发动机冷却液可以从不同角度进行分类。

1. 按防冻剂类型分类

按防冻剂类型分类，应用较多的车用发动机冷却液主要有乙二醇型冷却液和丙二醇型冷却液两大类。

2. 按照适用对象分类

按照适用对象分类，可分为轻负荷发动机冷却液（适用于乘用车及轻型货车发动机）和重负荷发动机冷却液（适用于载重汽车及其他长周期运转的采用湿式缸套的发动机）两大类。

3. 按照缓蚀剂组成分类

按照缓蚀剂组成分类，车用发动机冷却液可分为以下两大类。

（1）无机型冷却液　无机型冷却液的缓蚀剂为无机盐组分。缓蚀剂能在金属表面发生钝化反应，产生钝化膜，以起到防止金属锈蚀的作用。但缓蚀剂消耗较快，使用中需要适时补充缓蚀剂。

（2）有机型冷却液　有机型冷却液的缓蚀剂以有机酸为主。缓蚀剂能在金属的活性表面产生吸附作用，改变金属的电化学性质，以起到防止金属锈蚀的作用。有机型冷却液的缓蚀剂的消耗速度比较慢，相应地，其使用寿命较长。

4. 按照使用寿命分类

按照使用寿命分类，车用发动机冷却液可分为以下三大类。

（1）长寿命型冷却液　长寿命型冷却液的使用寿命很长，重负荷发动机冷却液的使用寿命可长达 5 ～ 8 万千米（需补充 1% ～ 2% 的补充液）；轻负荷发动机冷却液的使用寿命可长达 5 年或 16 ～ 24 万千米。

目前，长寿命型冷却液一般以有机型冷却液为主，少数无机型冷却液也可以实现长寿命。

（2）长效型冷却液　长效型冷却液的使用周期大多为 2 ～ 2.5 年或 8 万千米，一般以无机型冷却液为主。

（3）普通型冷却液　普通型冷却液即传统的普通冷却液，使用周期大多为 2 年或 4 万千米左右。

10.3　冷却液质量标准

10.3.1　国外冷却液质量标准

1. 美国标准

美国的发动机冷却液质量标准主要有美国材料与试验学会（ASTM）的质量标准（如 ASTM D3306、ASTM D 7518、ASTM D 6210、ASTM D 4985 等）和美国汽车工程师学会（SAE）的质量标准（如 SAE J814 等）两大系列。

ASTM D3306—2020《汽车及轻负荷设备用二元醇基发动机冷却液标准》将发动机冷却液分为六种类型：Ⅰ型是乙二醇基浓缩液，Ⅱ型是丙二醇基浓缩液，Ⅲ型是乙二醇基预稀释液（50%Vol），Ⅳ型是丙二醇基预稀释液（50%Vol），Ⅴ型是含甘油的乙二醇基浓缩液，Ⅵ型是含甘油的乙二醇基预稀释液（50% Vol）。

ASTM D7518—2020《汽车及轻负荷设备用1,3丙二醇基发动机冷却液标准》将适于汽车及轻负荷设备使用的发动机冷却液分为两种类型：Ⅰ型是1,3丙二醇基浓缩液，Ⅱ型是1,3丙二醇基预稀释液（50%Vol）。

ASTM D 6210—2017《完全按配方生产的重负荷发动机用二元醇基发动机冷却液标准》将适于重负荷发动机使用的二元醇基发动机冷却液分为四种类型：Ⅰ-FF型是乙二醇基浓缩液，Ⅱ-FF型是丙二醇基浓缩液，Ⅲ-FF型是乙二醇基预稀释液（50%Vol），Ⅳ-FF型是丙二醇基预稀释液（50%Vol）。

2. 日本标准

现行的日本 JIS K 2234—2018《发动机防冻冷却液》规定汽车冷却液只有一类——即一年四季均可使用的长寿命冷却液（Long Life Coolant，LLC）。

10.3.2 我国冷却液质量标准

1. 我国冷却液标准概述

我国现行的国家标准 NB/SH/T 0521—2010《乙二醇型和丙二醇型发动机冷却液》将发动机冷却液分为乙二醇型轻负荷和重负荷、丙二醇型轻负荷和重负荷发动机冷却液四种类型。每种类型又分为浓缩液（Engine Coolant Concentrate）和 –25 号、–30 号、–35 号、–40 号、–45 号和 –50 号六个不同牌号的冷却液。

乙二醇型和丙二醇型发动机冷却液的产品标记如图 10-9 所示。

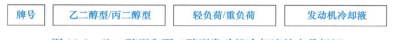

牌号　　乙二醇型/丙二醇型　　轻负荷/重负荷　　发动机冷却液

图 10-9　乙二醇型和丙二醇型发动机冷却液的产品标记

示例：–25 号乙二醇型重负荷发动机冷却液；–35 号丙二醇型轻负荷发动机冷却液。

轻负荷冷却液适用于轻负荷发动机，重负荷冷却液适用于重负荷发动机。

所谓轻负荷发动机（Light Duty Engine）是指设计一般在远低于最大输出功率的情况下运行的内燃发动机，这类发动机一般用于：①小型乘用车；②轻型货车；③有篷货车；④体育运动用汽车以及农用拖拉机；⑤草坪维护机械。

所谓重负荷发动机（Heavy Duty Engine）是指设计一般允许在接近或等于最大输出功率的情况下连续运行的内燃发动机，这类发动机一般用于：①道路货车和公交车；②农用、土石运输、建筑用、矿用非高速机械；③高输出功率的固定式发动机；④牵引铁路机车和远洋船舶的发动机。

此外，随着技术的不断进步，无水型丙二醇环保冷却液的应用也日渐兴起。

2. 乙二醇型冷却液及其标准

（1）乙二醇的特性　乙二醇（Ethylene Glycol，简称 EG）又名"甘醇""1，2-亚乙基二醇"，是最简单的二元醇。乙二醇是无色无臭、有甜味的黏稠液体，对动物有毒性，人类

致死剂量约为 1.6g/kg。乙二醇能与水、丙酮互溶，但在醚类中溶解度较小。乙二醇多用作溶剂、防冻剂以及合成涤纶的原料，其衍生物二硝酸酯可作炸药使用。

乙二醇比较突出的特性是能够与水以任意比例互溶。乙二醇与水混合后，混合液的冰点可显著降低，最低可达 −68℃。乙二醇型冷却液的冰点与乙二醇含量的关系见表 10-2。

表 10-2　乙二醇型冷却液的冰点与乙二醇含量的关系

乙二醇含量（%）	冰点 /℃	相对密度（20/4℃）
28.4	−10	1.0340
32.8	−15	1.0426
38.5	−20	1.0506
45.3	−25	1.0586
47.8	−30	1.0627
50	−35	1.0671
54	−40	1.0713
57	−45	1.0746
59	−50	1.0786
100	−11.5	1.1130

乙二醇有毒（按照我国现行工业毒物的六级分类方法，乙二醇属于五级毒物），所以在保管、配制和使用时不能吸入体内。乙二醇也具有较强的吸水性，其贮存容器应密封，以防吸入水分后溢出，造成损失。

乙二醇型冷却液可以制成浓缩液，由用户自行加注软水（蒸馏水或去离子水）稀释后使用；也可以按照表 10-2 所示的浓度比例制成一定冰点的冷却液直接使用。

（2）乙二醇型冷却液标准　为了控制冷却液的质量，工业发达国家都规定了质量标准和相应的评定方法。如美国轻型汽车发动机铝制缸体测试标准（ASTM D3306）和重型汽车发动机铸铁型湿式缸套测试标准（ASTM D4985）、日本防锈技术协会标准（JACC）等。一些汽车生产商也制定有相应的标准，如美国通用汽车公司标准（GM 1825M 和 GM 1899M），克莱斯勒公司标准（MS 7170 和 MS 9769）、德国大众汽车集团标准（TL-DW774C）等。

冷却液标准规定的主要技术指标有：抗冻性（冰点）、沸点、金属腐蚀性、发泡性、冷却液泵气穴腐蚀性、沉淀性（灰分）、溶解性、密度、酸度值（pH 值）、储备碱度以及变色性等。

在 NB/SH/T 0521—2010《乙二醇型和丙二醇型发动机冷却液》中，轻负荷发动机冷却液等效采用了美国材料与试验学会标准 ASTM D3306—09《二元醇型汽车及轻负荷发动机冷却液标准》，全配方重负荷发动机冷却液等效采用了 ASTM D6210—08《全配方二元醇型重负荷发动机冷却液标准》。

NB/SH/T 0521—2010《乙二醇型和丙二醇型发动机冷却液》将乙二醇型发动机冷却液分为冷却液和浓缩液两大类，冷却液按其冰点分为 −25 号、−30 号、−35 号、−40 号、−45 号和 −50 号六个牌号。

浓缩液由乙二醇、适量的防腐添加剂、消泡剂和适量的软水组成。在对浓缩液进行稀释时，应使用去离子水或蒸馏水。

3. 丙二醇型冷却液及其标准

（1）丙二醇的特性　乙二醇是一种毒性大且难以生物降解的化合物，在瑞士联邦毒物法中被定为4类有毒化合物。因此，乙二醇型冷却液属于非环保型冷却液。在欧美发达国家，特别是英国和瑞士，早在1972年就开始禁止汽车使用乙二醇型冷却液，代之以丙二醇型环保冷却液。

常温下丙二醇（Propylene Glycol）为无色透明黏稠状液体，微有辛辣味，对人体无刺激性作用，化学稳定性好，与乙二醇一样能与水以任意比例互溶。

丙二醇由于毒性低，降解性能好，对人体和环境危害较小，同时还具有良好的防冻和其他性能，作为冷却液的基础液，可以获得与乙二醇相似的效果。基于其出色的环保性能，丙二醇型冷却液代表着汽车发动机冷却液的发展方向。

（2）丙二醇型冷却液标准　NB/SH/T 0521—2010《乙二醇型和丙二醇型发动机冷却液》将丙二醇型发动机冷却液分为冷却液和浓缩液两大类，冷却液按其冰点分为 −25 号、−30号、−35 号、−40 号、−45 号和 −50 号六个牌号。

浓缩液由丙二醇、适量的防腐添加剂、消泡剂和适量的软水组成。在对浓缩液进行稀释时，应使用去离子水或蒸馏水。

4. 无水型丙二醇环保冷却液

目前，国外冷却液制造商在丙二醇型冷却液（即丙二醇–软水混合液）的基础上，又开发出性能更为优异的无水型丙二醇环保冷却液（图10-10），并逐步推广。国内也已经开始对无水型丙二醇环保冷却液进行研究，并取得了相当的进展。

前已述及，二元醇类化合物在高温金属表面会生成酸性氧化产物，冷却液中水的存在会使冷却液中的无机盐添加剂及有机添加剂之间发生一系列复杂的化学反应，不利于冷却液的长期储存。为了解决这一难题，就必须将水从冷却液中去除。

对于传统的乙二醇型冷却液来说，如果将水去除，则其冰点只有 −11.5℃，不能在高纬度地区的寒冷季节使用。

图 10-10　无水型丙二醇环保冷却液

但对丙二醇型冷却液而言，将水去除，则不会带来什么问题——无水的丙二醇型冷却液，其冰点低达 −68℃，而沸点高达 187℃——具有名副其实的抗沸、抗冻性能。

采用无水型丙二醇冷却液后，由于没有水的存在，发动机冷却系统处于低压状态下运行，避免了高压对金属的侵蚀。同时，二元醇的氧化反应被阻断就不会产生有腐蚀性的有机酸，冷却液的 pH 得以长期保持在理想状态，因而可以少加或不加缓冲剂。

无水型丙二醇冷却液的蒸气压力和蒸气密度远远低于有水型冷却液，这在重负荷冷却系统中有着非常重要的实际意义——大大减小了流体从高压区向低压区、低温区向高温区流动过程中出现的气蚀以及发动机重负荷运转下的超声波抖动气蚀。因此，无水型丙二醇冷却液即便在不使用亚硝酸盐缓蚀剂的情况下仍有足够的抗气蚀能力，完全满足对重负荷

冷却液的性能要求。

无水型丙二醇冷却液的优点见表 10-3。

表 10-3　无水型丙二醇冷却液的优点

优　点	说　明
冷却性能好	导热性能好、高温流动性好、控温性能好、无水垢、不"开锅"，能有效防止非正常高温引起发动机爆燃、动力下降的问题
防冻性能好	冰点低达 –68℃，具有优良的防冻性能
防沸性能好	沸点高达 187℃，具有优良的防沸性能
环保性能好	产品无毒、易于降解，对人体、自然环境无害
对系统无腐蚀	因为不含水，所以不会像传统的有水型冷却液那样容易产生水垢、凝胶和电解质而腐蚀冷却系统构件中的金属散热器（水箱）、缸体、缸盖、橡胶密封圈、冷却液泵（水泵）、节温器、冷却液管道（水道）等
使用寿命长	具有极佳的热稳定性和化学稳定性，使用寿命长

由此可见，无水型丙二醇冷却液是一种不含水，高沸点、低冰点，不产生水垢，对金属无腐蚀的发动机冷却介质，是一种名副其实的全寿命、防沸、防冻、超级环保型冷却液。作为传统的有水型乙二醇冷却液的更新换代产品，无水型丙二醇冷却液具有广阔的发展前景。

10.4　冷却液的选择与使用

10.4.1　冷却液的选择

1. 冷却液的选择原则

不同发动机其技术特性、热负荷情况、冷却系统所使用的材料等均有不同。因此，对冷却液产品质量的要求也有所不同。

目前，国内外发动机冷却液的产品配方很多，所以汽车发动机冷却液的选择要区别发动机的类型、强化程度和冷却系材料的种类，除了要保证发动机冷却液能冷却、防冻外，还要考虑防沸、防腐蚀和防水垢等问题。车主在对冷却液产品选择时应以汽车制造商的规定或推荐为准。

如前所述，冷却液的类型表征冷却液的冷却性能，冷却液的牌号表征冷却液的防冻性能。因此，发动机冷却液的选择，应秉承"先选型、后选号、再选牌"的原则，即先根据发动机冷却系统的热负荷情况选择轻负荷冷却液或重负荷冷却液；然后，再根据行车地区最低气温资料，选择冷却液的牌号；在选好冷却液的类型和牌号之后，再选择产品质量好、信誉度高的品牌（冷却液制造商）。

2. 冷却液类型的选择

（1）冷却液的类型及特点　如前所述，尽管发动机冷却液的基本组成近乎相同，都是乙二醇–水溶液或丙二醇–水溶液，但采用的添加剂不同，其性能及适用的发动机（发动机缸体、缸盖的制造材料以及冷却系统的制造材料）也就不同。为加以区别，不同技术流派的冷却液，其外观颜色也不尽相同。

市场上常见的进口冷却液类型及特点见表 10-4。

表 10-4 市场上常见的进口冷却液类型及特点

冷却液类型	特　点
有机酸型（OAT）冷却液	最具代表性的有机酸型（Organic Acid Technology，OAT）冷却液是美国德士古（DEX-COOL）发动机冷却液 国内常见的有机酸型冷却液还有德国大众汽车公司的 G12（BASF OEM）、美国通用汽车公司的装车冷却液以及在市场上零售的加德士特效防冻防腐液等 有机酸型冷却液不含硅、胺、硼、磷、亚硝酸盐等对人体或环境有害的物质，属于环保型冷却液。同时，有机酸不易消耗和分解。因此，有机酸型冷却液都是长寿命冷却液，推荐更换周期一般为 5 年或者 25 万千米（以汽车使用说明书或 OEM 技术说明书为准）
日本车系冷却液	日本车系的冷却液绝对排斥硅酸盐和亚硝酸盐添加剂，但一般都含磷酸盐，对环境有害，属于非环保型冷却液（环保型的冷却液必须不含胺、硼、磷、亚硝酸盐，而非环保型的冷却液则可以含其中一种或几种） 我国市场上绝大多数劣质冷却液都含亚硝酸盐，而正品冷却液大都属于硅酸盐型冷却液。因此，我国市场上绝大多数的冷却液都不能代替日本车系的原装冷却液
欧洲车系冷却液	欧洲车系使用的冷却液，除了 DEX-COOL 类的有机酸型冷却液外，绝大多数是复合型冷却液 欧洲车系的冷却液中拒绝胺、硼、磷、亚硝酸盐，但允许有较低含量的硅酸盐，以保护铝合金发动机

虽然颜色并不代表冷却液的品质，但目前市场上已经按照冷却液的类型不同，分化成几种不同的外观颜色，详见表 10-5。

表 10-5 冷却液的类型与外观颜色

冷却液类型	冷却液的外观颜色
有机酸型冷却液	一般采用红色系，如橙色（加德士）、红色、粉红色（大众车系的 G12）等
硅酸盐环保型冷却液	黄绿色
硅酸盐非环保型冷却液	深绿色或者蓝色
日本车系冷却液	红色、绿色都有（日本车系目前使用的多为非环保型冷却液）

（2）推荐选用有机酸型冷却液　现代汽车越来越多地使用铝合金发动机，而硅酸盐型冷却液对铝合金具有非常好的保护作用，加上价格便宜，因此市场上绝大多数的冷却液都是硅酸盐型冷却液。

硅酸盐型冷却液虽然有很好的保护作用，但在高温条件下不稳定，一旦冷却液沸腾，硅酸盐就会析出硅和其他成分生成絮状物，这些絮状物会沉积到冷却液泵密封圈、冷却液管道中，当温度下降后就会变成坚硬的水垢状物质，导致冷却液泵损坏或者冷却液管道堵塞。

另外，硅酸盐型冷却液保护铝合金是采取消耗自身的方式来达到的，颇有"舍生取义、杀身成仁"的悲壮。硅酸盐产生的铝合金保护膜是疏松的和容易脱落的，因此需要不断地修复。这样，硅酸盐在使用一段时间后就会消耗殆尽而使冷却液失去防腐蚀功效。所以，常规的硅酸盐冷却液，推荐更换周期一般为 2 年，也不能长期贮存。

有机酸型（OAT）冷却液在发动机内部形成的保护膜是非常牢固的，冷却液中防蚀剂消耗极少，具有很长的使用寿命（使用 5 年，贮存 8 年），可以大大减少冷却系统维护次数。

由于有机酸型冷却液不含硅酸盐，对保持冷却液泵的密封极为有利，可以大大延长冷却液泵的使用寿命。

　　图 10-11 ~ 图 10-15 为使用传统冷却液和使用有机酸型冷却液的效果对比图。有鉴于有机酸型冷却液的优良品质和长寿命，在经济条件允许的情况下，推荐优先选择使用有机酸型（OAT）冷却液。

 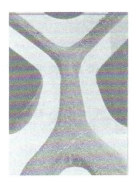

a）传统冷却液　　　　　b）有机酸型冷却液

图 10-11　传热腐蚀的比较

a）传统冷却液　　　　　b）有机酸型冷却液

图 10-12　铝制冷却液泵气穴腐蚀的比较

a）传统冷却液　　　　　b）有机酸型冷却液

图 10-13　使用 6000h 后缸套振动穴蚀的比较

a）传统冷却液　　　　　　　　b）有机酸型冷却液

图 10-14　使用 6000h 后缸垫振动穴蚀的比较

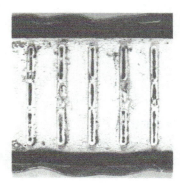

a）传统冷却液　　　　　　　　b）有机酸型冷却液

图 10-15　使用 12 万千米后铝制散热器片的比较（见彩图 16）

（3）商用车冷却液的选用　依据中国汽车工程学会技术规范——SAE-China J2901.4—2010《商用车润滑导则　第 4 部分：特种液的选用》的推荐，商用车冷却液的选用可按照表 10-6 进行。

表 10-6　商用车冷却液的选用

车　辆　类　型	冷却液类型	建议更换周期
中型及中型以下商用车	无机型冷却液	1～2 年或 5 万千米
	有机无机复合型冷却液	2 年或 10 万千米
	全有机型冷却液	4～5 年或 20 万千米
重型商用车	无机型冷却液	使用过程中定期补加冷却液补充添加剂（Supplemental Coolant Additives，SCA）可延长使用寿命
	有机无机复合型冷却液	
	全有机型冷却液	4～5 年或 20 万千米

3. 冷却液牌号的选择

发动机冷却液防冻性能的选择原则是冷却液的冰点要比车辆运行地区的最低气温低 10℃左右，以确保在特殊情况下冷却液不冻结。例如，如果当地最低气温为 −30℃，则冷却液的冰点应选择在 −40℃以下。

乙二醇冷却液的最高和最低使用浓度，一般规定最低使用浓度为 33.3%（体积分数），

此时冰点不高于 −18℃，当低于此浓度时则冷却液的防腐蚀性能不够。最高使用浓度为69%（体积分数），此时冰点为 −68℃，高于此浓度时则其冰点反而会上升。全年使用冷却液的车辆其最低使用浓度为50%（体积分数）左右为宜。

国产长城牌无机型多效汽车发动机冷却液采用无机盐复配技术，属于硅磷硼型发动机冷却液。硅磷硼型发动机冷却液对焊锡、黄铜、紫铜、铝、铸铁、钢均提供了优异的腐蚀抑制保护，且成本低廉，适于各类铝合金发动机和采用铸铁衬里的柴油发动机使用。

国产长城牌无机型多效汽车发动机冷却液规格见表10-7。

表 10-7　国产长城牌无机型多效汽车发动机冷却液

冷却液牌号	FD-1/YF-1	FD-2/YF-2	FD-2B	FD-2A/YF-2A	FD-3/YF-3
冰点 /℃（不高于）	−25	−35	−40	−45	−50

注：FD 为"防冻"两字的汉语拼音首字母；YF 为有机型防冻液的"有防"两字的汉语拼音首字母

4. 冷却液品牌的选择

关于发动机冷却液产品质量的选择，即品牌的选择，应优先选择经国家指定的检测站检测合格的正规知名制造商生产的产品。正规知名制造商生产的产品，在原料使用、添加剂的配方和种类、生产工艺、台架试验、理化分析、质量评定等方面都有严格的要求，冷却液的产品质量是有保障的。

5. 优先选择多用途长寿命冷却液

此外，在选择发动机冷却液时，最好选择具有"五防"功能的多用途长寿命冷却液。所谓具有"五防"功能的多用途长效冷却液，即指同时具有防沸腾（不开锅）、防冻结、防结垢（不产生水垢）、防腐蚀（不产生腐蚀、锈蚀）、防穴蚀（无穴蚀和气蚀）的长寿命冷却液。这类冷却液的性价比是最高的，应该成为发动机冷却液的首选目标。

切忌贪便宜购买杂牌冷却液或假冒伪劣的冷却液。假冒伪劣的冷却液价格便宜，但质量难以保证。劣质冷却液的主要原料是工业甲醇或各种杂醇等化工下脚料，其挥发性强，气味刺鼻。出厂前只是对冷却液的冰点测定后即投放市场，这些没有经过正规检验的冷却液往往具有较强的腐蚀性，不但对发动机起不到保护作用，还会造成管路堵塞、缸体腐蚀等损害。

10.4.2　冷却液的使用

1. 冷却液的使用注意事项

发动机冷却液在使用过程中应注意以下事项：

1）禁止直接加注浓缩液。稀释浓缩液时要使用蒸馏水或去离子水。

2）注意检查冷却液液面高度。如图10-16和图10-17所示，适宜的冷却液液面应在储液罐的最高线 max 和最低线 min 之间，应视具体情况正确补充和调整。

补充冷却液时，应使用同一厂家、同一牌号的冷却液。在补充冷却液之前，要对发动机冷却系统进行全面彻底的检查，如有渗漏现象，应及时排除后才能补充冷却液。最好随车携带一桶冷却液，以备短缺时及时补充。

3）不同厂家、不同牌号的发动机冷却液不能混用。不同品牌的冷却液其生产配方会有所差异，如果混合使用，多种添加剂之间很可能会发生化学反应，造成添加剂失效，破

坏各自的综合防护能力，引起沉淀、结垢和腐蚀等问题，从而影响发动机的使用寿命。

图 10-16　检查冷却液液面高度（远观）（见彩图 17）　图 10-17　检查冷却液液面高度（近看）（见彩图 18）

4）应保持常年使用冷却液。要注意冷却液使用的连续性。那种只在冬季使用冷却液，而到气温转暖需要补加时，则加入普通水，一直到入冬才更换冷却液的做法是错误的，忽视了冷却液的防腐、防沸、防垢等作用，容易造成发动机冷却系统零件损坏，金属部件产生氧化腐蚀。

5）注意乙二醇型冷却液的安全使用。乙二醇的吸水性强，贮存的容器应密封，以防吸水后溢出。用剩的冷却液应在容器上注明名称以免混淆，并置于安全场所。

在使用乙二醇冷却液时，切勿用口吸。乙二醇冷却液沾染到皮肤上时，应及时用清水冲洗干净。

乙二醇冷却液有毒，不能饮用。为了便于在外观上进行识别，一般正规厂家生产的乙二醇冷却液都用着色剂将其染成醒目的颜色（粉红、黄绿、绿色或蓝色等），一般不会引起误会。同时，也便于发现冷却液的泄漏点。

但目前市场上也有很多小厂生产未经着色剂染色的乙二醇冷却液，并以普通塑料桶盛装销售，价格也很便宜。全国每年都有误将乙二醇冷却液当作普通散装白酒饮用致死的案例发生，这一点要特别引起注意。

6）定期检测冷却液的技术指标。冷却液的有效期一般为 2 ～ 3 年（以汽车使用说明书的规定为准），加注后不要随意更换。但是，应对使用中的冷却液定期进行技术指标检测。

检测项目包括外观、冰点、比重和 pH 等，若发现冷却液变浑浊、变质、变味、发泡、有悬浮物、沉淀物、比重增大、变稠、冰点上升、pH 低于 10.0 等情况时应及时报废更换。

2. 冷却液性能的现场快速检测

虽然冷却液生产商或发动机制造商都提出了冷却液的推荐使用年限或里程，但由于冷却系统的渗漏和发动机检修时冷却液的损耗等，在多次加注后冷却液的性能也可能会发生明显变化。

另外，在发动机过热或其冷却系统出现故障时，也希望能立即了解冷却液的状况。虽然实验室分析能够得到可靠的数据，但分析的费用高、周期长，而采用冷却液现场快速检测方法可在短时间内及时了解冷却液的技术状况。

下面介绍几种冷却液性能的现场快速检测方法。

（1）直观鉴别　观察冷却液的外观、辨别其气味，进行直观判别。冷却液应透明、无沉淀、无异味；如果发现外观浑浊，气味异常，说明冷却液已严重变质，应立即停止使用。

（2）冰点测试　冰点测试是对冷却液能否适合在严寒的冬季使用的一种防冻性能测试，可采用冰点折光仪测试冰点的高低。

冰点折光仪是利用不同浓度溶液折射率的差别来检测溶液中二元醇的浓度的，如果同时具有乙二醇和丙二醇的浓度刻度，就可对冷却液中乙二醇和丙二醇的浓度进行测量。

目前广泛使用的冰点折光仪，一般都具有温度自动补偿功能，精确度也比较高。如图 10-18 所示的冰点折光仪结构非常紧凑，并且能测量蓄电池的存电量，内部刻度如图 10-19 所示。

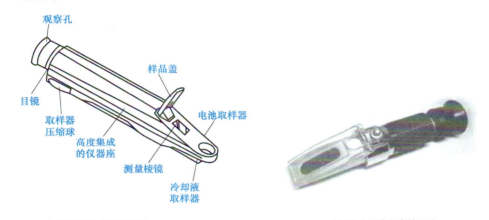

a）冰点折光仪结构组成　　　　　　　　b）冰点折光仪实物照片

图 10-18　冰点折光仪

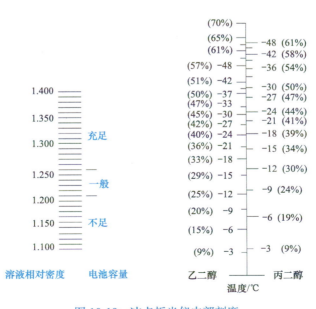

图 10-19　冰点折光仪内部刻度

折光仪的使用非常简单，只需在折光仪的棱镜上滴几滴冷却液，然后对着光线进行观察，即可看出明显的明暗分界线，从而读出二元醇的浓度。由于物质的折射率随温度升高而增大，若仪器不具备温度自动补偿功能，则使用中必须注意使用的温度，以便进行必要的温度补偿。

（3）pH检测　　pH是表征溶液酸碱度的技术指标。金属在酸性溶液中受腐蚀的速度很快。为了防止这种腐蚀的产生，冷却液中加入的添加剂均为碱性物质，以保证冷却液的pH在7～11之间；使用中的冷却液在高温下不断氧化，生成酸性物质，消耗部分防蚀剂，从而使冷却液的pH下降，冷却液逐渐呈酸性。可采用pH试纸对冷却液的pH进行测试，当pH小于7时，该冷却液应停止使用。

（4）储备碱度检测　　在冷却液中，防蚀剂吸附在金属表面，抑制电化学腐蚀及中和氧化过程中生成的对金属有化学腐蚀作用的酸性物质。

储备碱度是表征冷却液防腐性能的重要指标。储备碱度反映冷却液的缓冲能力，即被酸中和的能力。储备碱度高，则说明冷却液中防蚀剂含量充足。

储备碱度的测试采用美国ASTM D 1121方法，可使用电位滴定仪进行自动滴定，当试样的pH达到10.5时，记录所消耗的KOH量，再经简单计算，即可得到所测冷却液的储备碱度。整个试验在几分钟之内即可完成。

优质冷却液的储备碱度一般在17.5左右。在实际跟踪测试中发现，当使用中的冷却液外观浑浊（即有腐蚀产物）时，一般其储备碱度都会低于10，而冷却液储备碱度标准值应是不小于10的。

（5）氯离子和硫酸根离子检测　　冷却液中的氯离子和硫酸根离子对冷却系统都有腐蚀作用，在使用过程中应防止这两种离子的浓度过高。

氯离子浓度可通过氯离子试纸来检测。氯离子试纸主要通过银离子起作用，银离子与螯合剂（Chelating Agent，又称络合剂）配合。试纸浸入氯离子含量低（0～100mg/kg）的溶液中时，银离子与螯合剂配合，试纸呈现白色；当氯离子含量高到约200mg/kg时，一部分银离子与氯离子反应，螯合剂被释放出来，试纸变蓝；氯离子含量继续增加时，颜色变深，试纸逐渐呈蓝黑色。

硫酸根离子浓度可通过硫酸根离子试纸来检测。硫酸根离子主要通过钡离子起作用，钡离子与螯合剂配合。硫酸根离子含量低时，呈现配合物的颜色；硫酸根离子含量增加到约1500mg/kg时，部分钡离子与硫酸根离子结合，螯合剂被释放出来，试纸变成紫红色。

3. 冷却液的更换

（1）冷却液的常规更换

1）检查。在更换冷却液之前，应首先全面检查发动机冷却系统及空调采暖系统是否有冷却液泄漏现象，并采取必要的措施加以修复。

2）排空旧的冷却液。打开散热器顶部的冷却液加注口盖（图10-20）和/或冷却液储液罐（膨胀水箱，亦称副水箱或补偿水箱）的盖子（图10-21），以利气压平衡，确保冷却液顺畅排出。

打开散热器顶部的冷却液加注口盖时，不可贸然行事，一定要先将盖子转动一个角度，释放掉系统压力，然后再将盖子完全打开，以防止炽热的冷却液烫伤手臂。

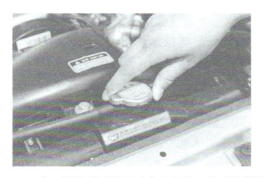

图 10-20　打开散热器顶部的冷却液加注口盖（见彩图 19）　图 10-21　打开冷却液储液罐的盖子（见彩图 20）

如图 10-22 和图 10-23 所示，拧开发动机散热器放水阀和发动机气缸体放水阀，放出旧的冷却液。放出的旧冷却液要用适当容器盛装并妥善处置，不可随意排放，以防污染环境。

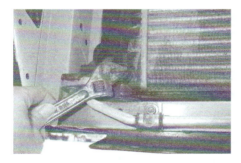

图 10-22　拧开散热器放水阀　　　　　图 10-23　拧开发动机气缸体放水阀（放出冷却液）

注意，一定要把空调采暖系统的暖风散热器放水阀也打开（图 10-24）。否则，系统内会残留很多冷却液而无法排净。

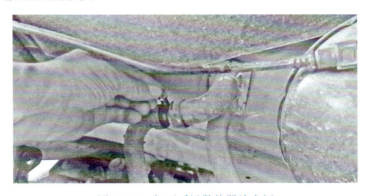

图 10-24　打开暖风散热器放水阀

为尽可能排净旧的冷却液，可于冷却液排放结束后，再将压缩空气引入冷却系统，依靠风压把残存于冷却系统中的旧的冷却液吹出来。

3）清洗冷却系统。旧的冷却液排放结束后，先将发动机散热器放水阀和发动机气缸体放水阀适当关小（但不要完全关闭），然后用一根口径适当的软管将清水（自来水）引入

散热器顶部的冷却液加注口。此时，对冷却系统而言，上边（散热器顶部的冷却液加注口）处于加水状态，下边（发动机散热器放水阀和发动机气缸体放水阀）处于放水状态，以此来实现对冷却系统的清洗。若在清水中加入适量的散热器清洗剂（图10-25），则清洗效果更佳。

待清水灌满散热器后，起动发动机，使清水在冷却液泵的带动下循环起来，以进一步提升清洗效果。待由发动机散热器放水阀和发动机气缸体放水阀处流出的水垢等污物完全排净，只有清水流出时，将发动机熄火，放掉清水并用压缩空气吹净。此后，再将发动机冷却系统各处的放水阀完全关闭，即可进行新冷却液的加注作业。

4）加注新的冷却液。如图10-26所示，将新的冷却液由散热器顶部的冷却液加注口加入。随后将另一桶冷却液加入冷却液储液罐，至冷却液液面达到最高液位标记线"max"时为止。

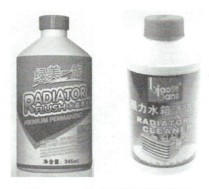

图10-25　发动机散热器清洗剂

图10-26　加注新的冷却液（见彩图21）

盖好散热器顶部的冷却液加注口盖，起动发动机，使冷却液在冷却液泵的带动下循环起来。在发动机运转过程中，可一边用左手不断捏紧、放松气缸盖出水口与散热器入水口之间的冷却液软管，以助冷却系统排出空气（图10-27）；一边用右手扳动节气门，动态改变发动机转速，既有利于冷却液迅速升温，又有利于帮助冷却系统排出空气。

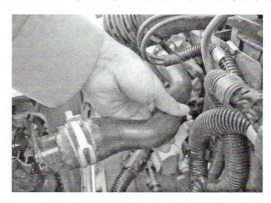

图10-27　不断捏紧、放松冷却液软管（以助冷却系统排出空气）（见彩图22）

对于安装有放气螺钉的车辆（如富康车系），依次拧开散热器、出水室和暖风系统三处的放气螺钉，即可排出冷却系统的空气。

随着冷却系统内空气的不断排出，储液罐内的冷却液液面会不断下降，可随时视情添加冷却液，以冷却液液面位于最高液位标记线"max"与最低液位标记线"min"之间为宜。

待发动机完成三个降温循环（电动冷却风扇三次通断循环）后，将发动机熄火，再次调整储液罐内的冷却液液面至规定值，盖好冷却液储液罐的盖子，新冷却液的加注作业即告完成。

（2）冷却液的彻底更换　采用常规方法更换冷却液时，需要用清水（自来水）结合散热器清洗剂对冷却系统进行清洗，虽然清洗效果较好，但存在较长的清水冷却、发动机热机运转状态，极易引发冷却液泵密封垫损坏，造成冷却液泄漏，甚至损坏冷却液泵，事故隐患较大。

冷却液深度交换机（图 10-28）是一种全自动的冷却液更换设备，可方便、快捷地完成发动机冷却系统的免拆清洗和新旧冷却液的等量交换。另外，还可以加入冷却系统保护剂和止漏剂，为冷却系统提供全面的呵护。

操作方法如下：

1）需要更换冷却液时，将冷却液深度交换机连上电源，使用配套的接头将冷却液深度交换机和发动机冷却系统管路相接。

2）先将冷却液储液罐内的一部分冷却液抽出，然后将冷却系统清洗剂注入冷却液储液罐。起动发动机，并动态调节发动机转速，使加有冷却系统清洗剂的冷却液充分循环起来，对发动机冷却系统做彻底的清洗，以清除水垢等有害物质。

图 10-28　冷却液深度交换机

3）利用冷却液深度交换机彻底抽出旧冷却液，注入等量的新冷却液，并调整液面高度至规定值即可。

注入新冷却液时，可在新冷却液中兑入适量的冷却系统保护剂。对于老旧车辆，最好再加入一瓶冷却系统止漏剂，以恢复冷却系统密封件的弹性，延迟密封件老化，防止冷却液渗漏。

利用冷却液深度交换机更换冷却液并结合冷却系统清洗剂、保护剂和止漏剂的使用，可以把冷却系统内的水垢、残渣、絮状物等沉积物完全排出冷却系统，避免污染新冷却液，且能有效恢复冷却系统各部密封件的弹性，增强密封性能，防止冷却液渗漏，大大延长发动机的使用寿命。

思考与实训

1. 选择题

1）车用发动机冷却液的作用有 ＿＿＿。

A. 冷却作用　　　　　　　　　　B. 防腐作用

C. 防冻作用　　　　　　　　　　D. 防垢作用

2）无水的丙二醇型冷却液，其冰点低达 ＿＿＿，而沸点高达 187℃——具有名副其实的抗沸、抗冻性能。

    A. −38℃   B. −48℃

    C. −58℃   D. −68℃

3）_____冷却液保护铝合金是采取消耗自身的方式来达到的，颇有"舍生取义、杀身成仁"的悲壮。

    A. 有机酸型   B. 硝酸盐型

    C. 硅酸盐型   D. 碳酸盐型

4）_____冷却液在发动机内部形成的保护膜是非常牢固的，冷却液中防蚀剂消耗极少，具有很长的使用寿命（使用5年，储存8年），且对保持冷却液泵的密封极为有利，可以大大延长冷却液泵的使用寿命，但其价格较高。

    A. 有机酸型   B. 硝酸盐型

    C. 硅酸盐型   D. 碳酸盐型

2. 问答题

1）车用发动机冷却液应具备哪些性能？

2）我国车用发动机冷却液分为哪几种牌号？

3. 实操题

1）在实验室利用教学车辆演练发动机冷却液质量检测作业项目。

2）在实验室利用教学车辆演练发动机冷却液更换作业项目。

第 11 章

车用特种工作液

【学习目标】

- 了解车用特种工作液的作用。
- 熟悉车用特种工作液的分类和规格。
- 掌握车用特种工作液的选择和补充方法。

11.1　风窗玻璃清洗液

11.1.1　风窗玻璃清洗液的作用与性能要求

1. 风窗玻璃清洗液的作用

汽车在行驶过程中，自身或其他车辆溅起的泥土、废气中含有的未完全燃烧的油气和道路沥青与雨水的混合物、抛光剂的蜡与雨水的混合物以及树胶（松树树胶尤甚）、昆虫的尸体、体液、鸟粪等会附着在汽车的风窗玻璃上，这些物质的存在严重影响驾驶人的视野、不利于行车安全。汽车风窗玻璃清洗液能清洗这些污物，确保风窗玻璃洁净、清晰。

2. 对风窗玻璃清洗液的性能要求

汽车风窗玻璃清洗液（俗称玻璃水。由于具有防冻功能，又称防冻玻璃水）要求对附着在风窗玻璃上的各种物质具有浸透、乳化、分散、溶解的功能，以便将其清洗干净。图 11-1 所示为市场上常见的几种汽车风窗玻璃清洗液。其性能要求主要有：

图 11-1　几种常见的汽车风窗玻璃清洗液

1）汽车风窗玻璃清洗液对车辆刮水器的材料如铝、锌、橡胶、塑料和油漆涂层等不应产生腐蚀或其他不利影响。

2）在冬季使用的汽车风窗玻璃清洗液，应具有较低的冰点，以防在低温时结冰而不可使用。一般要求风窗玻璃清洗液的冰点为 −20℃，对于特别严寒地区可特殊配制。

3）要求风窗玻璃清洗液在低温和高温交变时应没有分离和沉淀。汽车风窗玻璃清洗液多用于雨雪天气，平时存放于发动机舱的储液罐内，时而加热，时而冷却，如果易发生分离、沉淀，则容易造成系统内部堵塞，影响其正常喷射。

因此，汽车风窗玻璃清洗液应在一定浓度范围内对金属不腐蚀，对非金属的性能不产生影响，又能有效地去除各种污垢，确保风窗玻璃保持良好的视野，在冷热交变下稳定性好，还要对人的皮肤和嗅觉无刺激及不适反应。

11.1.2　风窗玻璃清洗液的配方

为了满足汽车风窗玻璃清洗液的性能要求，在汽车风窗玻璃清洗液中常常添加表面活性剂、防雾剂、阻凝剂、无机助洗剂、有机助洗剂等。汽车风窗玻璃清洗液配方见表11-1。

表 11-1　汽车风窗玻璃清洗液的配方

组　　成	配方 1（%）	配方 2（%）
表面活性剂	4.0	5.0
防雾剂	1.0	—
阻凝剂	3.5	—
无机助洗剂	6.0	—
有机助洗剂	1.5	22.0
水分	余量	余量

将表11-1所述溶液，根据不同季节需要，按5%～10%稀释，即可获得不同冰点的汽车风窗玻璃清洗液。该清洗液去污性好，不损坏金属、非金属表面。

11.1.3　风窗玻璃清洗液的质量标准

GB/T 23436—2009《汽车风窗玻璃清洗液》按照主要组分将汽车风窗玻璃清洗液分为水基型和疏水型两大类。

水基型清洗液是指以醇类物质、水和表面活性剂为主要组分的清洗液；疏水型清洗液是指以硅树胶类物质为主要组分的清洗液。

水基型汽车风窗玻璃清洗液按照冰点不同，又分为普通型（冰点低于0℃）和低温型（冰点低于-20℃）两种。

国产汽车风窗玻璃清洗液的质量标准见表11-2。

表 11-2　国产汽车风窗玻璃清洗液质量标准（GB/T 23436—2009）

项　　目		技　术　要　求			试验方法
		水基型		疏水型	
		普通型	低温型		
冰点 /℃		≤ 0	≤ -20	≤ -20	SH/T 0099
pH	原液	6.5～10.0		4.0～10.0	SH/T 0069
	最低使用浓度溶液				

（续）

项　目			技 术 要 求			试验方法
			水基型		疏水型	
			普通型	低温型		
外观			无分层、沉淀现象			附录 A
最低使用温度下的洗净力			试后玻璃的明净程度应与标准液相同或更佳			附录 B
相容性			无分层、沉淀现象		—	附录 C
金属腐蚀性（最低使用浓度溶液）（50℃ ±2℃，48h）	金属试片质量变化 /（mg/cm²）	铝片	± 0.30			附录 D
		黄铜片	± 0.15			
		镀锌钢板	± 0.80			
	试验后金属试片外观		除连接处外，无肉眼可见坑蚀或表面粗糙现象			
对橡胶的影响（原液）（50℃ ±2℃，120h）	质量变化（%）	天然橡胶	± 1.5			附录 E
		氯丁橡胶	± 3.0			
	硬度变化 / IRHD	天然橡胶	± 5			
		氯丁橡胶	± 5			
	试验后橡胶试片外观		无发黏、鼓泡、炭黑析出现象			
对塑料的影响（原液）（50℃ ±2℃，120h）	塑料试片质量变化 /（mg/cm²）	聚乙烯树脂	± 1.0			附录 F
		聚丙烯树脂	± 1.0			
		ABS 树脂	± 4.0			
		软质聚氯乙烯树脂	± 3.0			
		聚甲醛树脂	± 3.0			
	试验后塑料试片外观		无严重变形			
对汽车有机涂膜的影响（原液）（50℃ ±2℃，6h）	涂膜硬度	丙烯酸树脂烤漆（蓝色）	≥ HB			附录 G
		氨基醇树脂漆（白色或黑色）	≥ HB			
	试验后试片的外观		漆膜无软化或鼓泡，试验后光泽、颜色无变化			
热稳定性（50℃ ±2℃，8h）	试验后试样外观		无结晶性沉淀物			附录 H
低温稳定性（−30℃ ±2℃，8h）	试验后试样外观	原液	无结晶性沉淀物			
		最低使用浓度溶液				
抗水性 /°	原液		—		≥ 65	附录 I
	最低使用浓度溶液					

注：本表中出现的附录系指 GB/T 23436—2009《汽车风窗玻璃清洗液》的附录。

11.1.4　风窗玻璃清洗液的选用

1. 风窗玻璃清洗液的选择

推荐使用水基型的汽车风窗玻璃清洗液。一般应按照冰点比使用地区最低环境温度低10℃以下的原则选用。

夏天可以选择使用普通型（冰点低于0℃）水基清洗液；冬天应选择使用低温型（冰点低于-20℃）水基清洗液。

2. 风窗玻璃清洗液的加注

汽车风窗玻璃清洗液属于一次性消耗品，应根据使用情况随时补充。汽车风窗玻璃清洗液的加注比较简单。只要找到玻璃清洗液储液罐，如图11-2a所示，打开储液罐的加注口盖，把汽车风窗玻璃清洗液加满，如图11-2b所示，然后扣上盖子即可。

a）玻璃清洗液储液罐的盖子　　　　　　　　b）加注玻璃清洗液

图11-2　找到玻璃清洗液储液罐并加注清洗液

3. 常见问题的处理

（1）清洗液喷不出来　清洗液喷不出来的原因比较多，但不难判别。常见的原因有：

1）清洗液已经耗尽。只需及时补充、添加即可。

2）清洗液输送泵损坏或被冻住，不能正常工作（多发生于寒冷的冬季）。如果清洗液输送泵未损坏，只是泵或清洗液被冻住，借助于发动机的辐射热，会很快解冻，恢复正常工作。

3）清洗液输送软管（塑料管）性能欠佳，在低温下变脆，打开发动机舱盖时，清洗液输送软管受弯断裂，清洗液泄漏。只需采取有针对性的维修措施，即可修复。

4）清洗液喷嘴被脏物堵住或被冻住，只需及时疏通即可正常工作。

（2）清洗液喷射无力

1）清洗液过少。只需及时补充、添加即可。

2）清洗液输送泵老化，压力不足，及时更换即可。

3）清洗液输送软管有漏点，造成清洗液泄漏。只需采取有针对性的维修措施，即可修复。

（3）清洗液的喷射点偏离工作范围　如图11-3所示，清洗液的喷射点应落在刮水器工作范围之内。若已偏离刮水器工作范围，则可对清洗液喷嘴做必要的

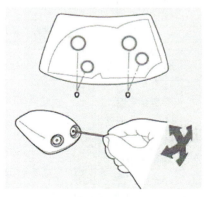

图11-3　清洗液的喷射点及其调整

调整。

　　将一根与清洗液喷嘴孔相匹配的钢丝（家用缝衣针亦可）插入喷嘴孔，如图 11-3 所示，根据需要（上、下、左、右）调整喷射方向即可。在寒冷的冬季，最好在调整前先用理发店的电吹风将清洗液喷嘴适度加热。这样，调整起来会更加方便。

11.2　车用尿素水溶液

11.2.1　柴油机排放物——氮氧化物及其催化还原

　　汽车发动机排出的各种有害物质目前已成为城市大气污染的主要来源，其排出的有害物质有一氧化碳（CO）、氮氧化物（NO_x）、二氧化硫（SO_2）、颗粒物（Particulate Matter，PM）、臭气以及燃油蒸气等。其中，NO_x 对环境及人体健康危害甚大，必须予以控制。

1. NO_x 的危害

　　汽车排出的 NO_x 中，NO 占 95%，NO_2 只占 3% ~ 4%。但 NO 排到大气中后会逐步转变为 NO_2。NO_2 有剧烈的毒性，人类长期暴露在低浓度 NO_2 下，会发生萎缩性病变，引起呼吸机能障碍。在 150×10^{-6} ~ $200 \times 10^{-6} g/m^3$ 的浓度下，短时间可使人的肺脏纤维化。

　　NO_2 刺激呼吸道可引起哮喘、支气管炎、肺气肿；一定浓度的 NO_2，在光照的作用下能使大气着色，从而明显地降低大气能见度，影响地面或空中交通。

2. NO_x 的形成

　　柴油机排放的 NO_x 主要是 NO 和 NO_2。可以通过降低火焰峰值温度、缩短空气在高温中停留的时间、降低燃油和空气的混合速率等机内净化措施减少 NO_x 的形成。

　　但单纯依靠上述机内净化措施，还难以满足日益严苛的排放法规的要求。为此，汽车工程师开发了多种可以控制和降低柴油机 NO_x 排放量的方法。其中，以选择性催化还原法最为有效，且应用广泛。

3. 选择性催化还原法

　　（1）原理简介　NO_x 的选择性催化还原法（Selective Catalytic Reduction，SCR）以氨、氨水或尿素为还原剂，催化剂以具有高活性和耐硫性的 $V_2O_5/WO_3/Al_2O_5/TiO_2/SiO_2$ 为主，可以脱除绝大部分的 NO_x，同时也能降低部分 HC 的排放量。

　　尿素（Urea）又称碳酰胺（Carbamide），是由碳、氮、氧、氢组成的有机化合物。尿素是一种白色晶体，其化学式为 $CO(NH_2)_2$。由于尿素比氨（NH_3）或氨水更易于携带，且不具有刺激性气味，以尿素（热解和水解后，分解成所需的氨）为还原剂的 SCR 技术应用广泛。

　　（2）反应机理　选择性催化还原法 SCR 的反应机理是：将 NH_3（即尿素水溶液）喷射到废气中，在催化剂的作用下，利用 NH_3 将 NO_x 还原为 N_2 和 H_2O 并排放。

　　主要反应见式 11-1 ~ 式 11-3：

$$CO(NH_2)_2 + H_2O \rightarrow CO_2 + 2NH_3 \tag{11-1}$$

　　在式 11-1 中，尿素在常温下水解生成氨气和二氧化碳。

$$4NO + 4NH_3 + O_2 \rightarrow 4N_2 + 6H_2O \tag{11-2}$$

　　在式 11-2 中，氨气与 NO 作用生成氮气和水。

$$6NO_2 + 8NH_3 \rightarrow 7N_2 + 12H_2O \qquad (11-3)$$

在式 11-3 中，氨气与 NO_2 作用生成氮气和水。

NH_3 具有很强的选择性，它易与 NO_x 反应而不会与废气中通常存在的 O_2 发生反应。该反应过程可在柴油机排气温度范围 300 ~ 400℃的条件下进行。

SCR 技术的最大优点是它对 NO_x 的转化率相当高（大于 90%）。

（3）系统结构　柴油机 SCR 选择性催化还原系统的结构如图 11-4 所示。为了提高 SCR 转化器的反应温度，在其入口处还可增设柴油氧化催化转化器（Diesel Oxidation Converter，DOC），用来氧化废气中的 CO、HC 和 NO，以及在发动机冷起动时提高排气温度以满足 SCR 转化器的工作需要。

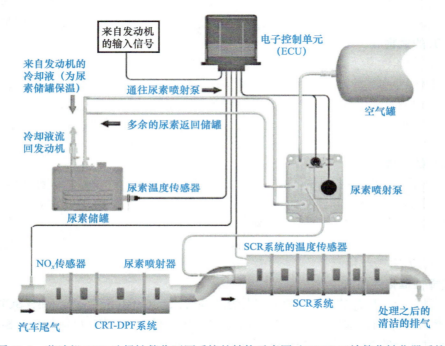

图 11-4　柴油机 SCR 选择性催化还原系统的结构示意图（SCRT 四效催化转化器系统）

注：SCRT 四效催化转化器系统由连续再生颗粒物滤清器（CRT-DPF）和选择性催化还原技术（SCR）结合而成（SCRT=CRT+SCR）。该系统对重型商用车（货车和客车）柴油机排气中 CO、HC、NO_x 和 PM 的净化效果十分显著。

11.2.2　车用尿素水溶液的质量标准

车用尿素水溶液（Aqueous Urea Solution，AUS）是指用 AUS 32 专用尿素与去离子水（纯水）配制的水溶液。在该溶液中尿素含量为 32.5%（质量分数），去离子水的含量为 67.5%（质量分数），故车用尿素水溶液亦简称 AUS 32（图 11-5）。

在欧洲，将车用尿素水溶液称为 AdBlue，并已经成为注册商标（图 11-6）。

GB 29518—2013《柴油发动机氮氧化物还原剂　尿素水溶液（AUS 32）》对车用尿素水溶液的技术要求和试验方法见表 11-3。

图 11-5　车用尿素水溶液（AUS 32）

图 11-6　AdBlue® 车用尿素水溶液（AUS 32）

表 11-3　车用尿素水溶液的技术要求和试验方法（GB 29518—2013）

项　目			质量指标	试验方法
尿素含量[1]（质量分数）（%）			31.8 ~ 33.2	附录 A[4]
密度[2]（20℃）/（kg/m³）			1087.0 ~ 1093.0	SH/T 0504[5]
折光率[3] 20n_D			1.3814 ~ 1.3843	GB/T 614
杂质含量	碱度（以 NH_3 计）（质量分数）（%）	不大于	0.2	附录 B
	缩二脲（质量分数）（%）	不大于	0.3	附录 C
	醛类（以 HCHO 计）/（mg/kg）	不大于	5	附录 D
	不溶物 /（mg/kg）	不大于	20	附录 E
	磷酸盐（以 PO_4 计）/（mg/kg）	不大于	0.5	附录 F
	钙 /（mg/kg）	不大于	0.5	附录 G
	铁 /（mg/kg）	不大于	0.5	
	铜 /（mg/kg）	不大于	0.2	
	锌 /（mg/kg）	不大于	0.2	
	铬 /（mg/kg）	不大于	0.2	
	镍 /（mg/kg）	不大于	0.2	
	铝 /（mg/kg）	不大于	0.5	
	镁 /（mg/kg）	不大于	0.5	
	钠 /（mg/kg）	不大于	0.5	
	钾 /（mg/kg）	不大于	0.5	
一致性确认			与参考谱图一致	附录 H

注：如果有必要向 AUS 32 中添加示踪剂，应保证示踪剂不影响 AUS 32 满足本表中的技术要求，也不会损害 SCR 系统。

[1] 目标值为 32.5%（质量分数）。

[2] 目标值为 1090.0kg/m³。

[3] 目标值为 1.3829。

[4] 计算时未从氮中扣除氨。

[5] 也可以使用 GB/T 1884 和 GB/T 1885。对结果有异议时，以 SH/T 0604 为仲裁方法。

11.2.3 车用尿素水溶液的使用

在以柴油机为动力且采用 SCR 选择性催化还原系统的大型商用车上，都装有尿素储罐。如图 11-7 所示，尿素储罐的加液口盖上一般都标有 AdBlue® 字样，以与柴油加注口盖（其上一般都标有 Diesel 字样）相区别，以防止加错。

车用尿素水溶液（AUS 32）属于消耗品，需要定期进行补充和添加（图 11-8）。

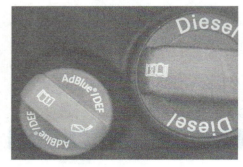
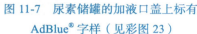

图 11-7　尿素储罐的加液口盖上标有
AdBlue® 字样（见彩图 23）

图 11-8　补充车用尿素水溶液（AUS 32）（见彩图 24）

除上述的风窗玻璃清洗液和车用尿素水溶液（AUS 32）之外，汽车空调制冷剂、汽车铅酸蓄电池电解液也属于车用特种工作液。关于汽车空调制冷剂及冷冻机油的使用知识，读者可参阅本书参考文献 [3]；关于铅酸蓄电池电解液的使用知识，读者可参阅本书参考文献 [4]。为节省篇幅，在此不再赘述。

思考与实训

1. 选择题

1）汽车风窗玻璃清洗液按照主要组分可分为 ____ 和疏水型两大类。

A. 油基型　　　　　　　　　　　　　B. 水基型

C. 苯基型　　　　　　　　　　　　　D. 羟基型

2）水基型汽车风窗玻璃清洗液按照冰点不同，又分为普通型（冰点低于 0℃）和 ____ 两种。

A. 低温型（冰点低于 −10℃）　　　　B. 低温型（冰点低于 −15℃）

C. 低温型（冰点低于 −20℃）　　　　D. 低温型（冰点低于 −30℃）

2. 问答题

1）简述选择性催化还原法 SCR 的工作机理。

2）车用尿素水溶液为什么叫 AUS 32？

3. 实操题

1）在实验室利用教学车辆演练风窗玻璃清洗液补充作业项目。

2）在实验室利用教学车辆演练车用尿素水溶液（AUS 32）补充作业项目。

第12章

汽车轮胎

【学习目标】

- 了解汽车轮胎的作用与结构。
- 熟悉汽车轮胎的规格和系列。
- 掌握汽车轮胎的使用与维护方法。

12.1 汽车轮胎的作用与结构

轮胎是各种车辆或行走机械上装配的在路面上滚动的圆环形弹性橡胶制品。汽车轮胎通常安装在金属轮辋上，起到支承车身、缓和冲击载荷的作用，实现与路面的接触并保证车辆的行驶性能。

汽车轮胎的工作条件是非常复杂和苛刻的，在车辆行驶时承受着各种变形、负荷、作用力以及高低温作用。因此，汽车轮胎必须具有良好的承载能力、驱动（牵引）能力、缓冲能力以及优良的耐磨性能、耐屈挠性能和散热性能。

12.1.1 轮胎的作用及其要求

在汽车发展的早期，曾广泛使用铁制轮毂，外套实心橡胶轮。这种实心轮的舒适性很差，当车速超过16km/h时，车轮就会剧烈跳动，使驾乘人员颠簸得无法忍受。这种实心车轮曾有一个非常形象贴切的名字——震骨架！

1888年，苏格兰兽医约翰·邓禄普（John·Dunlop，图12-1）发明了用于自行车的充气轮胎。1895年，法国的米其林兄弟（Andre and Edouard Michelin，图12-2）发明了用于汽车的充气轮胎。

图12-1 约翰·邓禄普

图12-2 米其林兄弟

此后，汽车几乎都采用充气轮胎。轮胎安装在轮辋上，直接与路面接触，具有承载、缓冲和提供附着力等作用。

1. 汽车轮胎的作用

1）**承受载荷**。汽车本身的质量和汽车乘员及载运货物的质量均由轮胎承受（图12-3），轮胎承受载荷的能力称为轮胎的承载能力。

轮胎承受的载荷除与质量有关外，还与路面品质、汽车行驶速度等因素有关。若路面质量差、汽车行驶速度快，将使汽车的动载荷增加。所以，在考虑汽车轮胎的承载能力时，必须考虑到动载荷对汽车轮胎的影响。

2）**缓和冲击**。汽车行驶中难免因路面不平而受到冲击。为保证汽车具有良好的乘坐舒适性，必须设法衰减或消除汽车行驶中产生的振动，这一任务通常是由轮胎和汽车悬架共同来完成的（图12-4）。为此，轮胎必须具有适当的刚度（弹性）。

图 12-3　承受载荷　　　　　　　　　　　　图 12-4　缓和冲击

从改善乘坐舒适性的角度考虑，在满足承载能力的前提下，应尽量减少悬架的非簧载质量，即尽量减小轮胎的质量。

3）**提供附着力**。汽车行驶所需要的驱动力、汽车减速或停车所需要的制动力（图12-5）以及转向过程中的转向力、抵御侧向风作用的稳定力（图12-6）等都要靠轮胎与路面的附着作用产生，因此，轮胎与路面间应有良好的附着性能。

图 12-5　提供驱动（牵引）力和制动力　　图 12-6　提供转向力和抵御侧向风作用的稳定力

为增强轮胎的附着作用，轮胎胎面应具有多种形状的花纹。但轮胎的附着作用过大时，又会引起轮胎的滚动阻力增大，使行车阻力增大。因此，如何协调这一矛盾，也是轮胎设计、制造工程师需要审慎考虑的问题。

2. 对汽车轮胎的要求

随着汽车行驶速度的日益提高和高速公路建设的普及，对汽车轮胎的要求也越来越高。而且，有些指标之间还是互相矛盾的。简而言之，对轮胎的质量和使用性能有如下基本要求：

1）汽车轮胎应具备足够的抗负荷能力，以期提高承载能力。

2）汽车轮胎应具备适宜的刚度（弹性），以期更好地缓和冲击，并尽量减小轮胎与路面间的摩擦噪声（胎噪），以提高汽车的乘坐舒适性。

3）汽车轮胎与路面间应能产生适宜的附着性能，以期产生足够大的驱动（牵引）力、制动力和稳定力，提供适宜的转向力和尽可能小的滚动阻力。

4）汽车轮胎应具备良好的耐磨性及耐久性，以充分延长使用寿命，降低汽车运行、维护成本。

5）汽车轮胎应具备良好的气密性和防止异物刺穿的能力。同时，应具备良好的耐屈挠性能和散热性能，以提高行车安全性。特别是在高温、高压、高速条件下，汽车轮胎应具有良好的整体强度而不发生突然爆裂（爆胎）。汽车轮胎的防爆胎能力对于安全行车至关重要。

6）对于高品质的轮胎而言，还应具备一定的"泄气保用"能力，即轮胎被异物刺穿、漏气后不会发生突然爆裂，而仍能维持相当程度的行驶能力（只是行驶性能略差），杜绝因爆胎而发生车毁人亡的惨剧，确保行车安全。

12.1.2　轮胎的结构

按照轮胎的结构不同，汽车轮胎可分为实心轮胎和充气轮胎两大类。现代汽车绝大多数都采用充气轮胎。充气轮胎又分为有内胎轮胎和无内胎轮胎两种。

轮胎的种类不同，其构造也略有差别。

有内胎轮胎一般由外胎、内胎和垫带等部分组成，如图 12-7 所示。

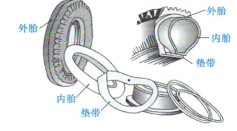

图 12-7　充气轮胎的组成

1. 外胎

外胎是用以保护内胎不受外来损伤和充入压缩空气后不致过分膨胀的外壳，是轮胎的主体，具有承担车重和变形、缓和汽车振动和冲击的作用，一般要求其具有较高的强度，并具有一定的弹性。

轮胎外胎的一般构造包括胎面（胎冠和胎肩）、胎侧、胎体（帘布层和缓冲层）和胎圈等部分，如图 12-8 所示。

（1）胎面　胎面包括胎冠和胎肩两部分。胎冠为轮胎滚动时与地面的接触部分，上面刻有各种沟纹和窄槽，称为胎面花纹。胎冠作为轮胎的主要工作部分，直接承受汽车行驶时产生的冲击和磨损，并保证轮胎与路面间具有充足的附着力。因此，要求胎冠应具有一定的厚度、较高的弹性和较强的耐磨性等。胎冠的耐磨性是决定轮胎寿命的重要因素，一般需采用耐磨性优良的橡胶材料制造。

胎肩为厚度较大的胎冠与厚度较小的胎侧的过渡部分。为提高该部位的散热和防滑能力，一般也刻有各种花纹。

（2）胎侧　胎侧是在胎体帘布层侧壁的薄橡胶层，其作用是保护轮胎侧面帘布层免受损伤。由于胎侧受不到很大的压力，且不与地面接触，受不到磨损，故其厚度较小。

在轮胎滚动过程中，由于胎侧会有较大的拱曲变形，并频繁地承受弯曲和伸缩作用，所以对其耐疲劳性能要求很高。此外，胎侧上一般都标注轮胎的制造厂家、规格型号、结构特征、速度等级等标志符号，故对其还有一定的美观性要求。

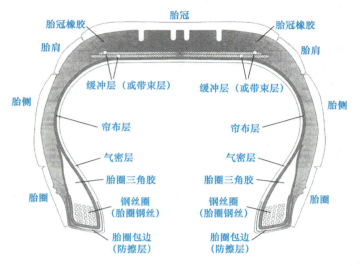

图 12-8　外胎的结构

（3）胎体　胎体位于外胎的内侧，是外胎的骨架，由帘布层和缓冲层组成，其作用是承受负荷、保持轮胎外缘尺寸和形状。

帘布层是由若干层帘线用橡胶贴合而成的，一般有多层。帘线的材料有棉线、钢丝、人造丝线、尼龙线等。帘线的排列方式为与胎面中心线垂直或成一定夹角。帘线的排列方式对轮胎的滚动阻力、承载能力等性能影响较大，一般是帘线与胎面中心线垂直的子午线形排列优于成锐角夹角的斜交型排列。

另外，帘线的层数也影响轮胎的强度，层数越多轮胎强度越大。但轮胎的弹性会随之降低。

缓冲层（或带束层）位于帘布层与胎冠之间，用胶片和多层挂胶稀帘布制成，故该部位的弹性较大。缓冲层用于普通斜交轮胎，用来分散和降低胎冠部的工作应力。带束层用于子午线轮胎，可以用来约束轮胎变形，提高胎面强度，减小轮胎滚动时的内部蠕动损失。

（4）胎圈　胎圈包括钢丝圈（胎圈钢丝）、帘布层包边和胎圈包边等部分。该部位有很高的刚度和强度，主要作用是将轮胎牢牢地固装在轮辋上，并承受外胎与轮辋的各种作用力。

2. 内胎

内胎是一个环形橡胶管，橡胶管内充满压缩空气，装入外胎后，使轮胎可保持一定内压，从而获得缓冲性能和承载能力。为此，要求内胎须具有良好的气密性。为使内胎在充气状态下不产生褶皱，内胎的有效尺寸应小于外胎的内壁尺寸。

另外，内胎上还配装有气门嘴，供轮胎充气和放气之用。对于无内胎轮胎，其气门嘴安装在轮辋上，但结构大同小异。常见的金属气门嘴的结构如图 12-9 所示。

3. 垫带

垫带放在内胎与轮辋之间，是一个具有一定形状和断面的环形胶带，其边缘较薄，表

面光滑，具有耐热性，上有供内胎气门嘴通过的圆孔。垫带的作用是防止内胎被轮辋及外胎的胎圈擦伤和磨损，并能防止尘土、水分侵入胎内。对于无内胎轮胎，则取消了垫带。

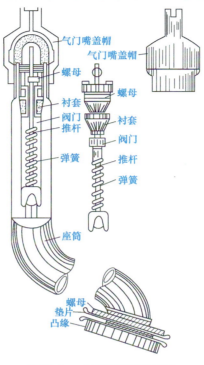

图 12-9　金属气门嘴的结构

12.2　汽车轮胎的分类

按照不同的角度，轮胎有不同的分类方法。由于现代汽车绝大多数都采用充气轮胎，下面主要介绍充气轮胎的分类。

12.2.1　按轮胎的用途分类

按照用途不同，轮胎可分为汽车用轮胎、两轮车用轮胎、产业/建设车辆用轮胎、产业机械用轮胎等，详见表 12-1。

表 12-1　轮胎的分类（按照用途划分）

轮 胎 类 别	轮胎类别代号	用途（适用范畴）
汽车用轮胎	PC	乘用车（俗称轿车）
	ULT	轻型载重汽车
	LT	小型载重汽车
	TB	载重汽车及公共汽车

（续）

轮 胎 类 别		轮胎类别代号	用途（适用范畴）
两轮车用轮胎		MC	摩托车
		SC	小型摩托车
		SLMC	低压特殊用途
产业 / 建设车辆用轮胎	产业车辆用轮胎	ID	场内叉车等
	建设车辆用轮胎	OR	铲车、装载机等
产业机械用轮胎		AG	拖拉机等农业机械

12.2.2 按轮胎充气压力分类

汽车轮胎按充气压力不同，可分为高压轮胎、低压轮胎、超低压轮胎和调压轮胎四种。

1. 高压轮胎

充气压力为 0.5 ~ 0.7MPa 的轮胎称为高压轮胎。高压轮胎的滚动阻力小，油耗低，但缓冲性能差，与路面的附着能力低，因此在汽车上很少使用。

2. 低压轮胎

充气压力为 0.15 ~ 0.45MPa 的轮胎称为低压轮胎。低压轮胎由于具有弹性好、断面宽，与道路接触面积大，胎壁薄且散热性好等优点，所以被广泛使用。目前，乘用车、客车、货车几乎全部采用低压轮胎。

需要指出的是，目前有些低压轮胎随制造材料发展，其充气压力已被提高，压力值已属高压轮胎范围，但业界仍将其划归为低压轮胎。其原因是，这些轮胎的工作压力虽然高，但它仍具有同规格低压轮胎的良好缓冲性能，故仍称其为低压轮胎。

3. 超低压轮胎

充气压力低于 0.15MPa 的轮胎称为超低压轮胎。超低压轮胎的断面宽度比低压轮胎的断面宽度宽，其与道路的接触面积也比低压轮胎大，所以超低压轮胎在松软路面上的通过能力比较好，非常适合于泥泞道路、冰雪地带、沙漠地带等环境使用。目前，超低压轮胎多用于越野汽车和少数特种汽车上。

4. 调压轮胎

充气压力可根据路面条件不同而进行动态调节的轮胎称为调压轮胎。

轮胎的气压变化会改变轮胎与路面的接触面积和压强，进而改变汽车的滚动阻力系数与附着性能。

如图 12-10 所示，军用车辆上使用的调压轮胎一般采用充气外胎和实心橡胶内胎的双胎构造。实心橡胶内胎位于充气外胎内部，因此，也称为胎内胎。胎内胎可保障车辆在零胎压条件下仍然具有正常的行驶能力。

借助于中央轮胎充气 / 放气系统（Center Tire Inflation/Deflation System，CTI/DS），就可以在车辆行进中对轮胎气压进行动态调节，以适应道路附着条件的变化。如在松软路面上，可通过降低胎压，增大轮胎与路面的接触面积和附着能力，来提高汽车在软路面上的通过性；当汽车在坚实路面上行驶时，则可恢复标准胎压，以减少滚动阻力、降低胎面磨损。

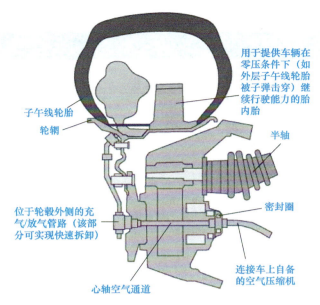

用于提供车辆在零压条件下（如外层子午线轮胎被子弹击穿）继续行驶能力的胎内胎

子午线轮胎

轮辋

半轴

位于轮毂外侧的充气/放气管路（该部分可实现快速拆卸）

密封圈

心轴空气通道

连接车上自备的空气压缩机

图 12-10　美国悍马（Hummer）汽车配备的调压轮胎（车轮结构）

因此，调压轮胎的最大优点是能使汽车适应各种道路条件，有效地扩大了汽车的使用范围。

12.2.3　按轮胎胎面花纹分类

汽车轮胎按胎面花纹不同，可分为普通花纹轮胎、越野花纹轮胎和混合花纹轮胎等多种。

1. 普通花纹轮胎

普通花纹轮胎（图 12-11）的花纹细而浅，花纹接地面积大，其耐磨性和附着性较好，因而适于在硬路面上行驶。其轮胎花纹有纵向花纹、横向花纹以及复合花纹之分。纵向花纹滚动阻力小，方向性好，附着性和防滑性较好，散热良好，适于高速行驶，乘用车（俗称轿车）、货车均可选用；横向花的纹耐磨性和抓地性比较好，花纹集中，不打滑、抛土性能好，一般只能用于货车；复合花纹则兼具纵向花纹和横向花纹的优点。

a）单导向对称普通花纹　　　　　b）不对称普通花纹　　　　　c）羊角普通花纹

图 12-11　普通花纹轮胎

常见的普通花纹轮胎的花纹形状及性能特点见表 12-2。

表 12-2　普通花纹轮胎的花纹形状及性能特点

序号	花纹名称	花纹形状	优　点	缺　点	主要用途
1	条形花纹：花纹沟槽方向与圆周方向一致		滚动阻力小，不易侧滑，可提供良好的操控稳定性。由于行驶过程中产生的热量低，可表现出良好的高速性，轮胎噪声低，驾乘舒适性好	制动性能和在湿滑路面上行驶时稳定性能较差，而且在高负荷下容易出现开裂现象	在良好路面上行驶的货车及公共汽车前轮
2	羊角花纹：花纹沟槽方向与圆周方向垂直且有弯曲		滚动阻力大，但制动性能、操纵性及驱动（牵引）性均良好	高速行驶时的轮胎噪声较大，不适合进行高速行驶	行驶于较差路面的自卸车、工业车辆以及公共汽车后轮
3	复合花纹：综合条形及羊角花纹的特点		胎面中央的条形花纹，提供了良好的操控性并能有效防止侧滑。胎面肩部的羊角花纹，提供了良好的牵引性能和制动性	—	适用于各种铺装及非铺装路面，多用于货车及公共汽车的前、后轮
4	块状花纹：花纹沟槽之间都相互连接，呈独立的花纹块结构		具有优秀的制动性、操纵性和良好的排水性。特别是在雪地及湿滑路面上，具有优秀的操控及稳定性	独立的花纹块状结构，耐磨性较差	可作为乘用车的全天候轮胎使用，也可作为冬季轮胎（雪地轮胎）使用。在商用车上使用时，多用于后轮
5	不对称花纹：胎面左右两侧花纹形状不同		由于增大了转弯时外侧花纹的着地压力，极大地提高了高速转弯性能，并提高了外侧花纹的耐磨性	必须注意轮胎的正确安装方向	竞技用车（赛车）及其他高性能车辆（跑车）
6	单导向花纹：花纹沟槽之间都相互连接，呈独立的花纹块结构		具有卓越的制动性能和极佳的排水性。在湿滑路面上行驶时，具有优异的稳定性，特别适合高速行驶	轮胎的安装方向必须与行驶方向相同	高速乘用车轮胎
7	低噪声花纹：采用不等节距花纹块，花纹沟槽之间彼此相通		花纹沟槽之间彼此相通，可有效避免窝气现象。在高速行驶时，可有效降低轮胎噪声	轮胎的安装方向必须与行驶方向相同	高速乘用车轮胎

2．越野花纹轮胎

越野花纹（图 12-12）轮胎的花纹凹部深而粗，沟槽面积约占总面积的 50%，单位面积所受的压力大，抓地性和抛土性好，不夹石子，散热好，在恶劣路面上的牵引性和通过性好，因而适用于在矿山、建筑工地、林区、农田等松软路面上行驶。

a）组合体人字形越野花纹　　　b）单体人字形越野花纹

图 12-12　人字形越野花纹

如果在硬路面上行驶，则花纹磨损会较快。有些越野花纹（如人字形花纹）有行驶方向，使用时应使驱动轮胎面花纹的尖端与旋转方向一致。

3．混合花纹轮胎

混合花纹轮胎（图 12-13）的花纹介于普通花纹和越野花纹之间，兼有两者的特点。混合花纹轮胎具有良好的抗滑性能与附着性能，纵横附着性能几乎相同，可有效避免汽车行驶打滑。特别适合在城乡之间的路面上行驶。现代货车的驱动轮多选用混合花纹轮胎。

图 12-13　混合花纹轮胎

12.2.4　按轮胎组成结构分类

1．按照轮胎胎体帘线材料分类

按照胎体帘线材料不同，可分为棉帘线轮胎、人造丝轮胎、尼龙丝轮胎和钢丝轮胎等多种。棉帘线轮胎和人造丝轮胎已经被逐步淘汰，尼龙丝轮胎的应用最多，而采用钢丝作为帘线材料的钢丝轮胎则代表着汽车轮胎的发展方向。

2．按照有无内胎分类

按照有无内胎分类，可将汽车轮胎分为有内胎轮胎和无内胎轮胎两种。无内胎轮胎是由著名的法国轮胎制造商——米其林（Michelin）轮胎公司于 1930 年发明的。

如图 12-14 所示，无内胎轮胎在外观上和有内胎轮胎相近，但其组成结构上少了内胎和垫带，而在外胎内壁上多了一层厚度为 2 ~ 3mm 的专门用来实现密封作用的橡胶密封层（内衬，也称为气密层）。

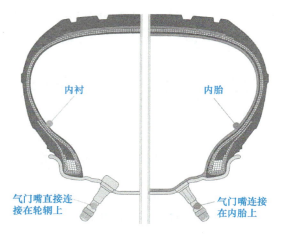

内衬　　　　　　　内胎

气门嘴直接连接在轮辋上　　　气门嘴连接在内胎上

图 12-14　无内胎轮胎（左）和有内胎轮胎（右）的比较

另外，有的无内胎轮胎还在密封层正对着胎面的下面贴着一层自粘层。自粘层是用未硫化橡胶的特殊混合物制成，具有将刺穿的孔粘合的功效。

无内胎轮胎是将压缩空气通过气门嘴直接充入外胎中的。为保证外胎与轮辋间的气密性，一般在胎圈外侧做一层橡胶气密层。气密层有的是外形光滑，有的是制成若干道同心的环形槽纹。气门嘴在轮辋上的固定和密封也靠橡胶密封衬垫来实现。

无内胎轮胎由于少了内胎和垫带，消除了内外胎之间的摩擦生热，并且外胎变形产生的热量又可直接通过轮辋散发，所以其行驶时的温度较低，特别适于长时间高速行驶，且使用寿命较长。

当轮胎被异物（如钉子）扎出孔洞时，轮胎内壁上的橡胶密封层由于处于压缩状态，所以可将穿刺物紧紧裹住，使轮胎不漏气或缓慢漏气，从而实现轮胎"轻伤不下火线"，进一步保证了行车安全，避免了途中换胎带来的运输效率的降低。因此，近年来，无内胎轮胎在乘用车和货车上的使用日趋广泛，全面取代有内胎轮胎已是大势所趋。

12.2.5　按轮胎胎体帘线排列方向分类

汽车轮胎按胎体帘线排列方向不同，可分为普通斜交轮胎和子午线轮胎两种。

汽车轮胎胎体帘线的排列都与轮胎的子午断面成一定角度，这个角度称为胎冠角。胎冠角对轮胎的使用特性影响很大。如胎冠角增大，将使轮胎的侧向刚性和径向刚性等增大。侧向刚性增大，将改善汽车的行驶稳定性；径向刚性增大将降低轮胎的缓冲性能。

1. 普通斜交轮胎

如图 12-15 所示，普通斜交轮胎（Diagonal Tire）的胎体帘布层帘线排列方向与轮胎子午断面成一定夹角，帘线由一侧胎边穿过胎面到达另一侧的胎边，并且由这种斜置帘线组成的多层（层数通常为偶数）帘布交错叠合，呈斜交方式排列。为了兼顾轮胎的侧向刚性和缓冲性能，胎冠角多为 50° ~ 52°。

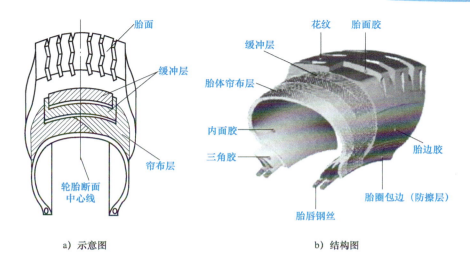

a) 示意图　　　　　　　　　　b) 结构图

图 12-15　普通斜交轮胎

　　普通斜交轮胎具有噪声小、制造容易、价格便宜等优点。但是，由于其帘布层的斜交排列，给轮胎胎面和胎侧同时增加了强度，所以其弹性较差，只有在适当充气时，才能使驾乘人员感到较为柔软、舒适。

　　除此之外，普通斜交轮胎还有滚动阻力大、承载能力低、车辆油耗高等缺点。因此，其使用受到了很大程度的限制，已经逐渐被子午线轮胎取代。

2. 子午线轮胎

　　子午线轮胎是米其林轮胎公司于1946年发明的。如图12-16所示，子午线轮胎（Radial Tire）的胎体帘布层帘线排列方向与轮胎子午断面一致，呈环形排列，帘线也是由一侧胎边穿过胎面到另一侧胎边，同时在圆周方向有一带束层。

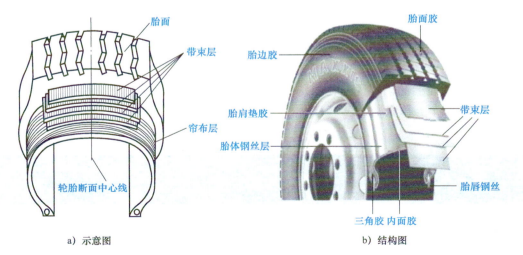

a) 示意图　　　　　　　　　　b) 结构图

图 12-16　子午线轮胎

　　胎体帘布层帘线的环形排列，使帘线的强度得到了充分利用，使得子午线轮胎的帘布层数可比普通斜交轮胎减少 40% ~ 50%。同时，由于帘线不是交错排列的，所以帘布层数也可以是奇数。

带束层的采用可防止帘线在圆周方向只靠橡胶联系而难以承担汽车行驶时产生的切向力。带束层一般采用强度较高、伸张量很小的纤维织物帘布或钢丝帘布制造，能紧紧箍在胎体上，其作用是保证轮胎具有一定的外形尺寸，承受内压引起的负荷及滚动时所受的冲击力，减少胎面与胎体帘布层所受的负荷等。

带束层一般有多层，相邻层帘线呈交叉排列，它们与胎面中心线夹角很小，一般为 $10° \sim 20°$，这就使得帘布层帘线和带束层帘线交叉于三个方向，形成许多致密的三角形网状结构（图 12-17）。这种结构能有效阻止胎面向周向和横向的伸张与压缩，从而大大提高了胎面的刚度，减少了胎面与路面的滑移，提高了胎面的耐磨性。

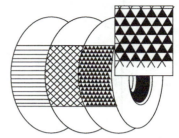

图 12-17　子午线轮胎帘布层帘线与带束层帘线组成的三角形网状结构

与普通斜交轮胎相比较，子午线轮胎具有许多优越性能：

1）承载能力大。由于子午线轮胎的帘线排列与轮胎的主要变形方向一致，因而其帘线强度可以得到充分利用，故其承载能力比普通斜交轮胎高。

2）附着性能好，轮胎滑移倾向小，驱动（牵引）力较大。由于子午线轮胎胎体弹性大，使其滚动时与地接触面积大，且其胎面刚度大使得胎面滑移小，所以子午线轮胎的附着性能好。

3）滚动阻力较小（比普通斜交轮胎小 20% ～ 30%），加之胎体更轻，可显著提高汽车的燃油经济性（一般可降低油耗 6% ～ 8%）。

4）缓冲性能好。虽然在低速、路况较差时乘坐舒适度降低，但在高速行驶时乘坐舒适性极高。

5）耐磨性良好，使用寿命长。其行驶里程一般比普通斜交轮胎多 50% ～ 100%。

6）发热少，胎温低，散热快。长时间持续高速行驶时，安全性更高。

7）转向行驶稳定性好，操控性和稳定性优越。

基于子午线轮胎的诸多优越性能，使其在现代汽车上得到了广泛的应用。不同材料的子午线轮胎在汽车上的应用见表 12-3。

表 12-3　子午线轮胎在汽车上的应用

适 用 车 型	轮 胎 名 称	胎体及带束层材料	
		胎　　体	带　束　层
乘用车	钢丝子午线轮胎	合成纤维	钢丝
小型货车	钢丝子午线轮胎	合成纤维	钢丝
货车及公共汽车	全钢子午线轮胎	钢丝	钢丝

需要注意的是：由于子午线轮胎的径向弹性、周向滑移与普通斜交轮胎不同，子午线轮胎不能与普通斜交轮胎混装于同一汽车上，更忌讳将其混装于同一车桥上。

12.2.6　按轮胎的使用季节分类

按轮胎使用的季节分类，汽车轮胎可分为夏季轮胎和冬季轮胎两类。其实，夏季轮胎更多地被称为四季轮胎或全天候轮胎。因为在一般情况、一般条件下可以一年四季使用，也就是我们平时所见的汽车轮胎。四季轮胎一般在其胎壁侧面上会模刻有"ALL SEASON"或"ALL WEATHER"字样。

冬季轮胎是专门针对高纬度地区冬季多雪的路面设计的，适于在气温低于7℃，积雪路面和积雪融化后的泥泞、湿滑路面上行驶。

与夏季轮胎和全天候轮胎相比，冬季轮胎选用的配方不同，因而材质相对较软，胎面花纹沟槽相对更宽、更深，在冰雪路面上能够提供更强的抓地力和防滑性能，保障低温状态下的附着力，使其无论是在冬季干冷、湿滑的路面上，还是在积雪的路面上都能提供更好的制动和操控性能。

根据路面防滑性能不同，冬季轮胎分为锯齿状胎面轮胎、雪地轮胎和防滑钉轮胎三种。目前，在国内除防滑钉轮胎不允许使用外（该种轮胎会损毁路面），其他两种冬季轮胎均可以使用。

雪地轮胎（Snow Tire，图 12-18）是专门针对冰雪路面设计的。雪地轮胎具有不对称的方向性胎面花纹，且胎面沟槽比较多，即轮胎胎面沟槽所占比例很高。胎面沟槽比例越高，则轮胎的排水性越好。雪地轮胎细小沟槽很多（至少在 1000 个以上），而普通轮胎大约只有 200 个。

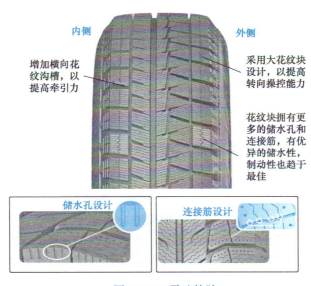

内侧　外侧

增加横向花纹沟槽，以提高牵引力

采用大花纹块设计，以提高转向操控能力

花纹块拥有更多的储水孔和连接筋，有优异的储水性，制动性也趋于最佳

储水孔设计　连接筋设计

图 12-18　雪地轮胎

与普通轮胎相比，雪地轮胎通过特殊的配方来增大与冰雪路面的摩擦力，提高了汽车在冰雪路面上的通过性和安全性。雪地轮胎胎面的材质更软，精心配制的二氧化硅混合物橡胶配方能与光滑冰面接触得更紧密，从而产生比四季轮胎更大的摩擦力，使得车辆在湿滑路面上的操控性和安全性大大提高。当温度低于7℃时，雪地轮胎的胎面变得更软，从而获得更好的抓地力。普通轮胎则正好相反，气温越低，胎面越硬。当环境温度降低到

7℃时，就应该换用雪地轮胎；而当环境温度降低到4℃时，某些背阴（如山脚下、树林里）路面或高架桥上就有路面结冰的可能，应引起驾驶人的特别注意（此即为"7℃换胎，4℃注意"原则）。

冬季轮胎一般在其胎壁侧面上模刻有"WINTER""AQUATIC""M&S"或"M + S"标记。其中，M为英文泥泞（Mud）的首字母，S为英文积雪（Snow）的首字母。

12.2.7 新型轮胎

1. 彩色轮胎

早期以天然橡胶为主要原料制成的轮胎是白色的，但其耐磨性很差，轮胎的使用寿命很短。

目前，绝大多数轮胎都是黑色的，就是其中加入了炭黑（Carbon Black）的缘故。加入炭黑之后，可以显著提高轮胎的耐磨性，大大延长轮胎的使用寿命。

2011年11月16日，全球首条彩色轮胎生产线在双星东风轮胎有限公司建成投产，标志着我国在彩色轮胎（图12-19）生产领域走在了世界前列。青岛双星集团是我国著名的制鞋企业，涉足汽车"鞋业"——汽车轮胎生产领域之后，依然干得漂亮！

图 12-19　双星牌彩色轮胎

彩色轮胎的使用性能与黑色轮胎完全相同，可与车型类别、车身造型、漆色、商标色等其他饰物相匹配，突出车辆的个性。

生产彩色轮胎的奥秘在于，将过去在硅酮橡胶中添加的炭黑改为精细分散的二氧化硅（一种白色粉末）。由于二氧化硅的固有颜色是白色，可以加入任意颜色的染色剂。只要加入什么颜色的染色剂，就能生产出什么颜色的轮胎，且其耐磨性与传统的添加炭黑生产的轮胎相比毫不逊色。

2. 缺气保用轮胎

美国固特异（Good-year）轮胎公司推出的缺气保用（Run On Flat）轮胎，即爆胎后仍能安全行驶的轮胎（俗称防爆轮胎）拥有世界领先技术。

如图12-20所示，缺气保用轮胎的胎侧填充了耐热及抗疲劳能力极高的特殊物质，这些填充物通过自身弯曲产生的反弹力分解车身压力，即使轮胎完全没有气压了，也可以帮助轮胎支持整个车身的重力。

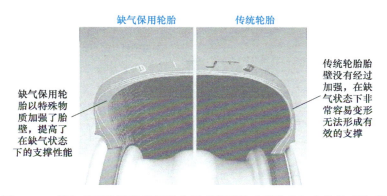

缺气保用轮胎

缺气保用轮胎以特殊物质加强了胎壁，提高了在缺气状态下的支撑性能

传统轮胎

传统轮胎胎壁没有经过加强，在缺气状态下非常容易变形无法形成有效的支撑

图 12-20　缺气保用轮胎的胎侧填充了耐热及抗疲劳能力极高的特殊物质

这些物质可以弯曲延伸至轮辋与轮胎的接合处，将轮胎紧固在轮辋上。其高度耐热性能可以有效避免轮胎漏气后快速行驶而毁于高温。

因此，被异物刺穿的缺气保用轮胎不会表现出传统轮胎缺气的状态。传统轮胎和缺气保用轮胎在缺气状态下的性能比较如图 12-21 所示。

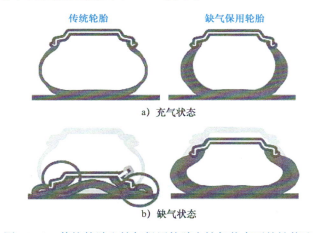

传统轮胎　　　　缺气保用轮胎

a）充气状态

b）缺气状态

图 12-21　传统轮胎和缺气保用轮胎在缺气状态下的性能比较

缺气保用轮胎又称为安全轮胎或零压轮胎，这种轮胎在漏气（例如被钉子等尖锐物刺穿）之后，车辆仍然能以 80km/h 的速度安全行驶 250km，而操控性并不会受到明显影响。

传统轮胎和缺气保用轮胎在缺气状态下的行驶安全性的比较如图 12-22 所示。

完全没气的缺气保用轮胎的操控性，等同于传统轮胎在 0.98kPa 充气压力下的表现。缺气保用轮胎被异物刺穿后，车辆上配备的轮胎气压监测系统（Tire Pressure Monitoring System，TPMS）会立即发出警报，及时通报驾驶人——轮胎出现了问题，可酌情降低行车速度。基于缺气保用轮胎可靠的续驶能力，驾驶人可以安然、从容地寻找轮胎修理厂，或者继续赶往目的地而不用耽误既定的行程。

在确保安全的同时，缺气保用轮胎还在提升舒适性和便利性方面表现突出——颠簸路面表现出色，使得驾驶人在正常行车过程中已经很难感觉到缺气保用轮胎和传统轮胎的区别；缺气保用轮胎可以与常规轮毂配合使用。同时，免去了驾驶人每次出行携带备用轮胎的不便，增大了车厢的可利用空间。

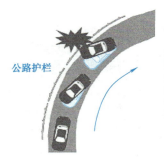

公路护栏

在后轮缺气的状态下，使用传统轮胎的车辆会产生转向过度，使得汽车行驶不稳定并在转向运动中表现出极度敏感性，有可能发生失控，造成危险

公路护栏

在前轮缺气的状态下，使用传统轮胎的车辆会产生转向不足，使得汽车倾向于笔直前行，转向半径会大于原有路线，有可能发生失控，造成危险

传统轮胎　　缺气保用轮胎

图 12-22　传统轮胎和缺气保用轮胎在缺气状态下的行驶安全性的比较

3. 智能轮胎

智能轮胎（Intelligent Tyre，图 12-23）将传感器技术、计算机技术、无线通信技术融为一体，极大地拓展了传统轮胎的功能，使其具有更高的行驶安全性，更加聪明和智慧。

图 12-23　智能轮胎

智能轮胎一般具有表 12-4 所列的一种或几种功能。

表 12-4　智能轮胎的功能

序　号	智 能 类 别	功　能
1	轮胎充气压力监测	采用内置或外置的轮胎压力传感器，动态检测轮胎的充气压力。轮胎压力失准时可及时向驾驶人进行语音或图像报警
2	生命历程可追溯性记录	通过内置的计算机芯片，可全程记录轮胎在制造、出厂、使用（包括维修及翻新）行驶轨迹，直至最终报废的全过程中的所有信息，而且可以随时提档查阅
3	自动调节轮胎充气压力	装备车载气泵可以及时调节轮胎充气压力。一旦轮胎漏气，轮胎充气压力监测装置即发出警报，车载计算机据此起动车载气泵，对轮胎充气压力进行实时动态调节

（续）

序　号	智能类别	功　　能
4	轮胎温度监测	通过内置的轮胎温度传感器可实时监测轮胎温度，超过阈值时可及时报警，有效避免因高温、高压而导致的爆胎事故
5	轮胎动态力学信息监测	通过内置的轮胎状态传感器（如胎壁扭曲传感器等）实时监测轮胎的受力、变形、打滑等情况，准确、及时地向汽车的制动压力调节系统（ABS）、动态稳定控制系统（ESP）和自动驾驶系统（ADS）提供准确的、第一手的轮胎动态力学信息，而不是那些根据发动机转矩、制动压力、车轮转速和车辆加速度等参数估算出来的二手信息，可大大提高汽车的行驶安全性
6	动态改变轮胎花纹	通过路面状况传感器探测出路面状况（如路面平坦、路面粗糙、路面湿滑等）之后，可动态改变轮胎花纹，防止轮胎打滑，进一步提高车辆行驶的稳定性和乘坐舒适性

12.3　汽车轮胎的规格与表示方法

12.3.1　汽车轮胎基本术语

1. 轮胎的主要尺寸

轮胎的主要尺寸有轮胎外径 D、轮胎内径 d、适用轮辋宽度 W、轮胎断面高度 H、轮胎断面宽度 B、有负荷作用下的轮胎静态半径 R^*、有负荷作用下轮胎的实际滚动半径 R 等，如图 12-24 所示。

（1）轮胎外径 D　轮胎外径是指将轮胎安装到相应的轮辋上，并按规定气压充气后，在无任何负荷（没有承重）状态下胎面最外表的直径，单位为 mm。

（2）轮胎总宽度 B^*　轮胎总宽度是指按规定气压充气后，包括轮胎侧面的文字及花纹的轮胎最大宽度，单位为 mm。

（3）适用轮辋宽度 W　适用轮辋宽度是指适合与该轮胎匹配使用的轮辋的宽度，单位为 in。

能够与某型号轮胎匹配使用的轮辋分为标准轮辋和适用轮辋两种。标准轮辋是指最适合与该轮胎匹配使用的轮辋，适用轮辋是指能够与该轮胎匹配使用的轮辋。

（4）轮胎内径 d　轮胎内径是指轮胎按规定气压充气后，在无任何负荷状态下轮胎内圈的直径，单位为 in。轮胎内径一般和与其配用轮辋的名义直径一致。

（5）轮胎断面宽度 B　轮胎断面宽度是指按规定气压充气后，从轮胎的总宽度中去除轮胎侧面的文字及花纹厚度之后的宽度，单位为 mm。

（6）轮胎断面高度 H　轮胎断面高度是指按规定气压充气后，轮胎外径与轮胎内径差值的一半。即

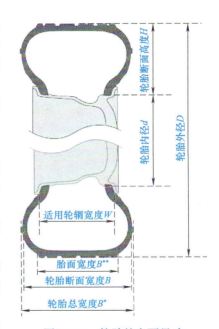

图 12-24　轮胎的主要尺寸

$$H = \frac{D-d}{2} \qquad (12\text{-}1)$$

（7）胎面宽度 B^{**}　胎面宽度是指轮胎胎面的宽度，即轮胎胎面两侧最突出部分的宽度，单位为 mm。

（8）有负荷作用下的轮胎静态半径 R^*　有负荷作用下的轮胎静态半径是指轮胎只承受法向负荷作用时，轮胎在静止状态（而非滚动状态）下，由轮轴中心到支承平面的垂直距离。

（9）有负荷作用下轮胎的实际滚动半径 R　有负荷作用下轮胎的实际滚动半径是指通过对车轮旋转圈数与移动距离进行计算后得到的折算半径。其计算公式为

$$R = \frac{S}{2\pi n_w} \qquad (12\text{-}2)$$

式中　R——轮胎滚动半径，单位为 mm；

　　　S——车轮的实际移动距离，单位为 mm；

　　　n_w——车轮旋转的圈数。

2. 高宽比与扁平化

（1）轮胎的高宽比　如图 12-25 所示，轮胎的高宽比（也称为扁平比，Aspect Ratio）是指轮胎断面高度 H 与轮胎断面宽度 B 的比值，即

$$轮胎的高宽比 = 轮胎的扁平比 = \frac{轮胎断面高度 H}{轮胎断面宽度 B} \qquad (12\text{-}3)$$

在习惯上，更多地应用扁平率这一概念，即

$$轮胎的扁平率 = \frac{轮胎断面高度 H}{轮胎断面宽度 B} \times 100\% \qquad (12\text{-}4)$$

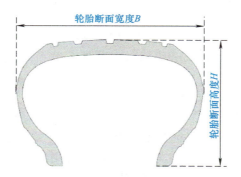

图 12-25　轮胎的高宽比（亦称扁平比）

轮胎通常根据扁平率划分系列。目前汽车轮胎常见扁平率为 80%、75%、70%、65%、60%、55%、50%、45% 等，相对应的轮胎系列分别为 80 系列、75 系列、70 系列、65 系列、60 系列、55 系列、50 系列、45 系列等。

（2）轮胎的扁平化　轮胎的发展方向是扁平率越来越小，即轮胎趋于扁平化（flattening，也称为 Inch-up）。轮胎的扁平率越小，说明轮胎的断面高度越小、断面宽度越大，即轮胎越矮、越扁。因而，在相同承载能力下，宽断面轮胎（即扁平化的轮胎）较普

通轮胎的直径减小，从而可降低整车质心，提高汽车的操控稳定性。

另外，扁平化的宽断面轮胎还有接地面积大、接地比压小、磨损小、滚动阻力小、侧向稳定性好等优点。

据统计，扁平率由 70% 降为 60% 的轮胎，车辆转弯操控性能可提高约 15%，摩擦系数增大约 10%。因此，扁平化的宽断面轮胎在高速乘用车上得到了广泛的应用。

3. 轮胎最高速度

轮胎最高速度是指在规定的路面级别、轮辋名义直径等条件下，在规定的持续行驶时间（最长时间为 1h）内，轮胎所允许使用的最高速度。

随着汽车技术的不断发展，汽车行驶速度在不断提高。为了使轮胎的速度性能与汽车最高速度相匹配，一般需标注轮胎的速度级别，以便能根据最高设计车速正确配装汽车轮胎。有关轮胎速度级别的表示符号和允许的最高行驶速度见表 12-5。

表 12-5　轮胎速度级别符号与最高行驶速度

轮胎速度级别符号	最高行驶速度 /（km/h）	轮胎速度级别符号	最高行驶速度 /（km/h）
A1	5	K	110
A2	10	L	120
A3	15	M	130
A4	20	N	140
A5	25	P	150
A6	30	Q	160
A7	35	R	170
A8	40	S	180
B	50	T	190
C	60	U	200
D	65	H	210
E	70	V	240
F	80	Z	240 ～ 270
G	90	W	270
J	100	Y	300

表 12-5 规定的速度级别符号既适用于乘用车轮胎，也适用于载重汽车轮胎，但其含义有所不同。对于乘用车轮胎，是指不允许超过的最高速度；对于载重汽车轮胎，是指随负荷的降低可以超过的参考速度。

对乘用车轮胎来说，在限定最高行驶速度的前提下，如选用不同名义直径的轮辋，则轮胎速度级别符号所表示的最高行驶速度也不同，见表 12-6。

对载重汽车轮胎来说，其行驶速度与负荷之间成反比关系。随着车速的降低，轮胎负荷可以适当增加，具体增加范围见表 12-7。

表 12-6　采用不同名义直径的轮辋时轮胎速度级别符号表示的乘用车轮胎最高行驶速度（部分）

轮胎速度级别符号	轮胎最高行驶速度 /（km/h）		
	轮辋名义直径 10in	轮辋名义直径 12in	轮辋名义直径 ≥ 13in
P	120	135	150
Q	135	145	160
S	150	165	180
T	165	175	190
H	—	195	210

注：1in=0.0254m

表 12-7　载重汽车轮胎行驶速度与负荷对应关系

轮胎行驶速度 /（km/h）	轮胎负荷变化率（%）			
	微型、轻型载重汽车轮胎		中型、重型载重汽车轮胎	
	普通斜交轮胎	子午线轮胎	普通斜交轮胎	子午线轮胎
40	+15.0	+25.0	+12.5	+15.0
50	+12.5	+20.0	+10.0	+12.0
60	+10.0	+15.0	+7.5	+10.0
70	+7.5	+12.5	+5.0	+7.0
80	+5.0	+10.0	+2.5	+4.0
90	+2.5	+7.5	0	+2.0
100	0	+5.0	0	0
110	0	+2.5	0	0
≥ 120	0	0	0	0

4. 层级

层级是指轮胎橡胶层内帘布的当量层数，用 PR（Ply Rating）表示。层级是一个表征轮胎负荷能力的相对指数，主要用于区别尺寸相同但结构和承载能力不同的轮胎。

轮胎的层级数并不代表轮胎帘布层的实际层数，而是表示载质量与棉帘线相当的棉帘线的层数。如 9.00R20-14PR 的全钢子午线轮胎，其实际胎体钢丝帘线只有一层，但其载质量却相当于 14 层棉帘线的 9.00-20 斜交轮胎，故其层级数为 14PR。

5. 负荷指数

轮胎负荷指数（Load Index，LI）是表征轮胎在最高速度、最大充气压等规定使用条件下负荷能力的参数，以数字表示。轮胎负荷指数目前有 280 个，从 0 一直到 279，见表 12-8。

表 12-8　轮胎负荷指数与负荷能力对应关系表（摘录）

负荷指数（LI）	91	92	93	94	95	96	97	98	99	100
轮胎负荷 /kg	615	630	650	670	690	710	730	750	775	800

（续）

负荷指数（LI）	101	102	103	104	105	106	107	108	109	110
轮胎负荷 /kg	825	850	875	900	925	950	975	1000	1030	1060
负荷指数（LI）	111	112	113	114	115	116	117	118	119	120
轮胎负荷 /kg	1090	1120	1150	1180	1215	1250	1285	1320	1360	1400
负荷指数（LI）	121	122	123	124	125	126	127	128	129	130
轮胎负荷 /kg	1450	1500	1550	1600	1650	1700	1750	1800	1850	1900
负荷指数（LI）	131	132	133	134	135	136	137	138	139	140
轮胎负荷 /kg	1950	2000	2060	2120	2180	2240	2300	2360	2430	2500

12.3.2　我国汽车轮胎规格表示方法

我国汽车轮胎的现行国家标准为 GB 9743—2015《轿车轮胎》、GB/T 2978—2014《轿车轮胎规格、尺寸、气压与负荷》、GB 9744—2015《载重汽车轮胎》及 GB/T 2977—2016《载重汽车轮胎规格、尺寸、气压与负荷》。

1. 乘用车轮胎规格表示方法

GB/T 2978—2014《轿车轮胎规格、尺寸、气压与负荷》规定了我国乘用车轮胎的规格表示方法。

示例 1：

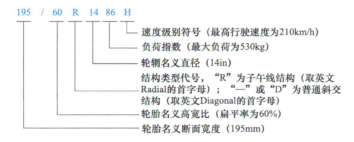

GB/T 2978—2014《轿车轮胎规格、尺寸、气压与负荷》要求，对于增强型轮胎，应增加负荷识别标志——"EXTRALOAD（或 XL）"或"REINFORCED（或 REINF）"；对于 T 型临时使用的备用轮胎，应增加规格附加标志"T"（如 T135/90D16）；对于最高行驶速度超过 240km/h 的乘用车轮胎，其结构代号可用"ZR"代替"R"。

示例 2：

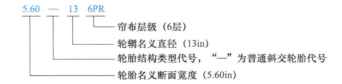

2. 载重汽车轮胎规格表示方法

GB/T 2977—2016《载重汽车轮胎规格、尺寸、气压与负荷》规定了我国载重汽车轮胎的规格表示方法。

（1）微型、轻型载重汽车轮胎
示例1：

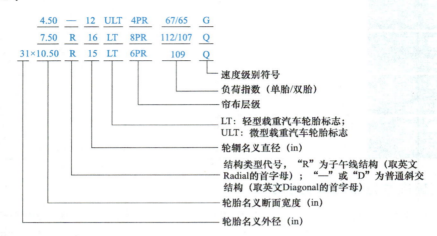

示例2：

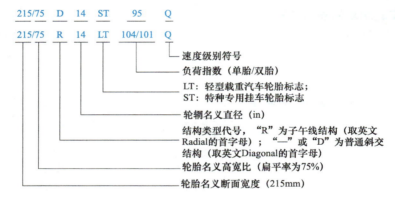

（2）载重汽车轮胎
示例1：

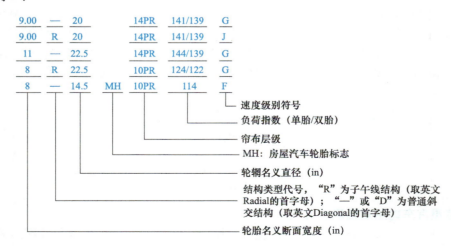

示例 2：

12.3.3　国外汽车轮胎规格表示方法

国外对汽车轮胎规格的表示方法较多，其中以美国、欧洲、国际标准化组织（ISO）的影响最大。

1. 美国汽车轮胎规格表示方法

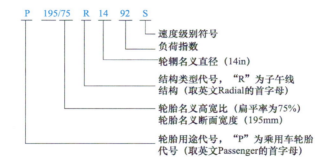

2. 欧洲汽车轮胎规格表示方法

3. 国际标准化组织（ISO）汽车轮胎规格表示方法

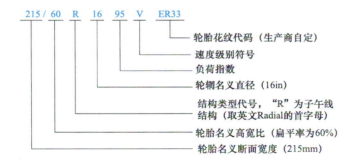

12.3.4 汽车轮胎胎侧标志

　　一般在轮胎的胎侧模刻有反映轮胎相关信息的胎侧标志（图12-26），用凸字标识于胎侧醒目位置处，内容包括轮胎生产商、品牌、规格、速度级别符号、负荷能力、充气压力、标准轮辋、胎面磨耗标志、平衡标志、生产编号、安全警告等信息。正确识别胎侧标志对轮胎的选配、使用、保养十分重要，对于保障行车安全和延长轮胎使用寿命具有重要意义。

1. 轮胎生产商及规格标志

　　轮胎生产商、商标及规格标志如图12-27所示，轮胎子品牌和花纹代号标志如图12-28所示，轮胎安装方向标志、轮胎结构及轮胎生产商网址标志如图12-29所示，轮胎胎侧的层级标志如图12-30所示。

图 12-26　胎侧标志

图 12-27　轮胎生产商、商标及规格标志

雪人图案—米其林轮胎的图案商标
MICHELIN—米其林集团　195/65R15—轮胎规格

图 12-28　轮胎子品牌和花纹代号标志

ENERGY—米其林旗下的 ENERGY 轮胎
XM1—轮胎花纹代号

图 12-29　轮胎安装方向标志、轮胎结构及轮胎
生产商网址标志

OUTSIDE—安装时，必须将带有"OUTSIDE"字样的一面朝
向外侧
TUBELESS—无内胎（结构）轮胎

图 12-30　轮胎胎侧的层级标志

TREAD PLIES: 2POLYESTER+ 2STEEL +1POLYAMIDE—胎面为 2 层涤纶胎体层 + 2 层钢丝层 +
1 层聚酰胺保护层复合结构；SIDEWALL PLIES: 2POLYESTER—胎侧为 2 层涤纶胎体层复合结构

2. 标准轮辋标志

轮胎胎侧的标准轮辋标志如图 12-31 所示。标准轮辋指与该规格的轮胎相配用的轮辋。轮辋通常分为平式、半深式、深式三种，其型号表示为 6.00T-20、$5^1/_2$ J × 15、$5^1/_2$ JJ 等。关于国产汽车轮辋的规格系列划分与命名方法请读者自行查阅 GB/T 3487—2015《乘用车轮辋规格系列》，为节省篇幅，在此不再赘述。

图 12-31　轮胎胎侧的标准轮辋标志

STANDARD RIM $5^1/_2$ JJ—与该型号轮胎匹配的标准轮辋规格为 $5^1/_2$

JJ RADIAL TUBELESS—子午线无内胎（结构）轮胎

3. 轮胎最大承载能力和冷态下的最大充气压力标志

轮胎最大承载能力和冷态下的最大充气压力标志如图 12-32 所示。

图 12-32　轮胎最大承载能力和冷态下的最大充气压力标志

MAX LOAD 615kg（1356LBS）—单胎最大承载重 615kg（1356LBS）

MAX PRESS 350kPa（51P.S.I）—在正常情况下最大安全充气压力 350kPa（51P.S.I）

4. 磨损极限标志

磨损极限标志（Tread Wear Indicator，TWI，也称为磨耗标志）用于表示允许的轮胎磨损极限值。轮胎在使用中不断磨损后，排水性能和制动性能会逐渐降低，乘坐舒适性能也会逐渐劣化。因此，在轮胎的胎面沟槽中设有磨损极限标志（图 12-33）。

磨损极限标志的具体尺寸如图 12-34 所示，不同类型轮胎的磨损极限标志的高度见表 12-9。当轮胎磨损至磨损极限标志露出沟槽之前，必须及早更换轮胎。

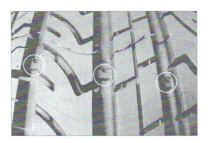

图 12-33　磨损极限标志（Tread Wear Indicator，

TWI）（见彩图 25）

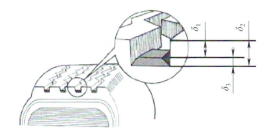

图 12-34　磨损极限标志及其尺寸

δ_1—允许的轮胎胎面磨损厚度（轮胎的使用寿命）

δ_2—轮胎胎面距沟槽底部的总深度（轮胎胎面沟槽的设计深度）

δ_3—磨损极限标志的高度（沟槽底部局部隆起的小凸台的高度）

表 12-9　轮胎种类与磨损极限标志的高度

轮胎种类	磨损极限标志的高度 δ_3/mm
重型货车及公共汽车用轮胎	3.2
中型及小型货车用轮胎	2.4
乘用车及轻型货车用轮胎	1.6

　　一般，在轮胎圆周方向的胎面沟槽中设有 4 处或 6 处磨损极限标志（沟槽底部局部隆起的小凸台）。与此相适应，为便于观察，在轮胎胎侧内外两面均设有 4 处或 6 处三角形"△"图案来指示磨损极限标志的设置位置（图 12-35）。

　　如图 12-36 所示，可以使用轮胎沟槽深度尺测量胎面残留沟槽的深度，借此可大致推算出该轮胎的已行驶里程和可以继续行驶的里程（估算轮胎的残余寿命）。

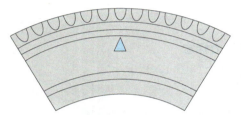

图 12-35　指示轮胎磨损极限标志设置位置的"△"记号　　图 12-36　使用轮胎沟槽深度尺测量胎面残留沟槽深度

5. UTQG——3T 标志

　　根据美国交通运输部（DOT）的规定，在美国生产和使用的乘用车轮胎，还必须按照美国联邦政府轮胎品质级别统一标准（The Federal Government Uniform Tire Quality Grading Standard，UTQG）的规定，在轮胎上标注出磨耗级数（Tread Wear）、温度级数（Temperature）、牵引力级数（Traction）三个标志，简称为"UTQG——3T 标志"。

　　（1）磨耗级数标志　TREAD WEAR——磨耗级数（也称为耐磨指数，图 12-37）表征轮胎的耐磨性。

图 12-37　TREAD WEAR——磨耗级数标志（见彩图 26）

　　按照 UTQG 的规定，乘用车轮胎的磨耗级数通过轮胎磨耗试验进行评定。

　　评定方法：将基准轮胎与受测轮胎（基准轮胎与受测轮胎均为同一品牌产品）装在同一辆乘用车上（共 4 辆试验用车），在美国西德克萨斯州（West Texas）的专用试验道路上行驶。试验道路单圈总长为 400mile（643km），试验用车累计行驶 18 圈，即累计试验里程为 7200mile（11584km）。

　　测试过程中，试验用车每行驶 800mile（1287km），必须进行一次四轮定位、轮胎胎压的检查和调整，并进行轮胎换位。

　　测试完毕后，分别检查基准轮胎和受测轮胎的磨耗状况。轮胎的磨耗以每行驶 100km，

轮胎橡胶耗损量的多少来计量，单位为 g/100km。轮胎的磨耗级数按轮胎的磨耗状况进行评定。

　　轮胎的磨耗级数以具体的数字表示，磨耗级数数字越大，表示轮胎的耐磨性能越好。规定基准轮胎的磨耗级数为 100，如果受测轮胎的磨耗状况与基准轮胎的磨耗状况相同，则将受测轮胎的磨耗级数评定为 TREAD WEAR 100；如果受测轮胎的磨耗状况仅为基准轮胎磨耗状况的 1/2，则将受测轮胎的磨耗级数评定为 TREAD WEAR 200；如果受测轮胎的磨耗状况仅为基准轮胎磨耗状况的 1/3，则将受测轮胎的磨耗级数评定为 TREAD WEAR 300 等。

　　需要指出的是，在进行轮胎磨耗级数评定试验时，累计试验里程只有 7200mile（11584km），在此期间，轮胎橡胶耗损量是十分有限的，远未达到轮胎报废的程度。因此，轮胎磨耗级数只能在一定程度上表征轮胎胎面的耐磨性，并不能据此推算出轮胎的实际使用寿命（行驶里程）。

　　在实际使用过程中，由于受到装载条件、路面条件、行车速度、驾驶风格、车轮定位、异物损伤等诸多不可预见因素的影响，轮胎的实际使用寿命（行驶里程）是不可预估的。

　　另外，由于基准轮胎与受测轮胎均为同一品牌产品，因此，磨耗级数只能用于比较同一品牌、不同系列的轮胎的耐磨性，利用磨耗级数对轮胎的耐磨性进行跨品牌比较是没有意义的。

　　在图 12-37 中，轮胎标注的磨耗级数为 380，表示该轮胎的耐磨性是基准轮胎耐磨性的 3.8 倍，具有优良的耐磨性。

　　（2）牵引力级数标志　TRACTION——牵引力级数（也称为抓地力级数，图 12-38）表征轮胎在湿滑路面上的附着性能，分为 AA、A、B、C 四个等级，AA 级轮胎在湿滑路面上的附着性能最好。

图 12-38　TRACTION——牵引力级数标志（见彩图 27）

　　按照 UTQG 的规定，乘用车轮胎的牵引力级数通过湿滑路面直线定速紧急制动试验进行评定。

　　评定方法：在 UTQG 所要求的、特定的湿滑路面上，以一辆货车牵引试验拖车（受测轮胎安装在试验拖车上），以 40mile/h（64km/h）的恒定车速直线行驶并实施紧急制动。通过分别测定受测轮胎在湿滑的沥青路面和湿滑的水泥（混凝土）路面上的摩擦因数，对轮胎的牵引力级数进行评定。

　　轮胎牵引力级数的评定及对应的轮胎与湿滑路面之间的摩擦因数见表 12-10。

　　需要注意的是，轮胎牵引力级数的评定试验是在湿滑路面上进行的直线定速制动试验，并不包括干燥路面制动、干燥路面转弯、湿滑路面转弯及高速抗水滑测试。因此，轮胎牵引力级数只能表征受测轮胎在湿滑路面上直线定速制动时，轮胎的附着性能（该性能对确保行车安全至关重要）。

表 12-10　轮胎牵引力级数的评定及轮胎与湿滑路面之间的摩擦因数

TRACTION（牵引力级数）	轮胎与湿滑路面之间的摩擦因数（f）	
	湿滑的沥青路面	湿滑的水泥路面
AA	$f \geqslant 0.54$	$f \geqslant 0.41$
A	$f \geqslant 0.47$	$f \geqslant 0.35$
B	$f \geqslant 0.38$	$f \geqslant 0.26$
C	$f < 0.38$	$f < 0.26$

在图 12-38 中，轮胎标注的牵引力级数为 A 级，表明该轮胎在湿滑的沥青路面上的摩擦因数大于 0.47，在湿滑的水泥路面上的摩擦因数大于 0.35，具有良好的湿滑路面附着性能。

（3）温度级数标志　TEMPERATURE——温度级数（也称为耐热级数，图 12-39）表征轮胎在长时间高速行驶过程中，能够达到良好的生热 – 散热平衡，而不致使轮胎温升过高的能力。轮胎的温度级数反映轮胎抑制温升的能力（即轮胎的耐热性，也称为高速耐久性）。同时，也与轮胎的高速性能密切相关。

图 12-39　TEMPERATURE——温度级数标志（见彩图 28）

按照 UTQG 的规定，乘用车轮胎的温度级数通过轮胎耐热性试验进行评定。

评定方法：在轮胎耐热性试验台上，将受测轮胎装在大直径高速轮辋上，并以不同的速度长时间行驶，模拟长时间高速行车工况。根据受测轮胎可以长时间运行而不发生热破坏的最高速度，将轮胎温度级数划分为 A、B、C 三个等级，A 级性能最佳。

温度级数为 A 级的轮胎，可以在 115mile/h（185km/h）以上的高速条件下长时间行驶而不发生热破坏；温度级数为 B 级的轮胎，可以在 100 ~ 115mile/h（161 ~ 185km/h）的高速条件下长时间行驶而不发生热破坏；温度级数为 C 级的轮胎，可以在 85 ~ 100mile/h（137 ~ 161km/h）的高速条件下长时间行驶而不发生热破坏。

在图 12-39 中，轮胎标注的温度级数为 A 级，表明该轮胎可以在 185km/h 以上的高速条件下长时间行驶而不发生热破坏，具有优异的高速耐热性能和高速耐久性能。

6. 产品认证标志

轮胎作为汽车与路面直接接触的重要部件，其产品质量的优劣对行车安全有着至关重要的影响。因此，各个国家或地区对轮胎的产品质量都有严格要求，必须通过相关机构的质量认证之后，才允许其在本国或本地区生产、销售和使用。

图 12-40 所示为美国交通运输部（Department of Transportation，DOT）的产品认证标志。具有该标志的轮胎，可以在美国国内生产、销售和使用。

图 12-41 所示为巴西的轮胎产品强制性认证（In Metro）标志，其认证证书编号为 006 号。具有该标志的轮胎，可以在巴西国内生产、销售和使用。

图 12-40　美国 DOT 认证标志

DOT—美国交通运输部轮胎认证标志　7V—轮胎制造商和具体的轮胎制造厂编码　3V—轮胎的规格编码
H6VX—轮胎制造厂的自选编码　4402—该轮胎的生产日期
（前边两个数字表示生产周数，后边两个数字表示生产年份，即该轮胎是在 2002 年的第 44 周生产的）

图 12-42 所示为中国的产品强制性认证（China Compulsory Certification）标志，英文缩写"CCC"，简称 3C 认证标志。

图 12-41　巴西的轮胎产品强制性认证标志

图 12-42　中国的产品强制性认证标志

其认证证书编号为 F000071 号。具有该标志的轮胎，可以在中国国内生产、销售和使用。

图 12-43 所示为欧洲联盟（欧盟）的产品认证标志，其认证证书编号为 0290526 号，颁发该认证证书的国家为法国（在欧盟内部，法国的代号为 2）。具有该标志的轮胎，符合欧盟的 ECE 认证标准，可以在欧盟各个成员国内生产、销售和使用。

图 12-43　欧盟产品认证标志

除了各个国家或地区由政府相关职能部门对轮胎进行产品质量认证之外，某些汽车公司还会对为本公司配套的轮胎进行产品质量认证。通过德国宝马汽车公司（BMW）认证的轮胎，在其胎壁上模刻有五角星标志（图 12-44），通过德国梅赛德斯－奔驰汽车公司（Mercedes-BENZ）认证的轮胎，在其胎壁上模刻有"MO"字样（图 12-45）。

图 12-44　宝马五角星认证标志

图 12-45　奔驰"MO"认证标志

7. 其他标志

除上述标志之外，轮胎胎侧还有轮胎回转方向标志、平衡标志等，这部分内容将在轮胎的安装与使用部分进行详细介绍。

此外，对于缺气保用（防爆）轮胎，在其轮胎胎侧模刻有"RSC"字样（图 12-46）。缺气保用轮胎具有优异的缺气保用性能，在轮胎被刺穿情况下，可有效防止车辆方向失控、侧翻等危险状况的发生。缺气保用轮胎属于车辆防侧翻、稳定性控制（Roll Stability Control，RSC）系统的重要组成部分，故以"RSC"字样加以标识。

还有一些汽车轮胎制造商在其生产的轮胎胎侧模刻有表征轮胎稳定性、舒适性等其他性能的标志，如图 12-47 所示。

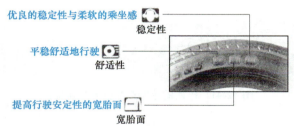

优良的稳定性与柔软的乘坐感
稳定性

平稳舒适地行驶
舒适性

提高行驶安定性的宽胎面
宽胎面

图 12-46　缺气保用（防爆）轮胎的　　　图 12-47　轮胎胎侧的稳定性、舒适性等标志
　　　　　　"RSC"标志

12.4　汽车轮胎系列

12.4.1　乘用车轮胎系列

我国现行国家标准 GB/T 2978—2014《轿车轮胎规格、尺寸、气压与负荷》将我国乘用车子午线轮胎分为 12 个系列，分别为 80 系列、75 系列、70 系列、65 系列、60 系列、55 系列、50 系列、45 系列、40 系列、35 系列、30 系列和 25 系列。同时，对 T 型临时使用的备用轮胎、保留生产的子午线轮胎、保留生产的普通斜交轮胎规格也做出了明确的规定。

目前，我国乘用车轮胎系列的划分情况见表 12-11。

12.4.2　载重汽车轮胎系列

我国现行国家标准 GB/T 2977—2016《载重汽车轮胎规格、尺寸、气压与负荷》将我国载重汽车轮胎分为轻型载重汽车公制子午线轮胎（85 系列）等 32 个系列。同时，对保留生产的载重汽车轮胎规格也做出了明确的规定。

目前，我国载重汽车轮胎系列的划分情况见表 12-12。

表 12-11　我国乘用车轮胎系列（摘自 GB/T 2978—2014）

轮胎系列	轮胎规格	负荷指数 标准	负荷指数 增强	测量轮辋①	轮胎尺寸/mm 断面宽度	轮胎尺寸/mm 外直径	轮胎最大使用尺寸/mm 总宽度	轮胎最大使用尺寸/mm 外直径	静负荷半径/mm	滚动半径/mm	负荷能力/kg 标准	负荷能力/kg 增强	充气压力/kPa 标准	充气压力/kPa 增强	允许使用轮辋
80 系列	135/80 R13	70	74	3.50B	133	546	138	555	249	265	335	375	240	280	4.00B、4.50B
75 系列	195/75 R14	92	95	5½J	196	648	204	660	292	315	630	690	250	290	5 J、6J
70 系列	165/70 R13	79	83	5.00B	170	562	177	572	255	273	437	487	250	290	4.50B、5.50B
65 系列	275/65 R17	115	119	8 J	279	790	290	804	356	384	1215	1360	250	290	7½J、8½J
60 系列	185/60 R15	84	88	5½J	189	603	197	611	277	293	500	560	250	290	5 J、6J
55 系列	255/55 R17	104	108	8 J	265	712	276	724	325	346	900	1000	250	290	7½J、8½J
50 系列	175/50 R13	72	76	5.50B	182	506	189	514	234	246	355	400	250	290	5.00B、6.50B
45 系列	205/45 R16	83	87	7 J	206	590	214	598	275	287	487	545	250	290	6½J、7½J
40 系列	215/40 R16	82	86	7½J	218	578	227	584	270	281	475	530	250	290	7 J、8 J
35 系列	225/35 R18	83	87	8 J	230	615	239	621	290	299	487	545	250	290	7½J、8½J
30 系列	245/30 R20	86	90	8½J	248	656	258	662	290	312	530	600	250	290	8 J、9 J
25 系列	305/25 R20	93	97	11 J	313	660	326	666	313	321	650	730	250	290	10½J、11½J
T 型临时使用的备用轮胎	T135/90°15	100		4T	138	625	152	645	—	—	800		420		—
保留生产的子午线轮胎②	145R 12	72	76	4.00B	147	542	153	551	244	263	355	400	220	270	3.50B、4.50B
保留生产的普通斜交轮胎②	6.00—12	4 层级		4.50B	156	574	165	591	266	273	320		170		4½J、5 J

注：①测量轮辋即为标准轮辋。
　　②不推荐新设计的乘用车使用这一系列的轮胎。
*表示轮胎结构类型的乘用车型代号包括 "R"（子午线轮胎）和 "—" 或 "D"（普通斜交轮胎）。

表12-12 我国载重汽车轮胎系列（摘自 GB/T 2977—2016）

轮胎系列	轮胎规格	层级数	负荷指数		测量轮辋	轮胎尺寸/mm				轮胎最大使用尺寸/mm			负荷能力/kg		充气压力/kPa	最小双胎间隙/mm	允许使用轮辋	气门嘴型号
			单胎	双胎		断面宽度	外直径		总宽度	外直径		静负荷半径/mm	单胎	双胎				
							公路型	牵引型		公路型	牵引型							
微型载重汽车普通断面斜交轮胎	5.00—10ULT①	6	73	71	3.50B	143	517	—	154	530	—	240	365	345	300	164	3.00B	CF01
轻型载重汽车普通断面斜交轮胎	5.50—14LT①	8	90	85	4 J	160	645	—	173	671	—	307	600	515	420	186	4½J，5 J	CF01
轻型载重汽车普通断面子午线轮胎	6.50 R15 LT①	6	95	91	5.50F	185	730	740	200	744	754	340	690	615	350	220	6.00 G	CJ01
公制子午线轮胎（85系列）	235/85 R16 LT①	6	108	104	6½J	235	806	812	249	822	828	373	1000	900	350	273	6 J，7 J	DG04C
轻型载重汽车公制子午线轮胎	145 R162LT①	6	80	78	4.00B	145	537	543	154	546	552	251	450	425	350	168	3.50B，4 J	CF01
轻型载重汽车公制子午线轮胎（75系列）	175/75 R16 LT①	6	91	88	5 J	177	668	674	184	678	684	314	615	560	350	205	4½J，5½J	CF01
轻型载重汽车公制子午线轮胎（70系列）	165/70 R14 LT①	6	84	80	5 J	170	588	594	180	597	603	277	500	450	350	197	4½J，5½J	CF01
轻型载重汽车公制子午线轮胎（65系列）	185/65 R15 LT①	8	95	91	5½J	189	621	627	200	631	637	291	690	615	450	219	5 J，6 J	CF01

轮胎类型	规格	层级			轮辋宽												推荐轮辋	代号
轻型载重汽车公制子午线轮胎（60列）	195/60 R15LT①	6	89	85	6 J	201	615	621	213	624	631	288	580	515	350	233	5½ J，6½ J	CF01
轻型载重汽车高通过性子午线轮胎	30×9.50 R15LT	4	96	—	7½ J	240	750	756	260	765	771	346	710	—	250	—	7 J，8 J	有内胎 CF01，无内胎 CQ01
公路型挂车特种专用 ST 公制轮胎	235/85*16ST①	8	121	—	6½ J	235	806	—	249	822	—	—	1450	—	450	—	6 J，7 J，7½ J	CF01
载重汽车普通断面斜交轮胎	7.00—20①	10	121	117	5.5	200	904	920	216	940	956	430	1450	1285	单胎 630，双胎 560	230	6.0，6.00 S	DG06C
载重汽车普通断面斜交轮胎	11—22.5②	14	144	139	8.25	279	1054	1073	305	1097	1118	503	2800	2430	单胎 690，双胎 520	318	7.50	DR07
载重汽车宽基斜交轮胎	18—22.5②	16	160	—	14.00	457	1156	1172	494	1197	1214	549	4500	—	590	—	13.00	CJ04，CJ06
载重汽车普通断面子午线轮胎	7.00R20①	10	121	119	5.5	200	904	915	216	920	931	422	1450	1360	650	236	6.0.6.00S	DG06C
载重汽车普通断面子午线轮胎	8R19.5②	8	117	115	6.00	203	859	871	219	876	888	402	1235	1215	550	231	5.25，6.75	CJ05

（续）

轮胎系列	轮胎规格	层级数	负荷指数		测量轮辋	轮胎尺寸/mm			轮胎最大使用尺寸/mm			静负荷半径/mm	负荷能力/kg		充气压力/kPa	最小双胎间隙/mm	允许使用轮辋	气门嘴型号
			单胎	双胎		断面宽度	外直径		总宽度	外直径			单胎	双胎				
							公路型	牵引型		公路型	牵引型							
载重汽车公制子午线轮胎（80系列，15°轮辋）	295/80R22.5	16	150	147	9.00	298	1044	1050	313	1062	1068	487	3350	3075	830	335	8.25	DR 08
载重汽车公制子午线轮胎（75系列）②	215/75R17.5②	16	127	124	6.00	211	767	773	222	779	785	360	1750	1600	830	237	6.75	DR 04
载重汽车公制子午线轮胎（70系列）②	245/70R19.5②	12	129	127	7.50	248	839	845	260	853	859	391	1850	1750	650	279	6.75	DR 06
载重汽车公制宽基子午线轮胎（65系列）②	425/65R22.5②	18	162	—	12.25	422	1124	1130	456	1147	1152	515	4750	—	760	—	11.75, 13.00	—
房屋汽车轮胎	8—14.5MH②	6	104	—	6.00MH	203	707	—	226	740	—	—	900	—	380	—	—	CJ105
保留生产的轮胎	7.50—17	12	—	—	5.00F	208	838	—	—	—	—	—	1200	—	530	—	—	CJ101

注：① 5°轮辋；② 15°轮辋

12.5　汽车轮胎的使用与维护

轮胎是汽车的重要部件，其性能对汽车的动力性、制动性、行驶稳定性、平顺性、越野性、安全性和燃料经济性等会产生重要的影响，其寿命也会影响汽车的使用成本。

正确选择轮胎、合理使用轮胎、适时维护轮胎，对于延长轮胎的使用寿命、降低汽车运输成本、确保安全行车具有重要意义。

12.5.1　轮胎的选择

与其他汽车运行材料的选择一样，汽车轮胎的选择，也应该秉承"先选类、后选型、再选号"的原则，即先选择轮胎的类别、后选择轮胎的型号、再选择轮胎的具体规格。对于一般车主而言，按照汽车使用说明书的规定，选用与原车同型号的轮胎即可。

1. 轮胎类别的选择

轮胎类别的选择，主要取决于车辆类别。乘用车应选用乘用车轮胎，商用车应选用商用车轮胎，非公路用车应选用非公路用车轮胎，特种车辆应选用特种车辆轮胎。

2. 轮胎型号的选择

轮胎类别的选择完成之后，就要对轮胎的型号进行选择。在选择轮胎型号时，主要考虑以下几个方面。

（1）承载能力的选择　轮胎的承载能力与胎体结构、轮胎材质、充气压力等因素均有关系。在选择轮胎时，应在满足承载能力（轴荷要求）的前提下，优先选择子午线轮胎，斜交轮胎次之；优先选择钢丝帘线轮胎，尼龙、人造丝帘线轮胎次之；优先选择无内胎轮胎，有内胎轮胎次之；优先选择低压轮胎，高压轮胎次之。

（2）胎面花纹的选择　轮胎胎面花纹对轮胎的滚动阻力、附着能力、耐磨能力及行驶噪声等都有显著的影响。应根据轮胎类型和车辆长期使用路况选择胎面花纹形式，并根据气候、路况变化适时调整或更换。

（3）速度特性的选择　由于不同厂商、不同类别的轮胎，其制造工艺、质量控制、产品质量（均匀特性）均有差异，因此，轮胎都有其适用的速度范围。

轮胎的速度特性应与设计车速相适应。对于高速行驶的乘用车而言，选择轮胎时应尽量选择速度特性好的轮胎。

子午线轮胎、无内胎轮胎、扁平化轮胎由于具有发热少、散热快等特点，在速度特性方面有优势，宜优先选用。

3. 轮胎具体规格的选择

结合上述对轮胎类别、承载能力、胎面花纹、速度特性的选择，做一交集，即可确定出轮胎的具体规格。

4. 轮胎制造商的选择

轮胎的类别和具体规格确定之后，即可进行轮胎制造商的选择。应当指出，国产汽车轮胎在技术和质量上并不比国外进口产品差，且价格相对较低，实属质优价廉的首选产品。国内外知名汽车轮胎制造商的基本信息见表 12-13，可供选择汽车轮胎时参考。

表 12-13 国内外知名汽车轮胎制造商一览

序　　号	国　　家	汽车轮胎制造商	轮胎品牌
1	中国	上海双钱集团股份有限公司	双钱牌
2	中国	三角集团有限公司	三角牌
3	中国	杭州中策橡胶有限公司	朝阳牌
4	中国	青岛双星轮胎工业股份有限公司	双星牌
5	中国	山东成山轮胎股份有限公司	成山牌
6	中国	山东玲珑橡胶有限公司	玲珑牌、山岭牌、利奥牌
7	中国	青岛黄海橡胶集团有限责任公司	黄海牌、力霸牌、路通达牌
8	中国	广州华南橡胶轮胎有限公司	万力牌
9	中国	风神轮胎股份有限公司	河南牌、风神牌
10	中国	贵州轮胎股份有限公司	前进牌
11	法国	米其林（Michelin）	Michelin
12	英国	邓禄普（Dunlop）	Dunlop
13	德国	大陆（Continental）	马牌（Continental）
14	美国	固特异（Goodyear）	Goodyear
15	日本	普利司通（Bridgestone）	Bridgestone
16	意大利	倍耐力（Pirelli）	Pirelli

12.5.2　轮胎的合理使用

合理使用轮胎可有效降低轮胎的磨损速度，预防不正常磨损，杜绝早期损坏，延长轮胎的使用寿命，从而确保行车安全，并提高车辆的运行经济性。

轮胎的合理使用主要包括：正确装配轮胎、保持胎压正常、防止轮胎超载、控制行车速度、控制轮胎温度、合理搭配轮胎、精心驾驶车辆、适时进行轮胎换位、加强轮胎维护、保持车况完好、及时送厂翻修、正确装运与保管、建立轮胎早期损坏类型档案等。

汽车轮胎使用与保养应按照现行国家标准 GB/T 9768—2017《轮胎使用与保养规程》进行。

1. 正确装配轮胎

（1）轮胎的装配标志　由于生产工艺的原因，轮胎在制造过程中，在轮胎的圆周方向和径向上不可能做到质量和刚度的绝对均匀。因此，轮胎上会存在刚度最大的位置和质量最轻的位置。在轮胎出厂检验过程中，一般以不同的标志对上述两个位置加以标识。

如图 12-48 所示，每条新出厂的轮胎上都有一个黄色空心圆（黄圈）和一个红色实心圆（红点）。

黄圈表示该部位是该轮胎在圆周方向上质量最轻的位置，亦称轻点标记。

图 12-48　轮胎上的黄色空心圆和红色实心圆标志（见彩图 29）

在实际使用中，车轮是由轮胎、轮辋、轮毂和气门嘴四部分组成的滚动体，对其有严格的动平衡要求。

因气门嘴装配在轮辋上，所以轮辋上安装有气门嘴的位置便成为该轮辋在圆周上质量分布最大的点，亦即最重的点。

装配轮胎时，如果将轮辋上最重的点（气门嘴所在点）正对着轮胎上最轻的点（黄圈所在点）安装，就会起到一定的互补作用，会使车轮更加趋于平衡。

因此，在装配车轮时，应将轮辋上的气门嘴与轮胎上的黄色空心圆圈正对（图 12-49）。

图 12-49　将气门嘴与黄圈正对

红点是轮胎纵向（径向）上刚度最大的位置（该位置最硬），亦即红点所在处是轮胎在转动一圈时径向力振动（Radial force Variation，RFV）最大的点。当 RFV 数值过大时，轮胎就会产生额外的附加振动，影响行驶舒适性。

因此，在新品质量检测阶段，质量管理严格的轮胎制造商如发现 RFV 值超标是不会允许该轮胎出厂的。

轮胎上的这个红点，只是表明该位置是该轮胎在回转过程中径向力振动最大的位置，且其 RFV 值在允许范围内，符合产品质量要求，允许出厂销售和使用——轮胎制造商对产品质量和产品特性做出了如实告白——但对于轮胎销售部门和用户而言，因无法知道确切的 RFV 值（即便知道也没有任何实际意义）。因此，这个红点的意义不大，完全可以忽略不计。

基于同样的原因，轮毂（含轮辋）在制造过程中，在轮毂的圆周方向和径向上也不可能做到绝对的均匀。因此，在某些知名品牌轮毂制造商生产的高品质轮毂上，会用一个白色实心圆（白点）标注出该轮毂的理论半径最小位置（图 12-50）。

在装配轮胎时，如果轮毂或轮辋上标注有表示该轮毂理论半径最小处的白色实心圆（白点），则应将表示轮胎最硬处的红点与表示轮毂理论半径最小处的白点这两个点对齐安装（图 12-51）。这样，会使车轮回转时产生的 RFV 数值尽可能小，使车轮旋转更加顺畅。

如果轮辋上没有白点，就仅将轮辋上的气门嘴与轮胎上的黄圈对在一起安装即可。由于目前大多数汽车轮辋上都没有白点，因此可以推断轮胎上的红点的意义不大，用户完全可以忽略不计。

图 12-50　轮毂上的白点（图中绿色圆圈处）　　　图 12-51　将轮胎上的红点与轮毂上的白点对齐安装

（2）轮胎的回转方向标志　对于有回转方向标志的轮胎，应按回转方向标志所指示的方向安装轮胎。

出于提高轮胎操纵性能、驱动（牵引）性能、制动性能、排水性能的考虑，许多轮胎的花纹都设计成具有方向性或不对称式结构。为此，安装这类轮胎时，必须按照轮胎上的回转方向标志（图 12-52）所指示的方向安装轮胎。否则，会使轮胎的上述性能显著下降。

（3）车轮的动平衡　在机械设备中，为确保系统运行平稳，对高速回转构件都有动平衡要求，汽车轮胎也不例外。在将轮胎与轮毂装配成车轮之后，必须对车轮进行动平衡检测（图 12-53），并视情进行动平衡补偿（粘贴或卡夹平衡配重），确保车轮满足动平衡要求之后，才能将其安装到车桥上。

图 12-52　轮胎上的回转方向标志　　　　图 12-53　对车轮进行动平衡检测
（ROTATION 及箭头）（见彩图 30）

如果车轮未达到动平衡要求，则在车辆高速行驶时，车轮会在路面上产生附加振动，使车辆的乘坐舒适性显著劣化，并造成轮胎的早期损坏。

关于车轮动平衡检测及动平衡补偿的具体方法，请读者参阅本书的参考文献 [5]。为节省篇幅，在此不再赘述。

2. 保持胎压正常

轮胎充气压力（即胎压）对轮胎的承载能力、车辆的操控性、乘坐舒适性以及轮胎的磨损均有直接影响，保持轮胎胎压正常意义重大。

（1）正确充气　在每一条轮胎的胎侧（胎壁）上都模刻有该轮胎充气压力（最大冷态气压值）。同时，在汽车的燃油箱箱盖内侧（图 2-10、图 2-11）、车门门框（图 12-54）、驻

车制动器操纵杆前的储物盒（图 12-55）等处，一般都会贴有该车所要求的轮胎充气压力，且其数值随乘员人数（轮胎载荷）的变化而变化。

图 12-54　车门门框下方的轮胎参数和胎压

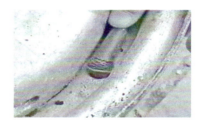

图 12-55　储物盒上粘贴的轮胎参数和胎压

对于在用的汽车轮胎，在充气之前，应首先检查轮胎是否有扎钉（图 12-56）、割破、气门嘴橡胶老化（图 12-57）、开裂等现象，并及时修补或更换老化零部件。

对轮胎的充气作业应在冷态下进行。先将胎压充至该轮胎的最大冷态充气压力，然后，再放气至胎压降到适宜的充气压力。这样，既可使轮胎胎唇和轮辋充分接合，有利于提高轮胎的气密性，同时，也相当于对轮胎在上路前做了一次满负荷的气压检验。

图 12-56　轮胎已经扎钉

图 12-57　气门嘴橡胶已经老化

（2）经常检查胎压　保持轮胎胎压正常，除按相关规定正确充气外，还要在使用过程中经常检查。轮胎胎压在车辆使用过程中都会有一定程度的下降，一般每周下降 10 ~ 30kPa。应至少每周对轮胎（包括备胎在内）的冷态气压值做一次全面的检查，并视情对胎压做必要的调整。

如果气压降低过快，应及时查明原因并采取措施进行维修。

轮胎气压的检查用轮胎压力表进行。常用的手提式轮胎压力表如图 12-58 所示。

目前，很多乘用车（如大众迈腾、朗逸、奥迪、宝马等）都装备有轮胎压力监控系统，可在行车过程中对轮胎压力进行实时监控。若出现某一轮胎胎压异常（充气压力过高、因扎钉漏气、气密性不佳等）时，仪表板上的胎压警告指示灯（图 12-59）会及时点亮，向驾驶人发出轮胎压力异常的警告，以确保安全。

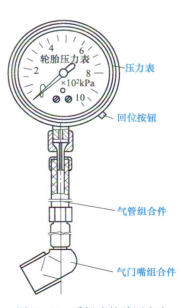

图 12-58　手提式轮胎压力表

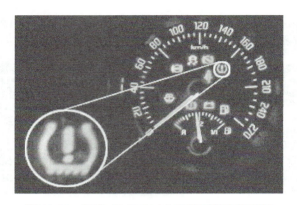

图 12-59　朗逸（LAVIDA）的胎压警告指示灯

3. 防止轮胎超载

每条轮胎都有其最大承载能力（最大载质量），且在轮胎胎侧上有明确的标注，在使用中要严格按照规定装载，不得超载。

轮胎一旦超载，其变形就会加大，帘线应力也会相应地增大，容易造成帘线断裂、松散和帘布脱层，并增加胎肩的磨损。若受到冲击，还有可能引起爆胎。

轮胎的超载一般是由汽车超载或汽车装载不均衡造成的。

汽车超载不但会引起轮胎的早期损坏、缩短汽车的整体使用寿命，还会对道路、桥梁造成严重破坏，甚至引发路面沉降、桥梁垮塌等恶性事故。因此，应严格禁止汽车超载。

汽车装载不均衡，一般只会引起汽车上的个别轮胎超载。若装载货物的重心靠前，易造成前轮轮胎超载，导致前轮轮胎磨损加剧，同时还会使转向盘操作困难（转向沉重），影响行车的安全；若装载货物的重心靠后，易造成后轮轮胎超载，导致后轮轮胎磨损加剧。同时由于前轮负荷较小，也易使转向盘失去控制（转向发飘），造成行车事故；若装载货物的重心偏向一侧，则易造成这一侧的轮胎超载。

为保证汽车装载均衡，要采用正确的装载方法（图 12-60 和图 12-61），并将货物固定牢固，避免在汽车行驶过程中发生移位。

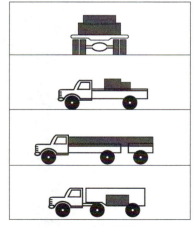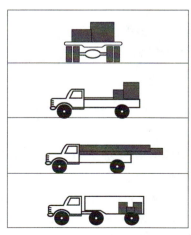

a）正确的装载方法　　　　　　　b）不正确的装载方法

图 12-60　货车的装载方法

a）正确的装载方法　　　　b）不正确的装载方法

图 12-61　自卸汽车的装载方法

4. 控制轮胎温度

轮胎的工作温度对其使用寿命有很大的影响。胎温升高，橡胶老化加速，物理性能降低，易产生龟裂，同时还会引发胎体帘布脱层等事故。

胎温升高主要是轮胎在滚动过程中产生变形，摩擦生热而不能快速散热所致。在炎热的夏季，外界气温较高，轮胎热量散发困难，导致胎温迅速上升。

另外，行车速度快、载荷大、运距长、道路条件恶劣等原因，也会引发胎温上升迅速。

轮胎工作温度的升高将直接导致轮胎工作压力升高。胎压过大，将使胎体帘线应力增大，易引起帘线拉断，造成轮胎爆破。

在行车间歇（如进入服务区休息）中，除了检查轮胎气压、胎面磨损、轮胎侧壁是否有鼓包现象之外，还应用手摸摸轮胎，感受其温度。如发觉轮胎过热，应在充分休息散热之后，再行上路。

5. 控制行车速度

每条轮胎都有其最大行驶速度，且在轮胎胎壁上有明确的标注，行车中要严格按照规定速度行驶，不得超速。

汽车的重量会使轮胎接触路面的部分稍有变形。汽车行驶时，轮胎变形的部分离开路面后将恢复原状。如果从轮胎表面的某一个点来看，轮胎回转一周，该点就发生一次变形和复原的过程。轮胎的变形和复原是需要时间的。当汽车高速行驶时，如果轮胎的复原速度赶不上轮胎的回转速度的话，就会在轮胎接地面后侧存在无法复原的残留振动波，即轮胎出现驻波现象（图 12-62）。

旋转方向

图 12-62　轮胎出现驻波现象

轮胎出现驻波现象后，胎体周向和侧向的扭曲变形以及胎体的振动也随之加大，存在驻波部分的花纹受到剧烈的摩擦而急剧升温，使轮胎的工作温度和气压迅速升高，橡胶老化加速，帘线层的耐疲劳强度降低。同时，随着车速的提高，胎体受力增加，易产生帘布层断裂和胎面剥落现象，极易造成轮胎爆破（爆胎），引发恶性事故。

因此，在行车中严格控制行车速度，对确保行车安全至关重要。

6. 合理搭配轮胎

不同的车型要求选用不同的轮胎。在同一辆车上应该选用规格、结构、层级和花纹等完全相同的轮胎。至少在同一车桥上，必须装用规格、结构、层级和花纹完全相同的轮胎。否则，轮胎之间工作不协调、相互影响，会加速轮胎磨损，缩短使用寿命。

当轮胎磨损到一定程度需要换用新胎时，最好是整车更换或同车桥更换。如果条件不允许，可将新胎或质量较好的轮胎装在转向轮上，把旧胎或翻新胎装在其他车轮上，以保证行车安全。

对于后轮并装的双胎，应将新旧程度接近的轮胎装在一起。为了避免双胎胎侧接触摩擦，要求二者之间的最小距离在汽车满载时不能小于 2mm。

禁止将子午线轮胎与普通斜交轮胎混装在同一辆汽车上，至少不能混装在同一车桥上。

气门嘴应对准外胎上的平衡标记。并装双胎的气门嘴要互成180°安装，并使气门嘴朝向轮胎外侧。这样不仅能保证车轮转动平衡，同时也便于对轮胎实施充气和检查作业。

轮胎的规格型号必须与轮辋的规格型号相配套。不同型号、规格的轮辋，即使直径相同，其轮辋宽度和突缘高度也往往不同。窄胎装宽轮辋，或宽胎装窄轮辋，都会造成轮胎的早期损坏。

7. 保持车况良好

保持车况良好，尤其是车辆底盘系统的技术状况良好，是防止轮胎早期损坏的有效措施。其中，车轮定位（四轮定位）是否准确、轮毂轴承的间隙调整是否适当、车轮是否平衡、同桥两侧的悬架系统（钢板弹簧或螺旋弹簧及减振器）的刚度是否一致、车轮总成的横向摆动量和径向跳动量是否符合要求、轮毂油封和液压制动轮缸是否漏油、行车制动器调整是否良好等因素对轮胎寿命均有较大影响，在车辆维护作业中应给予高度重视。

8. 审慎驾驶车辆

为延长轮胎使用寿命、确保行车安全，应尽量选择良好道路行车，并合理运用驾驶技术，审慎驾驶车辆。

选择良好道路行车，尽量躲避路面上可能扎破和划伤轮胎的碎石、玻璃、铁丝和可能腐蚀轮胎的化学遗洒物、油渍等。尽量远离道路边石，以免其刮伤胎侧。行驶在拱度较大的路面时，要尽量居中行驶，避免一侧轮胎负荷增大而使轮胎磨损不均。必须涉水行车时，应先探明水下情况，或根据前车的行车轨迹行驶。

为减少轮胎磨损，应合理运用驾驶技术，起步平稳、加速均匀、中速行驶、直线前进、减速转向。

在确保安全的前提下，多用发动机节气门（油门）控制车速，尽量少用行车制动器降低车速。尤其是尽量避免紧急制动，这是延长轮胎使用寿命的有效措施之一。

紧急制动时，车轮由滚动变为滑动、拖行，使轮胎局部与路面间产生滑磨，因过热而造成剧烈磨损。测试研究表明，一次紧急制动拖行，可磨去花纹0.9mm，相当于正常行驶4000km的磨损量。另外，制动拖行还将造成胎面的不均匀磨损（轮胎出现"斑秃"）。

与紧急制动相类似，急速起步也会造成轮胎的剧烈磨损。特别是地板油起步（意指车

辆起步时，驾驶人猛地一脚将加速踏板踩到底）——排气管喷火，轮胎冒烟，车辆绝尘而去——如此行车固然过瘾，但轮胎与路面间的剧烈摩擦产生大量的热，足以使轮胎冒烟甚至起火燃烧，对轮胎的伤害极大。

还需指出的是，驾车中的所谓"漂移"特技，既无法保证行车安全，也会对轮胎带来极大的伤害，应该绝对禁止。

9. 加强轮胎维护

轮胎的维护可结合汽车的维护一并进行。轮胎的维护分级与汽车维护分级相同，也分为日常维护、一级维护和二级维护三种类型，其维护周期与汽车规定的维护周期相同。

轮胎维护作业的具体项目见表 12-14。

表 12-14　汽车轮胎的维护作业

维护类别		作 业 项 目
日常维护	出车前	出车前的检视主要是检查轮胎气压是否符合规定，轮胎有无鼓包现象，气门嘴是否漏气，气门嘴盖帽是否齐全，轮胎螺母是否紧固，翼子板、挡泥板等有无碰擦轮胎现象，千斤顶、轮胎螺母套筒扳手等换胎工具是否齐全等
	行车中	行车过程中应注意感受和体会车身姿态和车辆技术状态的变化，观察是否有车身歪斜、方向跑偏现象（非转向车轮轮胎压降低会导致车身歪斜，转向车轮轮胎鼓包会导致方向跑偏、转向盘摆振等现象），并视情停车检查。 行车中的检视主要是结合途中停车休息、装卸货物（或乘降人员）等机会检查轮胎气压和温度是否正常，轮胎有无鼓包现象，轮胎螺母有无松动，翼子板、挡泥板等有无碰擦轮胎现象，轮胎花纹中是否夹石，胎面和胎侧有无不正常的磨损和损伤等
	收车后	收车后的检视主要是检查轮胎有无漏气现象，轮胎有无鼓包现象，轮胎花纹中是否夹石，轮胎螺母有无松动，轮胎是否有不正常磨损以及停车场所是否干净，地面有无油污、冰雪等
一级维护		轮胎的一级维护作业主要包括紧固轮胎螺母，检查气门嘴是否漏气、气门嘴盖帽是否齐全；挖出轮胎花纹中的石子、杂物；检查轮胎磨损情况，如有不正常磨损、变形等现象，应查明原因，并予以排除；检查轮胎搭配和轮辋、挡圈等是否正常；检查轮胎气压，并按规定调整轮胎气压；检查轮胎有无与其他机件刮碰现象，若有，则应予以排除；如单边磨损严重，应视情进行轮胎换位
二级维护		轮胎的二级维护作业除执行一级维护的作业项目之外，还包括：拆卸轮胎，按轮胎标准测量胎面花纹磨耗、周长及断面宽度的变化；对轮胎进行解体检查，如发现故障，应予以排除；对解体轮胎进行装合、充气；对车轮进行动平衡；进行轮胎换位

10. 适时进行轮胎换位

安装在同一辆汽车上的轮胎，由于具体的安装位置不同，每条轮胎的受力状况、运动条件（车轮定位角度）、肩负的使命（转向轮、驱动轮、转向驱动轮、随动轮）也各有特点，并不完全相同。因而，每条轮胎的磨损部位和磨损程度也并不完全相同。为使全车轮胎尽可能实现均匀磨损，达到寿命同步，必须适时对轮胎的具体安装位置进行调整。该作业项目称为轮胎换位。

按照 GB/T 9768—2017《轮胎使用与保养规程》的规定，各种车辆的轮胎换位周期及附加作业项目见表 12-15。

轮胎换位的方法有循环换位法、交叉换位法和单边换位法等多种。常见的乘用车轮胎换位方法如图 12-63 所示。车辆具体的轮胎换位方法应以该车的使用说明书或 GB/T 9768—2017《轮胎使用与保养规程》为准。

表 12-15　轮胎换位周期及附加作业项目（GB/T 9768—2017）

轮 胎 类 别	轮胎换位周期及附加作业项目
乘用车轮胎	每行驶 8000 ~ 10000km 进行一次轮胎换位，并对车轮进行动平衡检测
载重汽车子午线轮胎	每行驶 12000 ~ 15000km 进行一次轮胎换位，并对车轮进行动平衡检测
载重汽车斜交轮胎	每行驶 8000 ~ 10000km 进行一次轮胎换位，并对车轮进行动平衡检测
重型自卸车轮胎	结合车辆二级维护进行轮胎换位
工程机械轮胎（名义断面宽度为 18.00 ~ 36.00in）	当前轮轮胎花纹深度磨掉 $\frac{1}{3}$ 时，应换位到后轮；当后轮同轴双胎并装轮胎外直径差值达到 10 ~ 18mm 时，应将双胎中的内、外侧轮胎相互换位
农业轮胎	农业轮胎应根据胎面的磨耗情况，将轮胎进行左右换位，并做好使用、装卸及损坏记录
压配式实心轮胎及工业车辆充气轮胎	应根据胎面花纹的磨耗情况适时进行轮胎换位，以保持胎面花纹磨耗均匀为度，并注意避开工作场地的油类及化学物品的污染，防止轮胎过早老化
摩托车轮胎	结合摩托车的维护保养作业，对摩托车轮胎进行检查维修，视情进行轮胎换位

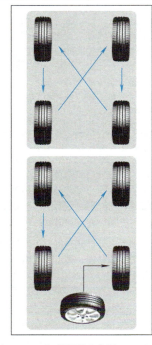 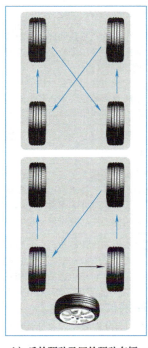

a）前轮驱动车辆　　　　b）后轮驱动及四轮驱动车辆

图 12-63　乘用车轮胎换位方法

　　轮胎换位过程中应注意以下事项：
　　1）进行轮胎换位的前提条件是全车轮胎具有相同的规格、结构和花纹。
　　2）可根据具体情况选择某一种轮胎换位方法。但一经选定，就应该坚持进行，中途不准改变，这样才能收到较好的效果。
　　3）轮胎换位一般结合车辆二级维护进行。但如果发现胎面有明显的偏磨，则可提前进行，不必拘泥于维护周期的限制。

4）在轮胎换位过程中，对于胎面花纹有方向性要求的轮胎，不能改变其回转方向。否则，车辆的操控性能会显著劣化，得不偿失。

5）在轮胎换位过程中，子午线轮胎的回转方向应始终保持不变。

6）轮胎换位后，应按所换位置的规定重新调整轮胎气压。

11. 视情采取轮胎保护措施

用于矿山作业的铲车、装载机等工程机械，由于轮胎载荷大，作业环境和路面条件恶劣，其轮胎磨损很快，被尖锐异物刺穿概率高，轮胎使用寿命短，加之其轮胎价格昂贵，导致使用成本高昂。

采用轮胎保护链（图 12-64）对轮胎进行安全保护，可大大延长轮胎的使用寿命，取得可观的经济效益。

将轮胎保护链严密地包裹在装载机的轮胎上，可以有效地保护轮胎不被尖锐的钢筋、铁丝、石块等异物划伤、刺破，延长了轮胎的使用寿命。使用一条轮胎保护链，能节省十条轮胎以上的费用，还能提高装载机的工作效率和运行安全性，且拆装方便，省时省力，是矿山作业车辆的必备品。

轮胎保护链多采用优质合金钢经精密锻造、高强度全自动闪光对焊制造而成，耐磨性好，抗疲劳强度高，使用寿命长达 3000 ～ 8000h。

需要指出的是，作为橡胶制品，汽车轮胎容易被化学物品、某些油类物质（如发动机润滑油、齿轮油等）或某些酸性物质腐蚀。即便轮胎接触该类物质的时间不长，也会使橡胶变质，以致发生膨胀、软化或发黏等现象（图 12-65）。因此，在行车过程中，或在选择车辆停放场地时，应注意避开这类腐蚀性物质。

图 12-64　轮胎保护链

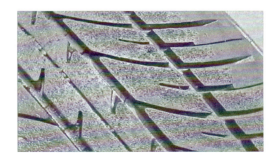

图 12-65　轮胎胎面橡胶受腐蚀后的变化

12. 强化轮胎管理

GB/T 9768—2017《轮胎使用与保养规程》对轮胎的正确装运与保管、建立轮胎早期损坏类型档案等方面做出了明确的规定，应严格贯彻落实，切实强化轮胎管理，以期从运输、保管、使用、维护等各个环节确保轮胎质量，延长轮胎的使用寿命。

12.5.3　轮胎的常见损坏形式

汽车轮胎的损坏形式主要有胎面磨损、胎侧损伤、胎体损坏、胎圈撕裂和轮胎爆破等。

1. 胎面磨损

轮胎在使用过程中，由于直接和路面接触，受多种接触力的作用，如驱动力、制动

力、侧向力、摩擦力等，不可避免地会出现磨损。一般情况下，应要求胎面磨损均匀、缓慢。但在汽车使用过程中，一些不正确的驾驶方法，如汽车转弯速度过快、起步过急、制动过猛、高速行车、不注意选择道路等，都会加快轮胎的磨损。

除此之外，若轮胎使用不当或车辆技术状况不良，将使轮胎胎面产生异常磨损。

（1）胎面中间磨损严重　轮胎胎面中间出现严重磨损的情形如图 12-66 所示。这种现象主要是轮胎充气压力过高所致。

（2）轮胎两边磨损严重　轮胎两边出现严重磨损的情形如图 12-67 所示。这种现象主要是轮胎充气压力过低所致。

图 12-66　胎面中间磨损严重　　　　　　　图 12-67　轮胎两边磨损严重

轮胎充气压力低于规定值时，轮胎的两边与路面接触强度增大，使胎面中部负荷减小、胎面边缘负荷急剧增大，即相当多的轮胎载荷由轮胎两侧承受，这种现象称为"桥式效应"。产生"桥式效应"时，会使胎面磨损不均匀，其中部几乎保持不变，而两边部分磨损严重。

此外，轮胎超载时引起的早期损坏与轮胎充气压力过低相似，只是超载时轮胎损坏更为严重。

（3）轮胎单边磨损严重　轮胎单边出现严重磨损的情形如图 12-68 所示。这种现象主要是车轮定位参数失准所致。

车轮定位参数中的车轮外倾角数值失准是导致轮胎单边磨损的主要原因。当车轮外倾角过大时，易使轮胎的外侧胎肩形成严重磨损；车轮外倾角过小时，易使轮胎的内侧胎肩形成严重磨损。

车轮定位参数失准时，往往会导致轮胎一侧的花纹还较深，而另一侧的花纹却已被磨平的现象，其结果是造成轮胎提前报废。由此可见，保持车辆技术状况良好是何等的重要。

（4）轮胎局部胎面出现快速磨损　轮胎局部胎面出现快速磨损（俗称"啃胎"）的情形如图 12-69 所示。这种现象主要是紧急制动、制动拖滞（制动器不回位）及快速起步所致。

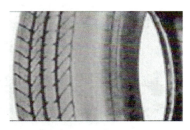

图 12-68　轮胎单边磨损严重　　　　　图 12-69　轮胎局部快速磨损（俗称"啃胎"）

　　另外，如果车轮运转不平衡，还会导致轮胎出现严重的块状磨损。

　　（5）轮胎胎面出现锯齿状磨损　轮胎胎面出现锯齿状（亦称羽状）磨损的情形如图 12-70 所示。这种现象主要是车轮定位调整不当、悬架（特别是独立悬架）调校失常、转向系统球头松旷所致。出现上述问题时，车轮在正常滚动过程易发生侧向滑动（即侧滑）或车轮定位参数的不断变化，从而导致轮胎出现锯齿状磨损。

　　（6）胎冠割裂或刺伤　胎冠割裂、刺伤（图 12-71）现象主要是由路上的障碍物所致，如路面上的铁钉、钢筋、角铁、碎石以及减速带破损后残留的固定螺栓等各种锋利异物都有可能割裂或刺伤胎冠。严重时，锋利异物能躲过胎冠上的花纹，直接割裂胎冠的胎基，露出胎体帘布层，导致胎冠剥离，以致轮胎早期报废。

图 12-70　轮胎胎面的锯齿状磨损

图 12-71　胎冠被刺穿

2. 胎侧损伤

　　从轮胎的构造来看，胎侧是轮胎中强度最薄弱的部位，但胎侧却是轮胎中最为突出的部位，所以，胎侧属于轮胎的"软肋"，是轮胎结构中最易受伤的部位。胎侧损伤主要包括胎侧擦伤和胎侧鼓包。

　　（1）胎侧擦伤　轮胎胎侧的擦伤多是汽车斜行上路缘石（图 12-72）所致。当轮胎斜着上较高的路缘石（俗称马路牙子）时，其受力部位主要是胎肩和胎侧。当遇有突出的转角，或轮胎与路缘石的角度太小时，往往会造成胎侧擦伤，严重时会挤断胎侧帘布层帘线，使胎侧鼓包。

　　（2）胎侧鼓包　轮胎鼓包（图 12-73）多是胎侧帘线断裂，断裂处的强度降低所致。除了轮胎小角度斜上路缘石时可能会挤断胎侧帘线外，轮胎本身质量不良（如制造轮胎时胎侧帘布层衔接处没有衔接好等）也会导致帘线断裂。

图 12-72　汽车斜行上路缘石使轮胎胎侧受伤

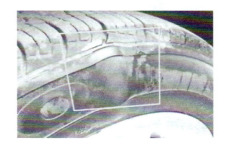

图 12-73　胎侧出现鼓包

　　对胎侧已经鼓包的轮胎，应立即更换，不能继续使用，以免在使用过程中随轮胎温度升高、气压增大而在鼓包处发生爆裂，造成爆胎、翻车等恶性事故。

（3）胎侧老化　轮胎胎侧的老化很大程度是动物尿液造成的，动物尿液为酸性物质，长期对轮胎的侵蚀会使轮胎加速老化，从而埋下事故隐患。

猫、狗等小动物喜欢在汽车轮胎处撒尿（图12-74），且非常执着，一旦盯上某个轮胎，就"咬定青山不放松"，一直视该轮胎为其"方便之所"。对此，可于停车后在轮胎胎侧撒一些胡椒粉或辣椒粉，以刺激性的气味驱赶猫、狗，使其另选别处"方便"。

3. 胎体损坏

胎体是外胎的骨架，有保持外胎的尺寸和形状的作用。当胎体损坏后，轮胎很快就会报废。胎体损坏的形式主要有帘线断裂、松散和帘布脱层以及胎体扎伤、刮伤等。

（1）胎体帘线的断裂、松散和帘布脱层　胎体帘线断裂、松散和帘布脱层（图12-75）的原因较多，除了轮胎自身品质不良之外，更主要的是轮胎超载、胎压失准（过高或过低）、高温疲劳破坏。在轮胎的使用条件中，工作温度和充气压力对胎体帘线的断裂、松散和帘布脱层等影响最大。

图12-74　动物尿液会促进轮胎胎侧的老化

图12-75　高温、疲劳引发的胎体帘布脱层

（2）胎体扎伤、刮伤　胎体扎伤、刮伤主要是由行驶路面凹凸不平或路面上有锋利的异物引起。当胎体被扎伤、刮伤较轻微时，不会影响轮胎的继续使用，但会显著降低胎体的强度，如果继续高速行驶便会有引发轮胎爆破的危险。

对于严重割伤的胎体（图12-76），必须立即更换，以确保安全。

4. 胎圈撕裂

胎圈撕裂大多发生在将轮胎往轮辋上安装的过程中。轮胎的内径和轮辋的名义直径应大小一致，以保证轮胎与轮辋的严密配合，这对无内胎轮胎尤为重要。但轮辋的外沿直径一般略大于轮胎的内径，所以在安装轮胎的过程中，易将胎圈撕裂。

图12-76　严重割伤的胎体

5. 轮胎爆破

在行车过程中轮胎的突然爆裂称为轮胎爆破，俗称爆胎。轮胎爆破往往引起车辆失去控制，导致翻车。车速越快，轮胎爆破（图12-77和图12-78）引发的后果越严重。

超载超速、疲劳驾驶、轮胎爆破并称为高速公路行车

图12-77　爆胎（导致车辆侧翻）

的"三大杀手"，必须予以高度重视。

引发轮胎爆破的原因很多，但归根结底都是胎压和胎温过高、轮胎强度下降所致。

导致胎压和胎温过高的主要原因有轮胎的充气压力失准、轮胎的负荷过大、轮胎的行驶速度过高、驾驶方法过于粗暴等等。

导致轮胎强度下降的原因有轮胎胎面磨损严重、轮胎的胎体帘线断裂、胎体存在外伤、胎温过高、胎压过高等。

合理使用轮胎，切实加强轮胎的维护和保养，审慎驾驶车辆，可有效防止轮胎爆破的发生，确保行车安全。

图 12-78　爆胎（导致车毁人亡）

12.5.4　轮胎修补及轮胎翻新

1. 轮胎修补

轮胎修补是将使用过程中局部损坏的轮胎进行修复，使之恢复使用性能的操作。车辆在使用过程中，轮胎难免会出现扎钉、穿孔、漏气等损伤，应及时进行修补。

轮胎修补应根据其损坏的情况决定修补方法。修补方法通常有：

（1）冷补法　修补外胎孔洞时，多采用生胶料经硫化制成菌形塞，菌形塞的大小和孔洞的大小相近。修补时，首先清洁并锉削孔洞，使创口粗糙化（亦称"锉粗"或"打毛"）。在创口涂敷冷补胶浆后，从胎内向胎外，利用专用工具将菌形塞引进孔洞（图 12-79）即可。

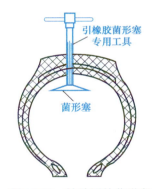
图 12-79　补胎用的菌形塞

修补内胎需用冷补胶浆（按生橡胶与苯 1：1.5 的质量比，并加入 1/10 松香末配制）和内胎胶皮制作的修补片，在锉削创面，使之粗糙化后，再涂敷冷补胶浆，待晾干后贴合加压即可。

（2）热补法　热补法亦称火补法。热补法修补轮胎，将用生胶料制成的火补胶片贴在铁皮盒的一面，另一面则是燃料。修补时，须用火补夹具把胶片夹在经过粗糙化处理的轮胎漏气部位表面，点燃胶片铁皮盒里的燃料，燃烧后经 10 ~ 15min 冷却，胶片即硫化在轮胎漏气部位，完成补胎作业。

（3）电热硫化烘补法　电热硫化烘补法可直接在车上烘补胎面上的创口，无须拆卸轮胎。其方法是：清洁并粗糙化创口，涂上胶浆，再堵生胶料，填满压实，用小型电热炉加热硫化，经 15 ~ 20min 后断电冷却即可。电热硫化烘补法也可修补内胎。

从本质上看，热补法与电热硫化烘补法是一样的，只是加热方法不同而已。

（4）外塞胶修补法　外塞胶修补法的工艺过程如图 12-80 所示。首先用锉刀把刺穿的创口打毛，再把修补胶浆涂在创口和修补胶块上，而后把修补胶块塞入创口，先往里塞，然后轻轻地往外拉，最后割除露在胎面外部分的修补胶块即可。

（5）射弹修补法　射弹修补法亦称胶枪修补法，其修补工艺过程如图 12-81 所示。首先用锉刀把刺穿的创口打毛，然后用"胶枪"将"橡胶子弹"（即修补胶条）射入创口，最

后将残留在胎外的修补胶条割除即可。

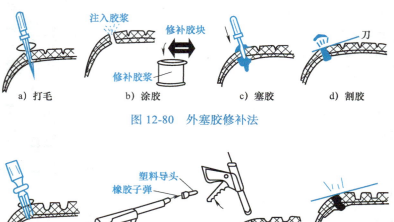

图 12-80　外塞胶修补法

图 12-81　射弹修补法

需要指出的是，轮胎修补完毕后，应先充气至标准压力，确认无漏气现象。然后，再对轮胎（车轮）进行动平衡检验，确认满足动平衡要求后方可装车使用。关于轮胎（车轮）动平衡的具体检验方法，读者可参阅本书参考文献 [5]，为节省篇幅，在此不再赘述。

2. 轮胎翻新

将已经磨损或因其他原因损坏、失去使用性能的轮胎，经翻修加工，使之重新具有使用性能的工艺过程统称为轮胎翻新。轮胎翻新（Tyre Retreading）是一种修旧利废的有益方法。

GB 14646—2007《轿车翻新轮胎》和 GB 7037—2007《载重汽车翻新轮胎》对翻新轮胎（Retreaded Tyre）的质量要求和试验方法做出了明确的规定。

翻新轮胎除满足上述国家强制性标准的要求之外，还必须在胎侧模刻相关标志，以与正常生产的轮胎相区别。翻新轮胎的标志详见表 12-16。

表 12-16　翻新轮胎的标志（GB 14646—2007 和 GB 7037—2007）

序　号	标　志	说　明
1	胎面磨耗标志	每条翻新轮胎应沿轮胎周向等距离地设置不少于 4 个并能清楚观察到的胎面磨耗标志。轮胎两侧肩部应模刻指示胎面磨耗标志位置的标记 胎面磨耗标志的凸台高度，载重汽车翻新轮胎应不小于2.0mm，轻型载重汽车翻新轮胎及乘用车翻新轮胎应不小于1.6mm
2	轮胎规格	模刻标志
3	轮胎翻新厂商标、厂名或地名	模刻标志
4	"RETREAD" 或 "翻新" 字样	模刻标志

（续）

序　号	标　　志	说　　明
5	负荷指数、层级、最大负荷能力、速度符号、充气压力	模刻标志
6	翻新次数、翻新批号或胎号	永久性标志（乘用车轮胎只允许翻新一次）
7	出厂检验印记	用水无法洗掉的标志

思考与实训

1. 选择题

1）考虑到季节变换和气温变化，应坚持 ____ 原则。

A. 0℃换胎，0℃注意 　　　　B. 5℃换胎，4℃注意

C. 4℃换胎，4℃注意 　　　　D. 7℃换胎，4℃注意

2）汽车轮胎的作用主要体现在 ____ 方面。

A. 承受载荷 　　　　B. 缓和冲击

C. 提升美感 　　　　D. 提供附着力

2. 问答题

1）汽车轮胎的作用有哪些？

2）简述我国乘用车轮胎的规格与表示方法。

3. 实操题

1）在实验室利用教学车辆，仔细研读轮胎侧面的各种标记，熟悉其具体含义。

2）在实验室利用教学车辆，用轮胎沟槽深度尺测量其轮胎胎面的磨损程度。

3）在实验室利用教学车辆演练轮胎换位作业项目。

附录

汽车运行材料（汽车维护保养）实训指导书

1. 实训目的

通过进行汽车运行材料（汽车维护保养）实训，进一步强化对汽车运行材料的理解和认识，熟悉汽车运行材料的具体应用，感受和体会合理选择、使用汽车运行材料，对于保持汽车技术状态良好、降低汽车运行成本、提高汽车运输效率、确保行车安全的重要意义，切实培养和提高学生的技术应用能力，为将来作为汽车运用工程师和汽车服务工程师夯实技术基础。

2. 实训项目

1）机油保养作业（检测发动机润滑油的品质并视情更换）

2）齿轮油保养作业（检测汽车齿轮油的品质并视情更换）

3）液力传动油保养作业（检测汽车液力传动油的品质并视情更换）

4）动力转向油保养作业（检测汽车动力转向油的品质并视情更换）

5）脂润滑系统保养作业（检测整车脂润滑系统的工作状态，并视情更换润滑脂）

6）汽车制动液保养作业（检测汽车制动液的品质并视情更换）

7）发动机冷却液保养作业（检测发动机冷却液的品质并视情更换）

8）轮胎保养作业1（检查轮胎外伤及磨损情况）

9）轮胎保养作业2（检查轮胎气压并视情调整胎压）

10）轮胎保养作业3（进行车轮动平衡检测并实施轮胎换位）

3. 实训时间

鉴于汽车运行材料（汽车维护保养）实训内容丰富、项目繁多，对学生的实际动手能力的培养和锻炼意义重大，因此，汽车运行材料（汽车维护保养）实训应在课程结束后集中进行，实训时间定为1周。

4. 实训器材

1）教学用车4辆（或实训台架4套）。

2）汽车维护保养中需用的检测工具、设备（快速油质分析仪、齿轮油注油机、ATF等量自动换油机、注脂枪、制动液检测仪、冰点折光仪、冷却液深度交换机、千斤顶、轮胎平衡机等）4套。

3）其他技术资料及耗材（油料、备品、备件等）、辅助工具若干。

5. 实训要求

1）熟悉各种运行材料的规格、牌号及其在汽车上的应用情况，能够确认其存量和品质劣化程度。

2）能够正确、熟练地查找、使用技术资料（可以是电子版本的，也可以是纸质的），正确、熟练地使用检测诊断仪器设备及工具。

3）能够按照正确的步骤和方法完成汽车运行材料（汽车维护保养）作业项目。

4）能在规定的时间内独立完成（具体时间由指导教师视作业项目的难易程度酌定）。

5）在汽车运行材料（汽车维护保养）作业过程中应注意职场健康和人身安全，爱护教学车辆及检测设备，杜绝人为损坏。

6）在实训作业单上记录核心数据（物料的规格、牌号、数量等）并填写检测思路和简要的操作过程。

6. 成绩评定

每个实训项目按满分 100 分计，学生的实训成绩由指导教师视其具体表现（对汽车结构的熟悉程度、对仪器设备的使用是否熟练、正确，能否正确、熟练地查找、使用技术资料等）和完成情况酌情评定。

汽车运行材料（汽车维护保养）**实训作业单**（范例）

实训日期：　　　年　　月　　　日

实训项目	机油保养作业（检测发动机润滑油的品质并视情更换）			
学生姓名		班级		学号	
实训成绩		指导教师签字		

参 考 文 献

[1] 凌永成. 汽车工程概论 [M]. 2 版. 北京：清华大学出版社，2018.

[2] 凌永成. 车载网络技术 [M]. 2 版. 北京：机械工业出版社，2022.

[3] 凌永成. 汽车空调技术 [M]. 2 版. 北京：机械工业出版社，2020.

[4] 凌永成. 汽车电气设备 [M]. 3 版. 北京：北京大学出版社，2016.

[5] 凌永成. 汽车检测诊断技术 [M]. 2 版. 北京：清华大学出版社，2018.

[6] 凌永成. 汽车维修技术与设备 [M]. 2 版. 北京：北京大学出版社，2015.

[7] 凌永成. 汽车运行材料 [M]. 2 版. 北京：北京大学出版社，2013.

[8] 凌永成. 汽车电子控制技术 [M]. 3 版. 北京：北京大学出版社，2017.

[9] 戴汝泉. 汽车运行材料 [M]. 北京：机械工业出版社，2005.

[10] 董元虎. 汽车油料选用手册 [M]. 北京：化学工业出版社，2007.

[11] 王军. 汽车用制动液、传动液及添加剂 [M]. 北京：化学工业出版社，2006.

[12] 郎全栋. 汽车运行材料 [M]. 北京：人民交通出版社，2005.

[13] 陆刚. 现代汽车运行材料及其应用 [M]. 北京：国防工业出版社，2005.